21 世纪全国高职高专市场营销类规划教材

商 务 谈 判

主　编　杜焕香
副主编　周晓菊　甄　珍
参　编　高兴霞　冯　春

内 容 简 介

本书内容分为三篇，第一篇为基础知识篇，重点介绍了商务谈判实战中必备的基本知识；第二篇为实战篇，以工作过程为导向展开，从谈判的准备、开局、磋商、签约一系列具体的谈判程序展开，简洁清晰，更具实用性；第三篇为实训篇，依据谈判的具体流程；设计相关的实训内容，在实际教学中具有很强的操作性。在内容安排上，本书增加了大量的案例和阅读资料，课后有习题和技能训练，符合高职学院的教师实际教学和学生自主学习的需要。

本书适用于高职高专院校经济管理类专业的教学，并可作为商务谈判工作者的业务参考用书。

图书在版编目（CIP）数据

商务谈判 / 杜焕香主编. —北京：北京大学出版社，2009.8
（21 世纪全国高职高专市场营销类规划教材）
ISBN 978-7-301-15351-2

Ⅰ. 商… Ⅱ. 杜… Ⅲ. 贸易谈判—高等学校：技术学校—教材 Ⅳ. F715.4

中国版本图书馆 CIP 数据核字（2009）第 095090 号

书　　　名：	商务谈判
著作责任者：	杜焕香　主编
责 任 编 辑：	郭　芳　高冠乔
标 准 书 号：	ISBN 978-7-301-15351-2/F·2229
出 版 者：	北京大学出版社
地　　　址：	北京市海淀区成府路 205 号　100871
网　　　址：	http://www.pup.cn
电　　　话：	邮购部 62752015　发行部 62750672　编辑部 62765126　出版部 62754962
电 子 邮 箱：	xxjs@pup.pku.edu.cn，hwy@pup.pku.edu.cn
印 刷 者：	三河市北燕印装有限公司
发 行 者：	北京大学出版社
经 销 者：	新华书店
	787 毫米×980 毫米　16 开本　14 印张　312 千字
	2009 年 8 月第 1 版　2011 年 5 月第 2 次印刷
定　　　价：	26.00 元

未经许可，不得以任何方式复制或抄袭本书之部分或全部内容。
版权所有，侵权必究
举报电话：010-62752024；电子邮箱：fd@pup.pku.edu.cn

前　　言

高职教育是以培养面向基层、面向生产服务第一线的技能型专门人才为目标的教育，本书作为高职高专教材，在编写过程中，主要依据谈判第一线实际工作对推销与谈判的知识与技能的需求，本着以能力为本位，以就业为导向的指导思想，从高职高专学生的实际出发，理论知识以必须够用为度，重点突出实际操作与技能，并以期有所突破。本书主要突出了以下几个方面的特点。

（1）轻理论，重程序

本书在介绍了必备的基础理论之后，依据谈判的实际程序展开，清晰明了，有利于学生对谈判程序的全面把握，便于指导实际的谈判工作。

（2）抓实训，重能力

本书以谈判的工作过程为导向，强调了每一个工作过程需要的方法与技巧，侧重于实际操作和实战演练。特别是最后一篇实训篇，针对高职学生的特点，加大了课堂实训的内容，极具操作性，有助于学生谈判能力的提高。

（3）强案例，重考核

本书在体例的安排上，新颖灵活，适宜于学生的阅读。在每一个教学项目前，有"案例导入"，使学生的学习有明确的目标引导。在具体知识的介绍中，又插入丰富的案例与阅读资料，帮助学生把握重点，拓宽知识，培养勤于思考的学习习惯。

每一章后面有"能力形成考核"，包括复习思考题、实训题、案例分析等不同形式的考核内容，特别是实训篇，通过学生实训中的表现，给出实训成绩，能力形成考核与实训考核结果作为学生平时成绩，加大了过程考核的力度，有助于学生形成职业能力，培养其解决问题的能力和创新能力。

本书由杜焕香担任主编，并负责设计大纲、总纂及定稿；由周晓菊、甄珍担任副主编。具体编写分工为甄珍编写第1、3章；高兴霞编写第2、5章；冯春编写第6章；杜焕香编写第4、7、8、9章；周晓菊编写实训篇。

本书在编写过程中，北京大学出版社的编辑同志给予了大力协助；此外，本书还参阅、引用了有关著作和教材，在此一并表示衷心的感谢。

由于编者的水平和能力有限，书中难免存在欠妥和不足之处，恳请同行专家及广大读者不吝赐教。

编　　者

2009年6月

目 录

第一篇　基础知识篇

第1章　概述 ... 3
- 1.1　谈判概述 ... 4
- 1.2　商务谈判的含义及基本特征 ... 6
  - 1.2.1　商务谈判的含义 ... 6
  - 1.2.2　商务谈判的基本特征 ... 8
- 1.3　商务谈判的基本原则及要素 ... 11
  - 1.3.1　商务谈判的基本原则 ... 11
  - 1.3.2　商务谈判的要素 ... 19

第2章　商务谈判的形式与类型 ... 23
- 2.1　商务谈判的形式 ... 23
  - 2.1.1　面对面谈判 ... 24
  - 2.1.2　电话谈判 ... 25
  - 2.1.3　书信谈判 ... 28
  - 2.1.4　网络谈判 ... 30
  - 2.1.5　四种谈判形式的比较 ... 33
- 2.2　商务谈判的类型 ... 34
  - 2.2.1　按照商务谈判的过程划分 ... 34
  - 2.2.2　按照商务谈判参与的人数划分 ... 38
  - 2.2.3　按照商务谈判议题展开的方式划分 ... 39
  - 2.2.4　按照商务谈判的地点划分 ... 41

第3章　商务谈判心理 ... 45
- 3.1　商务谈判心理概述 ... 46
  - 3.1.1　商务谈判心理的内涵 ... 46
  - 3.1.2　商务谈判需要 ... 46
  - 3.1.3　商务谈判动机 ... 50

3.2 商务谈判中的个性利用 51
   3.2.1 气质特征在商务谈判中的运用 51
   3.2.2 性格特征在商务谈判中的运用 51
   3.2.3 能力特征在商务谈判中的应用 55
3.3 商务谈判心理的实用技巧 57
   3.3.1 谈判期望心理在商务谈判中的运用技巧 57
   3.3.2 知觉在商务谈判中的运用技巧 58
   3.3.3 谈判情绪的调控技巧 60
   3.3.4 商务谈判中心理挫折的防范与应对技巧 62

第二篇 实战篇

第4章 商务谈判准备阶段 71
4.1 收集谈判信息及了解相关情况 72
   4.1.1 收集商务谈判的背景资料 72
   4.1.2 收集有关谈判对手的情报 74
   4.1.3 了解竞争对手的情况 77
   4.1.4 了解企业自身的情况 78
4.2 确定谈判目标 78
4.3 谈判人员 80
   4.3.1 谈判小组人员的数量 81
   4.3.2 谈判小组人员的基本素质 81
   4.3.3 谈判小组人员的知识结构 82
   4.3.4 谈判的主谈人与辅谈人 83
4.4 谈判其他具体事项的安排 84
4.5 模拟谈判 85

第5章 商务谈判开局阶段 88
5.1 谈判气氛的建立 89
   5.1.1 谈判气氛的类型 89
   5.1.2 营造良好的谈判气氛 91
5.2 谈判议程的安排 92
5.3 谈判开局的礼仪 95
   5.3.1 个人形象礼仪 96
   5.3.2 交谈礼仪 97

    5.3.3 日常礼仪 99
    5.3.4 座次安排礼仪 101
5.4 谈判意图的沟通 103
    5.4.1 准确表明己方意图 103
    5.4.2 确切了解对方意图 104
5.5 谈判的开局策略 106
5.6 谈判的开局技巧 109

第6章 商务谈判磋商内容 116
6.1 普通商品贸易谈判的主要内容 116
    6.1.1 商品品质 117
    6.1.2 商品数量 118
    6.1.3 商品包装 119
    6.1.4 商品价格 120
    6.1.5 支付方式 121
    6.1.6 商品装运与运输保险 122
    6.1.7 商品检验 123
6.2 劳务贸易谈判的主要内容 124
6.3 技术贸易合同谈判的主要内容 126
6.4 商品房买卖谈判的主要内容 129
6.5 借贷款合同谈判的主要内容 131

第7章 商务谈判磋商过程 136
7.1 商务谈判的报价 137
    7.1.1 报价的基本原则 137
    7.1.2 报价的技巧 139
7.2 商务谈判的还价 142
7.3 商务谈判的让步 144
    7.3.1 让步的基本原则 144
    7.3.2 让步的实施步骤 146
    7.3.3 让步的方式 147
    7.3.4 让步的技巧 148
7.4 谈判僵局 150
    7.4.1 僵局产生的原因 150
    7.4.2 打破僵局的技巧 153

第8章 商务谈判签约 ... 164
8.1 商务谈判终结的判定 ... 165
8.1.1 根据谈判涉及的交易条件判定 ... 165
8.1.2 根据谈判时间判定 ... 166
8.1.3 根据谈判策略判定 ... 167
8.1.4 根据谈判方发出的信号判定 ... 169
8.2 商务谈判签约过程 ... 171
8.2.1 回顾总结前阶段的谈判 ... 171
8.2.2 最后的让步 ... 173
8.2.3 合同的签订与担保 ... 174
8.3 谈判总结 ... 181

第9章 商务谈判合同执行 ... 185
9.1 合同的履行 ... 185
9.2 履约前的谈判 ... 186
9.3 履约期间的谈判 ... 187
9.3.1 履约期间争议的原因 ... 187
9.3.2 影响履约期间谈判的因素 ... 189
9.4 履约后的谈判 ... 189
9.5 索赔与理赔谈判 ... 190
9.6 合同纠纷的处理方式 ... 192

第三篇 实训篇

实训项目1 谈判方案的制订 ... 201
实训项目2 谈判前的准备 ... 204
实训项目3 讨价还价过程 ... 206
实训项目4 商务谈判的签约 ... 210
实训项目5 模拟谈判 ... 214
参考文献 ... 216

基础知识篇　第一篇

第一章　緒論

第1章 概　　述

- 掌握谈判的概念及基本原理
- 了解商务的类型，掌握商务谈判的概念
- 能够结合实例熟悉商务谈判过程中必须遵循的原则
- 明确商务谈判的构成要素

"你切我挑"的陷阱

美国谈判学会会长，著名律师尼尔伦佰格讲过一个著名的分橙子的故事。有一个妈妈把一个橙子给两个孩子。不管从哪里下刀，两个孩子都觉得不公平。两个人吵来吵去，最终达成了一致意见，由一个孩子负责切橙子，另一个孩子选橙子。结果，这两个孩子按照商定的办法各自取得了一半橙子，高高兴兴地拿回家去了。

在商务谈判中经常会用到"你切我挑"的方法，这种方法看似公平，但实际上却是一个双方利益都受损失的陷阱，主要的原因是没有事先了解清楚对方的需求。对外经济贸易大学王健教授讲过一个"你切我挑"的续集。

第一个孩子把半个橙子拿到家，把皮剥掉扔进了垃圾桶，把果肉放到果汁机上打果汁喝。另一个孩子回到家把果肉挖掉扔进了垃圾桶，把橙子皮留下来磨碎了，混在面粉里烤蛋糕吃。

从上面的情形，可以看出，虽然两个孩子各自拿到了看似公平的一半，然而，他们各自得到的东西却未物尽其用。这说明，他们在事先并未做好沟通，也就是两个孩子并没有申明各自利益所在。没有事先申明价值导致了双方盲目追求形式上和立场上的公平，结果，双方各自的利益并未在谈判中达到最大化。

如果两个孩子充分交流各自所需，或许会有多个方案和情况出现。可能的一种情况，就是遵循上述情形，两个孩子想办法将皮和果肉分开，一个拿到果肉去榨汁，另一个拿皮去做烤蛋糕。然而，也可能经过沟通后是另外的情况，恰恰有一个孩子既想要皮做蛋糕，又想喝橙子汁。这时，如何能创造价值就非常重要了。

结果，想要整个橙子的孩子提议可以将其他的问题拿出来一块谈。他说："如果把这个橙子全给我，你上次欠我的棒棒糖就不用还了。"其实，他的牙齿被蛀得一塌糊涂，父母上星期就不让他吃糖了。

另一个孩子想了一想，很快就答应了。他刚刚从父母那儿要了5块钱，准备买糖还债。这次他可以用这5块钱去打游戏，才不在乎这酸溜溜的橙子汁呢。

思考：根据以上案例，谈谈你对谈判的看法。

(资料来源：百度百科)

1.1 谈 判 概 述

谈判作为协调各方关系的重要手段，它的应用范围非常广泛。大到国家之间经济、政治、军事等方面的谈判，小到现实生活中人们工作学习中的谈判。谈判不仅是政治家、外交家、企业家的事，也是每一个人都必须面对的事。因此，学习和掌握谈判的原理及其技巧至关重要。

【阅读资料1-1】

谈判的4个阶段

管理心理学把谈判分为以下4个阶段。

（1）调查准备阶段。这是最重要的谈判步骤之一，谈判者需要收集与谈判有关的信息，了解他方谈判风格、动机、个性与目标，分析基本背景。

（2）方案表达阶段。这个阶段谈判者提出最初要价、表达己方需求。这时，表达能力与沟通能力十分重要，跨文化差异在这一阶段比较明显。

（3）讨价还价阶段。这时，管理人员运用各种公关手段、沟通技能与谈判策略，以便达成原则意见。

（4）达成一致阶段。这一阶段，处于谈判的尾声，通过讨论、达成一致意见或协议。

(资料来源：王重鸣. 管理心理学. 北京：人民教育出版社，2006.)

1. 谈判的内涵

每天早上，从梦中醒来，每个人就置身于谈判的大舞台，人生就是谈判，现实世界就是无与伦比的谈判桌,就算独处于荒岛,人也会跟自己的心灵谈判。作为一个独立的个体,每一个人可能跟其他人之间存在着冲突和不协调。这些人并不个个都是敌人,相反,更多的是亲人和朋友。在生活中每一个人都扮演着不同的角色,如果做老板,就要和手下的员工谈判;做父母,就要和自己的孩子谈判;做丈夫,就要和自己的妻子谈判;做生意,就要和对手谈判;谈恋爱,就要和自己的情人谈判,总之,还要和同学、同事等各式各样的人谈判。有时作为独立的个体,还会跟大型的、著名的组织的机构发生各种各样的冲突,怎样化解这些冲突,将决定你是否能成功,是否能享受幸福的生活。谈判的着眼点,就在于赢得别人的好感和尊重,并获取所需要的东西,从而完善自我,改变生活。社会生活的每一个领域都充满谈判,而生活中的每一个人都是谈判的参与者。

那么,什么是谈判?美国谈判学会会长在《谈判艺术》一书中指出:"谈判的定义最为简单,而涉及的范围最为广泛。每一项寻求满足的需要,至少都是诱发人们展开谈判过程的潜因。只要人们是为了改变相互关系而交换观点,只要人们是为了取得一致而磋商协议,他们就是在进行谈判。"谈,即说话或讨论;判,即分辨、评定、判决。换句话说,一切有关"协商"、"交涉"、"商量"、"磋商"的活动,都是谈判。

狭义的谈判,是指在正式场合下,两个或两个以上有关的组织或个人,对涉及切身权益的有待解决的问题进行充分交换意见和反复磋商,以寻求解决的途径,最后达成协议的合作过程。

2. 谈判的基本原理

(1) 谈判是人际关系的一种特殊表现形式。人际关系简而言之指的就是人与人之间的关系。谈判是讨论、协商的过程,至少需要两人甚至多人的参与,它就必然表现为一种人与人之间的关系,可是,人际关系多种多样,如师生关系、同学关系、血缘关系、谈判关系等,不能简单地把多种多样的人际关系都归结为谈判关系,谈判乃是一种特殊类型的人际关系。良好的人际关系会使谈判双方避开冲突性的利益而寻找共同性的利益;对立的人际关系则会使人斤斤计较,寸步不让,大大削弱了谈判成功的可能性。重视谈判者之间的人际关系,不仅增加了达成协议的可能性,而且为以后的交易打下了基础。

案例 1-1

服装店里的对话

在服装店,一位老年顾客挑选了一件肥大的上衣,售货员见老人挑的这件衣服过于肥大,就说:"这件衣服您不能穿。"老人感到奇怪,就随口问道:"怎么不能穿?"售货员说:"这件衣服能装您俩。"老人一听,不高兴了,怒气冲冲地质问道:"什么叫装俩?你这是卖衣服呢,还是卖棺材呢?"本来售货员是好意,觉得衣服过于肥大不适合这位老人穿,但由于说话不得体,不仅生意没有做成,反而招致不愉快。

(资料来源:明智.谈判.北京:中国戏剧出版社,2007.)

(2)谈判的核心任务是一方企图说服另一方。由于人们的追求不一致,当人们希望自己所追求的得到其他人的理解与接纳时,就必须与之进行谈判,希望通过沟通努力说服对方,满足自己的利益要求。

(3)谈判产生的条件是双方在观点、利益或行为方式等方面既存在着一致性又存在着差异性。产生谈判的前提条件,是人们在观点、基本利益和行为方式等方面出现了不一致。只有解决了这种分歧,才能达到各自的目的。可见,双方在利益上有了联系和分歧,才使谈判成为必要和可能。例如,甲企业生产的产品需要推销,乙企业需要甲企业的产品进行生产,这就构成了它们之间的相互联系。然而,甲乙两家企业又都是独立的商品生产者和经营者,它们各自所代表的基本利益要求它们以最大的经济效益获得相关的利益,这就构成了它们之间的差别或冲突。在上述情况下,甲乙两家企业之间就会产生谈判现象。

(4)谈判双方在法律地位上是平等的。谈判双方处于相对独立的地位,才具备产生谈判的条件。例如,甲公司与乙公司都具有法人资格,它们在准备进行合作生产时,必须就有关的合作事宜进行谈判,这种谈判只有在平等互利的前提下,通过平等协商才能达成协议。这是因为它们在法律上的地位是平等的。但如果是甲公司的一个车间其本身并不具有法人资格,在没有得到甲公司授权的情况下,它与乙公司谈判合作生产的问题,这种谈判就不存在法律上的合法性。

1.2 商务谈判的含义及基本特征

1.2.1 商务谈判的含义

当今社会,社会生产力获得了空前发展,人们之间的经济关系越来越密切,经济交往越来越频繁,需要协调和处理的经济利益问题也越来越复杂,因而,商务谈判在现代社会各种谈判活动中越来越占有重要的地位。认识商务谈判的含义,首先要了解什么是商务?商务又称商事,即商业上的事务,它是指经法律认可,以社会分工为基础,以提供商品、劳务、资金或技术等为内容的营利性的经济活动。

按照国际惯例划分,主要的商务行为有:直接媒介商品的交易活动,如批发、零售商

业；为"买卖商"直接服务的商业活动，如代理、经纪、运输、仓储、加工等；间接为商业活动服务的，如金融、保险、信托、租赁等；具有劳务性质的活动，如宾馆、旅行社、美容、影剧院以及商业信息、咨询、广告等。

商务谈判就是关于商业事务上的谈判，具体是指两个或两个以上从事商业活动的组织或个人，为了满足各自经济利益的需要，对涉及各方切身利益的分歧进行意见交换和磋商，谋求取得一致和达成协议的经济交往活动。

商务谈判产生的前提条件是：双方（或多方）有共同的利益，也有分歧之处；双方（或多方）都有解决问题和分歧的愿望；双方（或多方）愿意采取一定行动达成协议；双方（或多方）都能互利互惠。

案例 1-2

美欧关于肉禽产品的谈判

20世纪60年代初期，美国掌握了新的肉禽饲养技术，肉禽生产迅速发展，对欧共体的肉鸡出口迅猛增加，导致欧共体极为不安。德国为了保护欧共体的肉鸡生产，联合欧共体成员，对从美国进口的全鸡征收3倍以上的从价税。对此，美国人非常气愤。他们一方面向关贸总协定进行控告，对欧共体向美国出口的商品征收惩罚性关税；另一方面对欧出口由全鸡改为切割鸡块出口，并把只在复活节和圣诞节前才出口的火鸡改为一年四季向欧出口。等到欧共体对美国的切割鸡块也征收从价税时，美国商家又改为向欧共体出口加料腌制的肉鸡。总之，美国人想方设法要继续保持在欧共体的肉禽市场份额。与此同时，欧共体加强了在肉禽生产方面的技术研究，肉禽生产也快速发展起来，并大力向其邻国销售，用补贴出口的办法挤掉了美国在那些国家的部分肉禽市场份额。美欧之间在肉鸡市场上的分歧因此越来越深。但是美欧双方在政治上是盟友，在经济上又互有需求，保持分歧或扩大矛盾对双方都没有好处。在此情况下，美欧双方又回到了谈判桌上，在东京回合谈判中，经过多轮讨价还价，美国同意欧共体可对美国不加作料的整鸡及加作料的整鸡征收差价税，并以此为条件，换取欧共体对其他美国产品的让步。欧共体则同意对美国加作料的火鸡块实行免税，同时停止对可能挤占美国在欧市场的出口品给予补贴，以此为条件，换取美国将欧共体卡车、大众牌大篷车、马铃薯、淀粉和每加仑超过9美元的白兰地的征税率恢复到1962年的水平。结果，美欧双方从谈判中都得到了好处。

（资料来源：徐春林. 商务谈判. 重庆：重庆大学出版社，2007.）

1.2.2 商务谈判的基本特征

商务谈判与其他谈判相比，既具有一般谈判的共性特点，又具有其个性特点，具体表现在以下几个方面。

（1）商务谈判具有利益性。商务谈判是以为己方谋取较大经济利益为目的的谈判。虽然谈判者可以调动和运用各种因素包括非经济因素来影响谈判，但其最终的目的仍然是经济利益。

商务谈判所涉及的因素很多，但价格在几乎所有的商务谈判当中都是谈判的核心内容，这是因为价格的高低最直接地表明了谈判双方的利益。谈判双方在其利益上的得与失，在很多情况下都可以折算为一定的价格，通过价格的升降而得到体现。例如，一双全皮的皮鞋售价为600元，同样规格的半皮皮鞋售价为260元，这个价格差就把质量差折算表现出来了。又如，购买1张光盘10元钱，购买5张总价45元，这个价格差就把数量差折算表现出来了。再如，购房时，一次性付全款可以享受20%的折扣，而分期付款就没有折扣，这就是通过价格差把时间差折算表现出来了。因此，在谈判中一方面要以价格为中心，另一方面又不要仅仅局限于价格，而可以从其他方面去积极争取利益。有时，从价格上争取对方的让步很困难，但从其他因素上要求对方让步却比较容易做到，比如要求延期付款、送货上门、多加赠品、延长保修期限等，这实际上也变相为己方争取到了一定利益。

案例 1-3

图拉德的生意

图德拉是一家玻璃制造公司的老板，他希望能做石油生意。20世纪60年代中期的一天，他偶然从朋友处得知阿根廷即将在市场上购买2000万美元的丁烷气体，他立刻决定去那里，看是否能弄到这份合同。

当他到达阿根廷时，在石油方面既无老关系，也无经验可言。而他的竞争对手是非常强大的英国石油公司和壳牌石油公司。

在进行了细致的调查以后，他得知阿根廷牛肉供应过剩，正想不顾一切地卖掉牛肉，但苦于找不到买主。于是，他与阿根廷政府进行谈判："如果你们向我买2000万美元的丁烷气体，我一定向你们购买2000万美元的牛肉。"阿根廷政府欣然同意，他以买牛肉为条件，争取到了阿根廷政府的合同。当时，西班牙有一家主要的造船厂因缺少订货而濒于关闭。它是西班牙政府所面临的一个政治上棘手而又特别敏感的问题。图德拉随即飞往西班牙，他与西班牙人谈判："如果你们向我买2000万美元的牛肉，我就在你们造船厂订购一艘造价2 000万美元的超级油轮。"西班牙人不胜欣喜，通过他们的大使传话给阿根廷，要将图德拉的2 000万美元的牛肉直接运往西班牙。图德拉还必须找到丁烷气体的销售商，他选择了美国费城的太阳石油公司。因为，太阳石油公司正为缺少运油的油轮犯愁，他对他们说："如果你们租用我正在西班牙建造的价值2 000万美元的超级油轮，我将向你们购买2 000万美元的丁烷气体。"太阳石油公司同意了。就这样，一个玻璃制造商成功地做成了2 000万美元的石油交易。

（资料来源：杨群祥. 商务谈判. 大连：东北财经大学出版社，2005.）

（2）商务谈判具有平等性。商务谈判一定要遵循价值规律并根据等价交换的原则进行。参加商务谈判的各方不论组织大小还是实力强弱，在价值规律面前和相互关系上都是平等的。

谈判者向对方提出什么条件，如何进行讨价还价，可以做出多大让步以及依据什么标准来达成协议等一系列问题的思考和解决都受价值规律和等价交换原则的制约。

无视商务谈判相互关系的平等性，只想要对方让步而自己不想做丝毫妥协，是不可能达成协议和取得谈判成功的。当然，这并不是说谈判双方在利益的分配上是绝对平均的，只要一方要求达到满足，另一方也得到补偿，双方相互满意，就达到了利益与双方相互关系的平等。

案例 1-4

两 败 俱 伤

1994年2月中旬在华盛顿举行的美日贸易会谈中，美国方面希望日本购买更多的美国商品，以缩减多年来存在着的不利于美国的巨额贸易逆差。为此，美国总统克林顿提出日美双方先设定出一个进口比例的数字目标作为日本购买美国商品的计量，否则美国就可以采取贸易制裁措施。美国方面的行为激怒了日方，日本首相细川护熙认为美方的要求有违自由贸易原则而予以回绝。最后，日美谈判以破裂而告终。在随后的一段时间内美国对日本的出口不但没有增加，反而下降不少，而日本方面则出现日元汇率大幅度上升的现象，影响了日本经济的增长。两国之间的关系也因此在一定程度上受到损害。

（资料来源：窦然. 国际商务谈判. 上海：复旦大学出版社，2008.）

（3）商务谈判具有艺术性。商务谈判作为一门艺术，参与人员的素质、能力、经验、心理状态、感情以及临场的发挥状况都对谈判进程和结果有着极大的影响，使谈判的结果往往表现出很大的不确定性，需要谈判者体现出造诣很深的谈判艺术，具体表现为以下几个方面。

① 谈判中的双赢。谈判达成的协议，一般总是双方可以接受而且又是彼此受益的，一个最佳的谈判，是双方认为满意的，双赢的谈判。双方满意、双方受益体现了造诣很深的谈判艺术。

② 谈判中的较量。由于商务谈判涉及双方的经济利益，有一个较量的过程。在双方的较量中，你来我往，有要求与解决要求，有僵持有让步，甚至出现僵局。然而，经过双方努力，僵局被打破，前景柳暗花明，最终达成协议。较量本身就有策略和技巧，就有很强的艺术性。

③ 谈判中的人际关系。在谈判实践中，常常会听到"与某某人谈判很愉快"，"与某某人谈判让人感到不快"等议论。有的谈判条件看来很难实现，但经某人一谈，却能谈成功，这些都需要与人相处的艺术。

谈判是一门艺术，要求谈判者必须掌握其理论知识、通晓其规律，经过多次实践，才能达到炉火纯青的地步。

【阅读资料1-2】

语言艺术的典范

敬爱的周恩来总理应变机敏、气魄非凡、言辞犀利、柔中有刚，在谈判中能够出色运用语言艺术，化解谈判的矛盾，维护双方的关系。曾经有一次在北京举行的记者招待会上，一位西方记者向周总理提问道："中国人民银行有多少资金？"

对此，周总理婉转地说道："中国人民银行的货币资金有18.8元。"这一回答，使全场愕然，每一个人都在静静等待他的解释，周总理说道："中国人民银行发行面额为10元、5元、2元、1元、5角、2角、1角、5分、2分、1分共10种主辅人民币，合计18.88元。中国人民银行是由全中国人民当家做主的金融机构，有全国人民做后盾，人民币是世界上最有信誉的货币。"他的一番话，语惊四座，全场爆发出热烈的掌声。

（资料来源：刘文广，张晓明. 商务谈判. 北京：高等教育出版社，2005.）

（4）商务谈判具有协商性。商务谈判是谈判各方为互利互惠而进行的沟通和协商。谈判各方之所以要谈判，其根本原因是谈判各方都要从对方那里得到一些利益上的满足，谈判各方都要通过让步使对方的需要得到某种满足。由于双方的需求有差异、双方对利益的分析和评价不一致、谈判双方互不了解，这就需要通过沟通和协商来交流有关条件，调整和平衡双方的利益，以保证双方需求的满足。

1.3 商务谈判的基本原则及要素

1.3.1 商务谈判的基本原则

商务谈判的基本原则是指商务谈判中谈判各方应当遵循的指导思想和基本准则。认识和把握商务谈判的基本原则，有助于维护谈判各方的权益，有助于运用谈判策略，更有助于提高谈判的成功率。商务谈判的基本原则主要有以下几方面的内容。

1. 相互平等原则

相互平等原则是指商务谈判中无论谈判各方的经济实力强弱、组织规模大小，其法律地位都是平等的。在谈判中，各方对于交易项目及条件都拥有同样的否决权，协议的达成只能是双方相互协商一致的结果，不能一家说了算。在谈判中，谈判各方必须自觉贯彻相互平等的原则。在谈判中应互相尊重，任何一方都不能仗势欺人，把自己的意志强加于人。只有坚持相互平等的原则，商务谈判才能顺利进行，并达到预期的谈判目标。

平等也是国际商务谈判得以顺利进行和取得成功的重要前提。在国际经济往来中，企业间的洽谈协商活动不仅反映着企业与企业的关系，还体现了国家与国家的关系，相互间要求在尊重各自权利和国格的基础上，平等地进行贸易与经济合作事务。因此在国际商务谈判中，要坚持互相平等的原则，既不强加于人，也不接受不平等条件；既不可强人所难，也不能接受对方无理的要求。我国是社会主义发展中国家，平等互利是我国对外政策的一项重要原则。它是指对外交往中，国家不分大小，不论强弱，一律平等。在相互贸易中，应根据双方的需求，在公平合理的基础上，互通有无。在进行国际商务谈判时，不论国家贫富，客户大小，要一视同仁。对某些外商利用垄断地位抬价和压价，必须不卑不亢，据理力争；对某些发展中国家或经济落后地区，也不能以势压人。

在商务谈判中，相互平等原则包括以下两个方面内容。

（1）谈判各方地位平等。国家不分大小贫富，企业不论实力强弱，个人不管权势高低，在经济贸易谈判中地位一律平等。谈判各方尊重对方的主权和愿望，在自愿的基础上进行谈判。对于分歧，应通过友好协商加以妥善解决，使用强硬、胁迫手段，只能导致谈判破裂。

（2）谈判各方权利与义务平等。各国之间在商务往来的谈判中权利与义务是平等的，既应平等地享受权利，也要平等地承担义务。谈判者的权利与义务，具体表现在谈判各方的一系列交易条件上，包括涉及各方贸易利益的价格、标准、资料、方案、关税、运输、保险等。谈判的每一方，都有权从谈判中得到自己所需要的，都有权要求达成公平合理、互相受益、各有所得的交易。在谈判的信息资料方面，谈判者既有获取真实资料的权利，又有向对方提供真实资料的义务。谈判方案以及其他条件的提出、选择和接受，都应符合权利与义务对等的原则。

案例 1-5

索 赔 谈 判

20世纪70年代中期，我国民航从英国购进一些三叉戟飞机用的发动机——斯贝发动机。由于故障频繁，十多年来，航班经常被迫取消，发动机被送进维修厂，甚至生产地——英国去检修。负责在英国监督检修我民航发动机的工程师薛其珠等人在与英方相处的日子里，感到大批发动机的故障是由于设计缺陷造成的。因此，1984年9月，薛其珠代表中国民航正式向英国航空发动机制造公司提出了索赔要求。

索赔要求提出后，本来双方很和睦的关系，立刻变成了相互戒备的对立关系。英国人不再允许他们随意走动，到哪个车间都要事先请示联系，并有专人陪同。在双方交锋的谈判桌上，双方你来我往，气氛十分紧张。我方指责英方发动机设计有缺陷，并提出明确的理由。

（1）英国人明明知道发动机有故障应进行改进，但却故意将未改进的发动机卖给中方，因为英航购买的80台斯贝发动机全部是改装的，而中方购买的却一台也没有改装。

（2）中方购买的发动机没有进行过改装，为什么在履历本上却注明已改装？这是故意欺骗中国人。

（3）双方的分歧在于发动机改装是否成功，我方的计算说明，改装是十分成功的（附计算分析）。

（4）根据合同，索赔在3种情况下成立，即设计差错、装配差错和器材差错，中方认为英方发动机设计有缺陷，应予赔偿。

到第8次会议时，英国人再也没有绅士风度了，他们大叫大嚷甚至还摔文件。在谈判完全僵化时，英方的负责人竟然调过头去，背冲着会场，到最后，一些谈判的技术人员不辞而别，会场只剩下英方的负责人。

最后，在索赔谈判中，经过中方的据理力争，上百个回合的交锋，英方终于理屈词穷，同意进行赔偿。英国航空发动机制造公司首先向中国民航道歉，其次对给中国民航造成的损失，一次性赔偿304万美元。

（资料来源：徐春林. 商务谈判. 重庆：重庆大学出版社，2007.）

2. 互利互惠原则

人们在同一事物上的利益不一定就是矛盾的，他们很可能有不同的利益，在利益的选择上有多种途径。现代的谈判观点认为，在谈判中每一方都有各自的利益，但每一方利益的焦点并不是完全对立的。一项关于产品出口贸易的谈判，卖方关心的可能是货款的结算，而买方关心的是产品质量。因此，谈判的一个重要原则就是协调双方的利益，提出互利性的选择。

在商务交往中，谈判的最终目的是达成自己的意愿，促成双方的合作。因此，商务谈判应是一种双赢或多赢的局面，谈判的所有参与者应该各取所需，同时也要照顾到其他各方的实际利益。

如何做到互惠互利，需要注意以下几个方面的问题。

（1）提出新的选择。在传统观念中，人们总是喜欢把谈判看做一场比赛，要么我赢，要么你赢，你分的多就意味着我分的少，但事实上，在多数情况下，是可以设计出兼顾双方利益的分配方案的，就如同前面案例导入里所描述的情况，谈判双方可以通过创造性的思维活动，打破传统的思维方式，提出新的方案，然后进行协调和选择。

要设计出新方案，一方面要搜集大量的信息、资料作为考虑问题的依据；另一方面要鼓励谈判组成员大胆发表个人见解，集思广益。

（2）寻找共同利益。在谈判实践中，双方为各自的利益讨价还价、激烈争辩时，很可能忽略了双方的共同利益。即使意识到了谈判成功将会实现共同利益，也往往忽略了谈判破裂会带来共同损失。如果双方都能从共同利益出发，认识到双方的利益是互为补充的，就会避免单纯强调己方利益，忽略对方利益。

所以谈判双方应该努力去挖掘双方存在的共同利益，提出满足共同利益的方案，从而促进协议的达成。

（3）协调利益分歧。在利益上、观念上、时间上的分歧，都可以成为协调分歧的基础。找到可以兼顾双方利益、双方都比较满意的方案，谈判自然会获得成功。当己方寻求的方案不被对方接受时，要努力使对方意识到，己方所确定的方案是双方参与的结果，包含着双方的利益和努力。客观地指出履行方案对双方的利益和关系的积极意义，促使对方回心转意。

在国际贸易中，我国政府倡导的"互相了解、互相信任、互惠互利、长期合作"的对外经济合作原则，准确地体现了当代国际经济合作大趋势的本质。互相了解反映了商务谈判者的合作愿望，互相信任体现了商务谈判者的合作基础，互惠互利是商务谈判者追求的结果，长期合作则是商务谈判者的基本目标。

3. 求同存异原则

求同存异原则是指谈判中面对各种利益分歧，各方从大局着眼，努力寻求共同利益。谈判各方的利益要求如果完全一致，就无须谈判，因而产生谈判的前提是各方利益、条件、意见等存在着分歧。商务谈判，实际上是通过协商弥合分歧，使各方利益目标趋于一致而最后达成协议的过程。而如果想通过谈判使一切分歧意见皆求得一致是不可能的。因此，谈判的一个重要要求就是求大同，存小异；要把谋求共同利益放在第一位；要把谈判的重点和求同的指向放在各方的利益上，而不是对立的立场上；要把谈判对象当作合作伙伴，而不是敌人。同时，还可以通过优势互补、劣势互抵的原理调动双方可以调动的各种因素，创造条件，趋利避害，扩大利益使双方都成为赢家。

在商务谈判中，既要坚持、维护己方的利益，又要考虑、满足对方的利益，兼顾双方利益，谋求共同利益。对于难以协调的非基本利益分歧，可以做出必要的让步。妥协能避免冲突，让步可防止僵局，妥协让步的实质是以退为进，促进谈判的顺利进行并达成协议。

案例 1-6

埃 以 和 谈

1978 年埃及和以色列开始进行和平谈判。双方的和谈，一开始火药味很浓。埃及要求以色列归还 1967 年中东战争被以色列占领的西奈半岛，而以色列则不同意全部归还西奈半岛，谈判陷入僵局。后来，他们冷静地分析彼此之间的矛盾，发现虽然双方都不愿放弃西奈半岛，但是，他们的需要是不一样的。就埃及来讲，西奈半岛自从法老时代起就是埃及的领土，在被希腊人、罗马人、土耳其人、法国人和英国人统治了许多世纪之后，才刚刚获得主权，他们当然不会向任何侵略者让步。而以色列是个弹丸小国，埃及的坦克从西奈半岛到达它的腹地只要个把小时，为了自身的安全才不惜一切代价占领了西奈半岛。经过这样的分析，谈判双方逐步清楚，虽然双方都在争夺西奈半岛，但是埃及要的是主权，埃及方面不可能在神圣的领土被侵占的情况下与对方握手言和，而以色列则关注自己的安全，它害怕对方在那里驻扎重兵对其构成威胁。这样，双方终于找到了可以共同满足双方需要的方案：西奈半岛归还给埃及，西奈的部分地区非军事化。一方收回了失地，国旗在西奈半岛的上空高高地飘扬，一方得到了不用派重兵把守的安全的边境。

（资料来源：窦然. 国际商务谈判. 北京：复旦大学出版社，2008.）

4. 遵守法律原则

遵守法律原则是指商务谈判必须符合有关法律、法规及贸易惯例的规定。随着商品经济的发展，生产者与消费者之间的交易活动将会在越来越广的范围内受到法律的保护和约束，任何商务谈判都是在一定的法律环境下进行的。因此，在谈判及合同签订的过程中，要遵守国家的法律、法规和政策。与法律、法规和政策有抵触的商务谈判，即使出于谈判双方自愿并且协议一致，也是无效的，是不允许的。

商务谈判的合法原则具体体现在以下3个方面。

（1）谈判主体合法。它是指谈判的参与各方组织及其谈判人员具有合法资格。

（2）谈判议题合法。它是指谈判的内容、交易项目具有合法性。对于法律明文规定禁止交易的项目，如买卖毒品、贩卖人口、走私货物等，即使双方是自愿的，也是不允许的。

（3）谈判手段合法。它是指应通过公正、公平、公开的手段达到谈判目的，而不能采用某些不正当的手段如窃听暗杀、暴力威胁、行贿受贿等来达到谈判的目的。

国际商务谈判既是一种商务交易的谈判，也是一项国际交往活动，常常涉及两国之间的政治关系和外交关系，在谈判中两国的政府常常会干预和影响商务谈判，这一切都会对谈判带来影响。因此，国际商务谈判必须贯彻执行国家的有关方针政策和外交政策，执行对外经济贸易的一系列法律和规章制度，遵守国际法并尊重对方国家有关法规、贸易惯例等，主谈人的重要发言，特别是协议文书，必须统一由熟悉国际经济法、国际惯例和涉外经济法规的律师进行细致的审定。

5. 诚实信用原则

诚实信用原则是指商务谈判各方在谈判过程中都要讲信用、重信誉，遵守和履行诺言或协议。诚实信用是商务谈判各方交往的感情基础。诚实和信用给人以安全感，有利于消除顾虑，促进成交，建立较长期的贸易关系。因此，商务谈判人员要坚持诚实信用原则，以信誉为本，实事求是，言行一致，取信于人。

同时，在谈判中也要注意不轻易许诺，一旦承诺或达成协议，就必须严格履行。谈判合同一经成立，谈判各方面须"重合同，守信用"，"言必信，行必果"，认真遵守，严格执行。

案例1-7

忠犬巴公

一家日本公司想与另一家公司共同承担风险进行经营，但困难的是双方都不太了解对方的信誉。为了解决这个问题，有关人员请两家公司决策人在一个特别的地点会面商谈。这是个小火车站，车站门口有一座狗的雕塑，在它的周围站满了人，但几乎没有人看这件雕塑，只是在等人。为什么都在这儿等人呢？原来这儿有个传说故事。故事中有一只狗名叫"巴公"，对主人非常忠诚，有一次主人出门未回，这只狗不吃不喝，一直等到死。后来人们把它称为"忠犬巴公"，把它当成了"忠诚和信用"的象征，并在这儿为它塑了像。所以，许多人为了表示自己的忠诚和信用，就把这儿当成了约会地点。当两个公司的决策人来到这里时，彼此都心领神会，不需太多的言语交流，就顺利地签订了合同。

（资料来源：任廉清. 贸易谈判. 大连：东北财经大学出版社，2005.）

6. 立场服从利益原则

无论是商务谈判，还是个人纠纷之间的解决，或是国家间的外交谈判，人们习惯在立场上讨价还价，当谈判者在立场上讨价还价时，所采取的行动和对策都是为了捍卫自己的要求或立场，很少考虑协议是否符合对方的要求，甚至会偏离自己本来的利益目标，往往使谈判成为一场意志力的较量，不愿通过让步达成妥协，最终造成谈判破裂或导致不明智的协议。但当抛开立场而更多从双方的利益出发时，就会使许多问题迎刃而解，促成双方问题的解决，谈判的成功。

案例 1-8

图书馆的争执

有两个人在图书馆里发生了争执，一个要开窗户，一个要关窗户。他们斤斤计较于开多大，一条缝、一半还是四分之一。没有一个办法会使他们都满意。这时工作人员走进来，她问其中的一个人为什么要开窗户，这个人说："吸一些新鲜空气"。她问另一个人为什么要关窗户，另一个说："不让纸吹乱了。"她考虑了一分钟，把旁边屋子的窗户打开，让空气既能流通又不吹乱纸。

（资料来源：黎淘. 双赢谈判. 中国纺织出版社，2007.）

7. 坚持使用客观标准原则

所谓客观标准是指独立于各方意志之外的合乎情理和切实可用的标准。它既可能是一些惯例通则，也可能是职业标准、道德标准、科学标准等。

"没有分歧就没有谈判"，说明谈判双方利益的冲突和分歧是客观存在的，无法避免的。

谈判的任务就是消除或调和彼此的分歧，达成协议。实现的方法有很多种，一般是通过双方的让步或妥协来完成的。坚持客观标准能够克服主观让步可能产生的弊病，有利于谈判者达成一个明智而公正的协议。

例如，甲方乙方要签订一个建筑房屋的合同，这项工程需要钢筋混凝土地基，建筑承包方建议用 2 米深的地基，而建筑持有方却认为这类房屋该用 5 米深的地基。遇到这种问题甲乙双方可以应用政府颁布的有关标准来解决，以确保建筑的安全，而这个标准是双方应该能够接受的客观标准，是有助于达成协议的。

如果双方无法确定哪一标准是最合适的，那么比较好的做法是找一个双方认为公正的、有权威的"第三方"，请其建议一种解决争端的标准。这样，问题会得到比较圆满的解决。

在谈判中坚持使用客观标准有助于双方冷静客观地分析问题，有助于双方达成一个明智而又公正的协议。由于协议的达成是依据客观标准，双方都感到自己的利益没有受到损害，因而会积极有效地履行合同。

8. 对事不对人原则

所谓"对事不对人"原则，就是在谈判中区分人与问题，即把对谈判对手的态度和讨论问题的态度区分开来，就事论事，不要因人误事。

由于谈判的主体是富于理智和情感的人，谈判者有自己的个性、情感、价值观，有不同的工作和生活背景，所以谈判的过程和结果不可避免地要受到这些因素的直接影响。在这种直接影响下，有的谈判双方在谈判过程中互相信赖、理解、尊重，从而使谈判进行的顺利、富有效率；有的谈判双方在谈判过程中会愤愤不平、意志消沉，充满敌意或尖酸刻薄从而使谈判无法顺利展开，难以取得成果。

造成以上情况的原因在于谈判者不能很好地区分谈判中的人与谈判中的问题，混淆了人与事的相互关系，要么对人对事都抱一种积极的态度，要么对人对事都抱一种对抗的态度。把对谈判中议题的不满情绪，发泄到谈判者个人的头上，使对方为了保全个人的面子，顽固坚持个人立场；或者把对谈判者个人的看法，转嫁到对谈判议题的态度上，从而影响谈判的进行。

因此，在谈判中，应把人与问题，即把对谈判对手的态度和谈判的实质利益分开，这是任何谈判都要遵循的一个基本原则。每个谈判者所追求的利益都是具有双重性的，即实质利益的获得与相互关系的促进两个方面的利益。富有经验的谈判者往往注重双重利益的结合，既不将人的问题与实质利益问题混为一谈，在谈判时对人进行人身攻击，也不将实质利益与关系问题对立起来。有时相互关系的促进比谈判结果更为重要，例如，与长期商业伙伴的关系、同事之间的关系、与政府的关系、外交关系等。因此谈判者一定要将人的问题与实质利益问题区分开来对待，否则是非常危险的。

在谈判中，如果双方出现意见分歧，为了避免出现对人不对事的情况，应该注意以下几个方面的问题。

（1）要站在对方的立场上考虑问题。换个角度考虑问题也许是谈判中最重要的技巧之一，不同人看问题的角度往往不一样。人们往往用既定的观点来看待事物，对与自己相悖的观点却往往加以排斥。而换个角度考虑问题却往往能找到问题的症结所在，使问题迎刃而解。在谈判中，当我方提出建议和方案时，也要站在对方的角度考虑提议的可能性，理解和谅解对方的观点看法。当对方拒不接受我方的提议或提出我方难以接受的条件时，也不可以暴跳如雷、抱怨指责对方，而是要心平气和、不卑不亢地阐述客观情况，摆事实，讲道理，争取说服对方。

（2）要让双方都参与提议与协商。这里指谈判双方相互讨论彼此的见解和看法，要让对方感觉到参与了谈判达成协议的整个过程，协议是双方想法的反映。一个由双方共同起草和协商的包含双方主要利益的建议，会使双方认为是利于自己的，那么达成协议就比较容易。

（3）要善于认识、理解自己和对方的情感。事实上，对谈判对手的理解和关心比说服和较量更具影响力。一定要给对方留面子，尊重对方的人格。当谈判对手处于非常窘困和尴尬的境地时，应给对方一个台阶下。

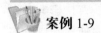

案例 1-9

对事不对人

某公司购进了一台机械设备，在安装调试中发生了故障，卖方维修了几次还是达不到规定的要求。这时某公司派甲、乙两人与卖方进行谈判，甲人员指责卖方："你们怎么能把这样的设备卖给我们呢？你们交付这种已经淘汰的陈旧设备，维修服务也不负责，我们要求退货和赔偿。以后再也不和你们打交道了！"甲人员这些指责的话语激怒了对方，结果导致双方气氛紧张，卖方语气强硬。在这种情况下，某公司的乙人员立刻以心平气和的态度和口吻对卖方讲："我们从你们那里购进的这台设备，已经出现了三次大故障，看来设备还不能正式投入生产。这一天要损失上千元，那么，我们是退掉这套设备，或是更换主要部件，还是采取其他补救措施？"乙人员的话里没有出现指责对方的语言，而是在抨击问题。乙人员的这种态度最终使卖方的情绪缓和下来，促成了问题的解决。

（资料来源：韩玉珍. 国际商务谈判实务. 北京：北京大学出版社，2006.）

1.3.2 商务谈判的要素

商务谈判的要素是指构成商务谈判活动的必要因素。就一项具体的商务谈判而言,它是由谈判当事人、谈判议题和谈判背景构成。

1. 谈判当事人

谈判的当事人是指商务谈判的主体,它是指双方派出的参与商务谈判的人员。在正式的和规模较大的商务谈判中,买卖双方参加商务谈判的人员根据各自承担的任务,可分为两类:一类是商务谈判的台前人员,即在谈判桌上直接与对方进行面对面谈判的人员;另一类是商务谈判的台后人员,即不直接参与对方谈判而为己方谈判人员出谋划策、准备资料的人员,这些人员有时也被称为智囊团。在这样的商务谈判中,谈判小组成员之间的配合至关重要,只有彼此互相配合才能提高谈判效率。而在一些规模较小的商务谈判中,例如,单项采购或单项推销的谈判中,谈判双方当事人可能只是单个业务员,而这单个业务员,既要熟悉业务,又要讲究策略,才能高质量地完成谈判任务。另外,有些商务谈判是一种代理或委托活动,代理人充当卖方(或买方)的发言人,在买卖双方中起中介作用,在这种情况下代理人也成为商务谈判的当事人。

2. 谈判议题

谈判议题是指谈判需商议的具体问题。它是与各方利益密切相关,被各方所共同关心,从而成为谈判内容的提案,是谈判活动的中心。谈判议题是谈判的起因、内容和目的,并且决定各方参与谈判的人员组成及其策略。谈判议题最大的特点在于当事各方对其认识的一致性。如果没有这种一致性,就不可能作为谈判议题,谈判也就无从谈起。

谈判中可谈判的议题多种多样,任何涉及当事方利益需要并共同关心的内容都可以成为谈判议题。谈判议题的类别形式,按其涉及内容分,有政治议题、经济议题、文化议题、外交议题、科技议题等;按其重要程度分,有重大议题、一般议题等;按其纵向和横向结构分,有主要议题及其项下的子议题、以主要议题为中心的多项并列议题、互相包容或互相影响的复合议题等。由于谈判议题的多样性,其谈判的复杂程度也就不同。

3. 谈判背景

谈判背景,是指谈判所处的客观条件。任何谈判都不可能孤立地进行,而必然处在一定的客观条件之下并受其制约。因此,谈判背景对谈判的发生、发展、结局均有重要的影响,是谈判不可忽视的要件。

谈判背景，主要包括以下3个方面。

（1）环境背景。环境背景包括政治背景、经济背景、文化背景以及地理、自然等客观环境因素。

政治背景在国际谈判中是一个很重要的背景因素，它包括所在国家或地区的社会制度、政治信仰、体制政策、政局动态、国家关系等。如果双方国家关系友好，谈判一般较为宽松，能彼此坦诚相待，出现问题也比较容易解决；反之，如果双方国家关系处在对抗与冷战状态，谈判会受到较多的限制，甚至会出现某些制裁、禁运或其他歧视性政策。有时由于政治因素的干扰，即使谈判的当事人已达成的某些协议，也可能成为一纸空文。此外，如果谈判一方国家政局动荡，该方谈判者自然地位脆弱，如果遇到该国政府人事更迭，有可能导致现行政策的某些变化。

经济背景对商务谈判有直接的影响，它包括所在国家或地区的经济水平、发展速度、市场状况、财政政策、股市行情等。比如，在商务谈判中，如果卖方所销售的产品在市场上占有垄断地位，那他在谈判中就会处于绝对的优势；如果谈判中所涉及的产品在市场上的供求状况发生了变化，那么谈判双方的策略、态度也会发生相应的变化；股市行情的变化，反映了某些行业、某些产品未来的预期走势，进而也会成为谈判者参考和借鉴的"晴雨表"。

文化背景包括所在国家或地区的历史渊源、民族宗教、价值观念、风俗习惯等。东西方国家之间、不同民族之间，甚至一个国家内的不同区域之间，文化背景往往会有很大差异，所以要求谈判者要认真了解对方的文化背景，以确保谈判顺利进行。比如，与阿拉伯国家的人谈判时尽量不要派女性，也不要主动向阿拉伯妇女问候和行礼；交谈时，切莫提及中东政治、宗教矛盾、石油政策、女权运动等话题。

地理、自然环境因素对商务谈判的影响也是比较明显的。比如，一些受季节影响比较明显的产品会因为气候温度的不同，导致买卖双方的地位发生变化，如空调、电扇等。

（2）组织背景。组织背景包括组织的历史发展、经营理念、规模实力、财务状况、市场地位、谈判目标、谈判时限等。组织背景直接影响谈判议题的确立，也影响着谈判策略的选择和谈判的结果。

（3）人员背景。人员背景包括谈判当事人的职称地位、教育程度、个人经历、工作作风、行为追求、心理素质、谈判风格、人际关系等。由于谈判是在谈判当事人的参与下进行的，因此，人员背景直接影响着谈判策略的运用和谈判的进程。

综上所述，谈判当事人、谈判议题和谈判背景是构成商务谈判活动的3个基本要素，对于任何谈判来说，这3个要素都是不能缺少的。

概　述　第1章

 能力形成考核

一、复习思考题

1. 商务谈判的基本原则有哪些？你认为商务谈判的基本原则重要吗？为什么？
2. 商务谈判的要素有哪些？其中最重要的是什么？

二、实训题

结合具体的产品（如，化妆品）和具体的市场，制订一份推销计划。

三、案例分析

案例1

上海甲厂计划引进西欧某公司的一条生产线，委托外贸公司来做这笔生意。外国公司提出了十分合理的价格——80万美元。当时甲厂用于购买生产线的外汇只有50万美元，差距很大。外贸公司先请外方的销售经理汤姆先生来上海访问，进行具体的商务洽谈。

汤姆先生来沪后，外贸公司先安排他参观了用户，向他发出了有诚意购买的信号。同时，外贸公司又介绍了该厂在中国同行业中的地位，这些引起了对方的兴趣。于是，外贸公司乘机提出如果这笔生意做成，将协助这家公司在上海举办展览，并负责邀请中国的有关企业来参观。由于该公司的产品优秀，在世界各地都有其产品，而在中国却没有，该公司对进入中国市场又很有兴趣，听了这些介绍以后，汤姆先生考虑再三，表示这次只收设备的成本费，不赚利润，把报价降到了70万美元。然而，买主只有50万美元，还差20万美元。

于是，外贸公司就说服买主扣除国内能配套的部分设备，使价格降到60万美元。此时对于外方公司来说已经不能再让了，还差10万美元怎么办？外贸公司与买主反复研究后，决定取消5万美元可以以后再订的备件，使双方报价的距离缩小到只有5万美元。这时外贸公司再次恳切表态，说只要外方同意再降5万美元，将免费向他们介绍一家上海以外的买主，并言明对此价格严守秘密，不向任何人泄漏。汤姆先生经过反复比较，终于下决心按50万美元成交。外贸公司在此后又介绍这家西欧公司与上海以外的企业成交了两台同类设备。在不到一年的时间里，这家西欧公司连续在中国成交了十多台设备，使该公司进入中国市场的愿望得以实现，保证了它的基本利益。

分析：请根据谈判的有关理论，对外贸公司获得谈判成功的原因进行分析说明。

案例 2

20世纪40年代，美国一个电影明星与制片商发生了一场纠纷。电影明星要立即得到合同规定的这一年的酬金——100万美元，而制片商则一时拿不出钱。一个立即要拿到属于她的钱；一个现在根本拿不出钱，除非把房子之类的不动产卖了。双方的立场没办法调和，准备诉诸公堂。后来，在代理人和律师的开导下，他们逐渐了解了对手的苦衷：电影明星要她的劳动报酬，虽然她现在并不急用，但是她要为她的将来做准备，一个明星不可能永远是明星；而制片商虽然家产万贯，但是他的确没有现金。他们开始心平气和地协商，一个口口声声要钱，其实并不是急着要拿到这100万，一个坚决地回绝说没有钱也不是不愿给钱。如果再从双方的需要来分析，他们实际上是站在一条线上的，其实制片商和演员谁也离不开谁。最后，他们找到了一个两全其美的方案，制片商每年向电影明星支付5万元，分20年付清。这样既解决了制片商资金周转上的困难，对那个明星来讲也是好事，100万元分20年得到，不仅所得税降低了，而且解决了演员的收入不固定的问题，今后20年每年有5万的进账，这对电影明星来讲，未尝不是一个合理的安排呢！

分析：双方问题的解决是根据商务谈判的哪条原则？请结合具体的谈判过程分析。

第 2 章　商务谈判的形式与类型

学习目标

- 熟悉并掌握商务谈判的 4 种形式
- 解商务谈判的类型及其特点,并能在实际谈判中灵活运用

案例导入

义乌双童吸管公司的网络谈判

义乌双童吸管公司一直以经营内贸为主,直到 1997 年 10 月,日本采购商的来访解开了公司总经理楼仲平不知如何寻找国外客户的苦恼。

"日本客户一边和我谈生意一边用我的电话线上网,在聊天的同时,他还给我讲了互联网的商务功能,比如,发送邮件,浏览黄页等。"楼仲平看得着了迷,第二天便买了一台联想台式机和一台打印机。

楼仲平主动出击每天晚上登陆欧洲黄页找客户,与客户在线谈判订货价格、数量,在几乎不存在竞争对手的情况下,楼仲平通过网络联系到的国外客户为双童吸管带来了明显的经济效益,外贸订单的比例持续上升。1998 年,美国沃尔玛超市集团的供货商向双童吸管伸出了橄榄枝。之后,欧洲最大的特易购和美国第二大超市凯马特,以及上海联华超市等零售巨头也纷纷向双童公司发来巨额订单。

义乌双童吸管公司通过网络谈判联系国外订单的做法从 1997 年开始一直延续到现在,义乌双童吸管公司凭借网络的优势使自己在该行业中独树一帜。

（资料来源：电子商务世界网-传奇人物）

思考：网络谈判相对于其他谈判形式,其独特优势是什么?

2.1　商务谈判的形式

商务谈判的形式,是指商务谈判所采取的方式,也就是谈判双方（或多方）如何沟通,

即用什么方式、手段进行对话、协商。

商务谈判的形式一般分为口头谈判和书面谈判。口头谈判是指谈判双方就谈判相关的议题以口头方式提出、磋商，而不提交任何书面形式文件的谈判。它包括面对面谈判和电话谈判。书面谈判是指谈判双方将谈判的相关内容、条件等，通过邮政、电传或互联网等方式传递给对方所进行的谈判，主要有书信谈判和网络谈判。

下面将对面对面谈判、电话谈判、书信谈判和网络谈判的含义，优缺点，适用范围和注意事项分别进行讨论。

2.1.1 面对面谈判

1. 面对面谈判的含义

面对面谈判是指谈判双方（或多方）直接接触，面对面地就谈判内容进行沟通、磋商和洽谈的方式。这种面对面式的谈判形式在实际工作中，表现为派出谈判人员主动登门谈判，邀请客户到本企业谈判或者在第三方场所谈判等。一般来讲，凡是正规的、重要的或者高规格的谈判，都以面对面的谈判方式进行。

2. 面对面谈判的优点

面对面谈判是最古老、使用范围最广泛、使用频率最高的一种谈判方式，在科技水平不发达时期，曾是唯一的谈判形式。然而，即使在电子技术发达的今天，面对面谈判这种形式在商务谈判中仍是最主要的一种形式，并被不断地加以更新和发展。面对面谈判的优点包含以下几个方面的内容。

（1）面对面谈判谈判具有很大的灵活性，谈判前做的准备工作也比较充分。谈判正式开始之前，谈判双方都能够广泛地了解市场动态，开展多方面的市场调研，全面深入地了解对方情况，制订出详细、切实可行的谈判方案。在谈判桌上，可以利用直接面谈和私下接触的机会，进一步了解谈判对手的需要、动机、策略以及谈判人员的性格，结合谈判过程中出现的具体情况，及时灵活地调整谈判计划和谈判策略、技巧。

（2）面对面谈判的内容比较深入、细致。这样有利于双方详尽地阐述自己的观点，提出具体的交易条件，还可以就某些关键问题或者难点进行反复沟通、洽谈，谈判的目标更容易达成。

（3）面对面谈判谈判的方式比较规范。谈判双方在谈判桌前就座，使每个参加谈判的人产生一种开始正式谈判的心境，这样双方就会很快进入谈判角色。而且，面对面谈判完全是按照准备、开局、磋商、签约的谈判过程进行的，所以，它是比较规范的谈判方式。

（4）面对面谈判有利于增进彼此的了解和友谊，建立长久的贸易伙伴关系。由于面对面谈判是通过双方或多方直接接触进行的，彼此面对面的沟通，容易产生感情。特别是在谈判工作之余谈判各方一起调侃热门话题或共同参加文娱活动，在这个过程中，各方加深了了解，培养了友谊。谈判人员还可以利用私下接触的机会，进一步了解谈判对手的需要、动机、策略，以及主谈人的个性等。这种关系对于谈判协议的履行，以及今后新一轮的谈判工作都有积极的意义。

（5）面对面谈判有利于双方察言观色，了解对方的心理活动及反应，随时调整谈判计划和谈判策略。谈判开始之后，谈判人员可根据谈判现场气氛和进展情况，随时变更自己的谈判战术，并结合谈判过程中出现的具体情况，及时、灵活地调整谈判计划和谈判策略、技巧。

3．面对面谈判的缺点

（1）时间紧、决策压力大。面对面谈判一般要在一定的谈判期限内，做出成交与否的决策，不能有充分的考虑时间，也难以充分利用谈判后台人员的智慧，并要求谈判人员要根据谈判的具体情况随机应变。因此，对谈判者的技术、应变能力和业务素质要求比较高，稍有不慎，易引起对方的反击，或导致失误。

（2）准备时间长、开销大。由于面对面谈判一般需要支付谈判人员的往返差旅费、礼节性的招待费、业务费以及谈判场所的布置费等，既费时又费力。这就要求谈判各方需要慎重地选择谈判对象，做好各项准备工作，以便尽可能提高谈判效率和效益。

4．面对面谈判的适用范围

商务谈判形式的选择应以充分发挥各种谈判方式的优势为原则。依据这一原则，在下列情况下运用面对面谈判方式较为适宜：比较正规的谈判；比较重要的谈判；比较大型的谈判；谈判议题较复杂、内容较多的谈判；或者各方相距较近时的谈判。

5．面对面谈判的注意事项

面对面谈判时要注意语言表达尽量婉转，以免伤了和气；吃饭、娱乐时，要注意分寸的把握；作为主场谈判人员要注意接待工作安排周密，并尽量减少浪费。

2.1.2 电话谈判

随着电话的日益普及，人们越来越多地使用电话沟通信息、洽谈商务、进行谈判。所以，了解和学习电话谈判的含义、特点，掌握和运用电话谈判也是极为必要的。

1. 电话谈判的含义

电话谈判是指谈判当事人处于不同的空间，借助电话沟通信息、协商问题，寻求达成交易的一种谈判方式。它是一种间接的、口头的谈判方式。

电话谈判方式与面对面的口头谈判既有不同点，也有相同点。电话谈判方式与面对面谈判方式的不同点在于一个是远距离不见面的洽商，而另一个是近距离面对面的洽商；其相同点在于都是采用语言的表达方式进行磋商的，而且电话谈判方式也包括准备、开局、磋商、签约等不同步骤。

2. 电话谈判的优点

电话谈判的主要优势是快速、方便、联系广泛，特别是在经济迅速发展的今天显得尤为重要。此外，由于电话谈判受到时间的限制，这样就可以促使对方迅速、明确地表示态度，还能够避免因彼此地位、身份差异而对交谈效果产生影响，另外可以根据需要控制对方讲话的时间。

电话谈判还有一个特殊的、独具的优势，即用电话铃声来呼唤谈判对手，要比客气的约请、上司的指示甚至命令还要灵验。无论对方多么繁忙，在干什么要紧的工作，只要听到电话铃响，都得停下一切其他事情来接听电话。在电话谈判中，电话的这些优势被谈判双方所利用，为各自的目的服务。

3. 电话谈判的缺点

（1）电话谈判很难判断对方的反应。谈判中会涉及许多肢体语言，每一个细微的动作都会反映出对方当时的心理状况，谈判高手能够通过察言观色来判断对手的谈判意图及时调整本方的谈判策略，从而建立在谈判中的相对优势。而电话沟通只能了解到对方的语气、语调，仅凭这些很难准确的分析出对方的真实意图，更何况谈判高手极可能会通过语音、语调来迷惑己方，从而加大对他们底牌分析的难度。

（2）电话谈判很容易被对方拒绝。在面对面谈判中，买卖双方或多或少都会顾及对方的情绪，即使谈判破裂也会给对方留有面子，在电话谈判中买方则不会有太多的顾忌，他们会直截了当地使用拒绝策略。当然有时并不一定是真实的否定，他们可能会通过否定来实现自己的目的。

（3）电话谈判中双方的精力容易分散。买卖双方在面对面谈判时通常会在谈判室或封闭的会议室里进行，不易受到外界的影响，双方均能专心致志地谈判。电话谈判则恰恰相反，无论是电话的哪一端都很容易受到影响，双方的精力不容易集中，很可能会忽略一些重要的议题。

（4）电话谈判中双方容易产生误解，风险较大。由于电话自身功能的局限，谈判人员

看不到对方的面部表情，更看不出对方的行为暗示，仅能通过语音、声调来揣摩对方的心理活动，易产生误解和人为的分歧。而且，在电话中无法验证对方的各类文件、证据和许诺的真伪，风险较大。

4. 电话谈判的适用范围

（1）电话谈判适用于谈判双方关系很熟悉，相互非常了解。在双方相互熟悉和了解的情况下，好多业务往来就没有必要面对面谈判，打一个电话就可以解决问题，省了好多时间和精力。

（2）电话谈判适用于谈判双方非常陌生，甚至素未谋面。现在好多企业采用的电话销售模式，其实就是这样的情况。购销双方素未谋面，通过电话联系去做交易，这样做的好处是，即便被对方拒绝，也不会尴尬，因为看不到对方。

（3）电话谈判适用于面对面谈判之后，签约之前。在这个时间段，如果还有一些悬而未决的问题，可以通过电话的形式来解决。

5. 电话谈判的注意事项

由于电话谈判是一种只有声音没有人物表情、形体动作的洽谈，因此一旦选用电话谈判方式，应注意以下几下几个方面的问题。

（1）做好准备，争取主动。采用电话谈判方式，应在事先做好计划和准备的基础上，主动打电话给对方，不做被动的接听者。只有做好充分的准备，才能成为主动的打电话者，才能处在谈判的优势地位。如果被对方抢了主动，便不得不按照对方的意图和安排绕圈子。

（2）把握节奏，听说有度。学会聪明地沉默，多听少讲。除非已经进行了认真的分析、全盘的考虑和洞察了各种利弊关系，否则不要进行彻底的谈判，不要试图一次解决，也不要吝惜电话费用而迫使自己仓促决策。

（3）记录整理，及时更正。在电话谈判的过程中做好笔记，并在谈判结束后尽快将笔记整理归档，以求档案完整，便于事后随时查阅。假如事后发现谈判的结果对我方不公或不利时，应毫不犹豫地要求对方重新谈判。

（4）协议备忘录。当通过电话完成谈判时，随后就应认真地写一份有关谈判的书面纪要，即协议备忘录，并将这项工作通知对方。其目的就是把电话谈判中所要明确的谈判各方的责任、权利和义务都写在纸上，作为双方协议的书面凭证，要求各方严格遵照执行。写好协议备忘录后，要寄给对方一份。

协议备忘录不只是谈判各方履约的依据，也是事后处理纠纷的法律依据。所以，在电话谈判中写好协议备忘录是极其重要的。协议备忘录如同订合同一样，具有法律的约束力，因此对谈判各方的责、权、利要规定得全面、清楚、明确。

【阅读资料2-1】

打电话口诀

左手听筒右手笔

（通话前，保持左手持话筒，右手拨电话号码的姿势）

挺直背脊来说话

（试验表明，当站立或坐直说话时，人的声音会更为清脆悦耳）

通话重点一一列

（通话前，把要谈判的内容及其顺序列成一个清单，重要事项千万不要遗漏）

拨电话前先"清场"

（通话时，应当先"清场"，以免对方受干扰）

（资料来源：维普资讯网）

2.1.3 书信谈判

1. 书信谈判的含义

书信谈判，是指谈判双方利用信函、电报、传真、电子邮件等通信工具交易洽商。书信谈判形式灵活，节省人力、财力，但其只适用于彼此有较深了解的交易双方。在大多数情况下，书信谈判只是面对面谈判的前奏和补充。

2. 书信谈判的优点

（1）书信谈判有较充足的考虑时间，利于慎重决策。书信谈判避免了当场决策的时间压力，保证谈判双方在规定答复的有效期限内，有足够的时间研究对策做出回应。

（2）书信谈判可靠性高。书信谈判使用文字比较慎重，书信本身就是文证，谈判自始至终都有根有据，可靠性较高，不易反悔或取消。

（3）书信谈判费用开支较少，成本低。书信谈判一般不需要谈判人员四处奔波，只需向国内外企业发出信函或电报，通过对不同客户的反馈信息进行分析比较，从中选出对自己最有利的交易对象。此外，只需支出通信费用，节约了差旅费、招待费及其他费用的开支。

（4）书信谈判中，谈判人员的主观因素对谈判干扰少。这种谈判形式有利于双方谈判人员克服身份、级别、资历、心理素质等因素造成的不良影响，把主要的精力集中在交易

条件的洽谈上，促使谈判在更为客观、公正的条件下进行。

3. 书信谈判的缺点

（1）书信谈判易造成误解。书信谈判多采用信函、电报等方式，格式要规范，文字要精练，如果词不达意，易造成双方理解差异，引发不必要的争议和纠纷。

（2）书信谈判不灵活，比较刻板。在书信谈判中，一旦出现问题，双方不便及时沟通，谈判技巧和谈判策略的运用受到限制，一般较难出现创造性成果。

（3）书信谈判缺乏直观性。在书信谈判中，由于双方代表不见面，因而无法通过观察对方的语态、表情、情绪以及习惯动作等来揣摩、判断对方的心理活动，从而难以运用行为语言技巧达到沟通意见的效果。

（4）书信谈判用时长，延误时机。书信谈判所使用的信函、电报需要邮电、交通部门的传递，一旦延误和遗失，则会影响双方的联系，甚至丧失交易的时机。

4. 书信谈判的适用条件

（1）书信谈判适合同电话谈判相结合。谈判双方把在电话谈判中确立的相关谈判内容以书信的形式加以确认，最终签订合同。

（2）书信谈判适用于面对面谈判之后。谈判双方在面对面谈判中已经确定了谈判的框架之后，由于时间、地域的原因无法延续剩余的谈判内容，后续的谈判工作依靠书信的方式来完成，进而签订谈判协议。

【阅读资料2-2】

两种谈判形式相结合的计算机购销业务谈判

某单位预购计算机500台，为产生批量效应，先打出求购100台的采购广告，商家纷纷而至，该单位将面谈的情况和网上查询的信息综合分析，得到一个很重要的提示：近期市场行情可能处于价格下滑期，延期采购可能更为有利，这就为进一步了解市场提供了时间保证。

接着，该单位采用电子商务业务，利用网络优势展开深入的市场调查，并将规模采购分为100、300、500台3个批量，要求供应商将各批量的优惠价格、供货时间、分期付款的承诺情况、保险期限等关键条款以电子邮件的形式传过来，从中选出3位供应商，再来单位面谈，最后以低于市场价15%的优惠价和两年内分3次等量等期付款的分期付款承诺签订了500台计算机的采购合同。

（资料来源：孙绍年. 商务谈判理论与实务. 北京：清华大学出版社，2007.）

5. 书信谈判的注意事项

（1）邮寄详细的产品资料。为了发挥书信谈判的作用，有利于对方了解自己的交易要求，作为卖方，可以把事先印好的具有一定格式的表单寄给客户，表单上比较详细地反映卖方商品的名称、规格、价格、装运等条件，可以使客户对卖方的交易意图有一个全面、清楚的了解。

（2）及时处理信件。书信谈判最忌讳的是函件处理不及时，所以，谈判双方都要认真、迅速、妥善处理回函和来函，能达成的交易要迅速通知对方，不要贻误时机，即使不能达成的交易也要委婉地答复，搞好与客户的关系，做到"生意不成人情在"。

2.1.4 网络谈判

互联网的出现，使网络谈判成为可能；电子商务的出现、发展、壮大使网络谈判成为必然。虽然面对面谈判仍然是当前最主要的谈判方式，尤其是高层次的谈判，但是互联网以它覆盖范围广，不受时间、地点的限制的独特优势，可以提供更多切实可行的谈判方式。

【阅读资料2-3】

网络销售的普及

根据中国互联网络信息中心发布的统计报告，截至2008年6月底，中国网民数量达到2.53亿，网民规模跃居世界第一位。

目前排名前10位的网络应用是：网络音乐、网络新闻、即时通信、网络视频、搜索引擎、电子邮件、网络游戏、博客、论坛和网络购物。

在这十大网络应用中，网络购物发展十分迅猛，据统计，上海是网络购物最为普及的城市，其次是北京，这是因为经济发达城市的电子支付和物流等环节较为通畅，带动了城市网络购物的发展。

在网络购物发展的过程中，网上支付和网上银行也迅速发展起来，网民对两者的使用率分别达到22.5%和23.4%。尤其是网上支付，半年用户增量达到2379万人，半年增长率达到71.7%。这两项网络应用的迅速发展会对网络购物的发展起到促进作用。

（资料来源：中国互联网络发展状况统计报告．2008-07.）

1. 网络谈判的含义

网络谈判是指借助于互联网进行协商、对话的一种特殊的书面谈判，是伴随着电子商务的兴起而发展起来的一种新的谈判方式。

2. 网络谈判的优点

在商务领域中，随着信息技术的普及，网络谈判正越来越多地受到人们的重视。通过互联网，交易双方运用各种交易方式来交换商品或提供服务。与传统谈判方式不同，在网络环境下，网络谈判真正意义上实现了"世界就是一张大的谈判桌"的构想。由于借助互联网这种特别的媒介，网上谈判具有以下几个方面的优点。

（1）信息传递快、联系范围广。基于互联网的信息技术，网上谈判既有电话谈判快速、联系广泛的优点，又有书信谈判内容全面丰富、可以备查之特点。尤其是谈判双方地理位置相距较远的情况下，这种形式比较适用于国际商务谈判。

（2）简化了谈判环节，降低了谈判成本。采用网上谈判方式可以简化谈判环节，谈判者无须四处奔走，可直接向国内外许多企业发出 E-mail，分析比较不同客户的复函，从中选出对自己最有利的协议条件，从而令企业大大减少了人、财、物的消耗，降低了谈判成本。

（3）提高了谈判效率，确保了谈判公平性。首先，网络谈判突破了时空局限，避免了传统谈判中因时间、地点的确定而引起的麻烦，双方可随时在任何地方交换意见，保障了谈判双方的公平性。其次，网络谈判由于具体的谈判人员不见面，使双方都不受复杂的人际关系的影响。无须考虑谈判人员的身份、级别，不必揣摩对方的性格，从而，使双方人员能将"人"与"问题"理性分开，将双方的关系建立在正确的认识、清晰的沟通、恰当的情绪上，保障了公平竞争。

（4）有利于慎重决策。网络谈判以书面形式提供议事日程和谈判内容，又能几秒钟抵达，使得谈判双方既能仔细考虑本企业所提出的要点，特别是对那些谈判双方可能不清楚的条件能快速地书面传递、事先说明，又能使谈判双方有时间同自己的助手或企业领导及决策机构进行充分的讨论和分析，甚至可以在必要时，向那些不参加谈判的专家请教，有利于慎重地决策。

（5）改善了服务质量。降低谈判成本还不是商务谈判的主要目的和收获，改善与客户的关系才是最大的收获，这样才能获取丰厚的回报。网络谈判所提供的是一年 365 天，每天 24 小时的全天候沟通方式。

3. 网络谈判的缺点

当然，网络谈判也有其局限性，主要表现在以下几个方面。

（1）网络谈判中双方商务信息十分公开化，这样有可能会导致竞争对手的加入。

（2）网络谈判中的信息来源广、多、杂，所需信息须经缜密的调查、研究、鉴别。

（3）网络谈判是在互联网上进行的，所以网络故障、病毒等会影响商务谈判的开展。

（4）网络谈判中获取隐性信息困难。

4. 网络谈判的适用范围

网络谈判适用于谈判双方距离较远，坐到一起需要花费好多的时间与精力，特别是国际商务谈判；对于一些相对复杂的谈判，在面对面谈判结束后，通过网络谈判去做补充；对于一些急于做出决定的谈判，可以使用网络谈判，因为其不受时间的限制。

【阅读资料2-4】

因特网的未来——网格

什么是网格？网格实际上是继传统因特网、万维网之后的第3代因特网应用。传统因特网实现了计算机硬件的联通，万维网实现了网页的联通，而网格试图实现互联网上所有资源的全面联通，包括计算资源、存储资源、通信资源、软件资源、信息资源、知识资源等，最终实现网络虚拟环境上的资源共享和协同工作，消除信息孤岛和资源孤岛。

网格是有大脑的，因为它能根据用户的需求自动地生产知识。中科院计算所副所长徐志伟博士描述了网格的蓝图："你有一个外出旅游的计划，在万维网的条件下，你必须登陆不同的网页一步步实现订机票、订房间、确定路线；网格时代，你只需向网格发一个去某地旅游的指令，网格马上就会给你一个回复，提供机票、住宿、行程等全部资讯，选定你的需要后再告诉网格，很快网格就会完成一套为你量身定做的旅游服务。你所不知道的是，很短的时间里，网格在背后收集和传送了很多信息，做了十几笔交易。"

目前，英国政府已投资1亿英镑，用来研制"英国国家网格"。美国政府用于网格技术的基础研究经费则已达5亿美元。美国军方正规划实施一个宏大的网格计划，叫做"全球信息网格"，预计在2020年完成。

（资料来源：维普资讯网）

5. 网络谈判的注意事项

网络谈判属于书面谈判方式的一种，同样包含着准备、开局、磋商、签约等步骤。这种借助于互联网的新型商务谈判形式，通过无所不在的网络连接，使企业之间的交往联系以及业务往来完全可以在网上进行，达到了提高客户满意度、降低成本、提高灵活性、缩短谈判时间，提高工作效率等目的。但要达到这些目的，有以下几个方面问题需要注意。

（1）加速网络谈判人才的培养。运用网络谈判方式，需要谈判人员既掌握商务知识与谈判技巧，又要熟知 IT 技术。而目前的事实是，既善于从事商务谈判，又娴熟掌握 IT 技术的多能型人才缺乏。所以，面对电子商务的快速发展，要加速网络谈判人才的培养。

（2）加强与客户关系的维系。由于互联网是公开的大众媒体，使用网络谈判也就意味着你与客户、合作伙伴之间的关系公开化。竞争对手可以通过互联网随时了解到你的报价、技术指标以及你的客户、合作伙伴的需求，甚至你与客户、合作伙伴之间存在的分歧等。通过这些资料的分析，竞争对手有可能抢走你的客户。所以，借助于互联网进行商务谈判，还应注意情感的培养，不断提高服务水准，以便更好地维系与客户、合作伙伴的关系。

（3）加强电子资料的存档保管工作。任何谈判都必须保护企业的商业秘密，避免在谈判中泄密。在开放的网络环境中，尤其要重视做好电子资料的存档保管工作和商业信息的保密工作。由于网络谈判所使用的 E-mail 需要互联网的传递，而互联网容易受病毒侵害，甚至黑客的破坏，所以一旦网络发生故障或受病毒、黑客的攻击，往往就会影响资料的保密。因此，企业要加强保密技术、强化安全管理，保障信息的安全；商务谈判过程中的报价、还价、确认等资料要及时下载，打印成文字，以备存查。

（4）网络谈判达成共识后，必须签订书面合同。网络谈判达成的共识，一经确认或接受，一般即认为合约成立，交易双方均受其约束，不得任意改变，但为了明确各自的权利与义务，加强签约双方的责任心，必须签订正式的书面合同，促使双方按照合同办事。一旦出现问题，发生纠纷，也有据可查，便于公平合理的处理问题。

（5）加强互联网技术改进。值得注意的是，随着互联网技术的不断进步，从电子邮件、文件处理到先进的网络会议、网络电话、网上视听系统等，这些使得基于互联网的交易飞速增长。不过，互联网技术要真正成为主要的谈判工具可能还需要一定的时间，尤其是涉及网络合同谈判及其争端解决的问题，这些基于网络的谈判技术还需要不断的开发和完善，它包括网络虚拟会议、虚拟眼球、语言辨别技术、电脑的个性化信息处理技术等，这样才能使网络谈判真正人性化，使谈判进程更加顺利。

2.1.5 四种谈判形式的比较

一场商务谈判究竟采用何种形式和手段进行，主要由谈判主体依据谈判内容、所处环境、条件等具体情况自由选择、自由确定、自由发挥和创造。谈判采用的方式和手段不同，谈判的效果自然也不一样。

总的来看，四种谈判形式有利有弊。表 2-1 对以上；四种谈判形式进行了比较。

表 2-1　四种谈判形式的比较

	面对面谈判	电话谈判	书信谈判	网络谈判
接触方式	直接	间接	间接	间接
表达方式	语言	语言	文字	文字
商谈内容	深入、细致	受限制	全面、丰富	全面、丰富
情感氛围	利用	无法利用	无法利用	无法利用
个性心理	有影响	有影响	不影响	不影响
联系方式	慢、窄	快速、广泛	较慢、较窄	快速、广泛
费用	最大	较大	较少	很少
适用范围	一对一 团体谈判 大型项目	一对一 小型项目	日常交易 国际贸易	日常交易 国际贸易

（资料来源：杨群祥. 商务谈判. 大连：东北财经大学出版社，2005.）

谈判形式利用得好坏，关键在于对各种谈判形式掌握得如何。因此，在实际工作中，谈判人员应根据实际情况的需要和各种谈判形式的特点加以正确选择。当然，也可以把它们结合起来，扬长避短，甚至也可以交叉使用。例如，在面对面谈判开始之前，或在磋商过程中，根据实际需要，可以采用书信谈判或电话谈判等形式，作为初步的或补充的意见交换。

2.2　商务谈判的类型

商务谈判的种类繁多，认识商务谈判的不同类型，目的在于根据其不同的类型的谈判特征和要求，更好地参与谈判和采取有效的谈判策略。对谈判类型的正确把握是谈判成功的起点。

谈判人员在参加谈判前应明确自己将要进行的是哪一种类型的谈判。不同类型的谈判有不同的特点和要求，其准备的状况、采取的策略都应有所不同，因此，对谈判类型的认识是谈判工作的起点。商务谈判的类型一般按照以下依据划分。

2.2.1　按照商务谈判的过程划分

商务谈判根据谈判磋商、签约以及签约后有关事项的处理过程可分为协商谈判、合同谈判与索赔谈判。

1. 协商谈判

（1）协商谈判的含义

协商谈判，也称一般性商业谈判。它是合同谈判的前提和基础，包括一般性会见、访问交流、技术性交流、意向性谈判等。这种谈判的主要内容是双方建立关系，沟通信息，探测摸底。

一般性会见旨在确定商务谈判的可能性与方向性，一般来说，比较注重谈判气氛的友好和谐；而技术性交流（如技术性的讨论会、演示、鉴定等）则是交易的前奏，它具有广泛的宣传性与技术内容的保密性等双重特点，其目的是既要扩大知名度，吸引客户，又要使客户有一定的"神秘感"，并确保己方的利益不受侵犯；意向性谈判是指在交易各方表达交易愿望进行广泛接触的基础上，为了确保前期谈判成果，以及以后谈判的连续性而签订意向书或协议书的谈判。意向书或协议书因其很难全面地对各项交易条件作出明确地承诺，一般只起总结与期望的作用，无法律约束力。

（2）协商谈判的特点

① 谈判形式灵活，方法多样。意向性谈判多数是合同谈判的准备阶段或前期阶段。由于在这一阶段，双方尚未全部摊牌，气氛也比较热烈友好，互相探底的方式也多种多样。例如，谈判各方为了探测交易的可能性，摸清对方的底细，相互沟通信息，通过就餐、娱乐等形式，进行私下接触，使出浑身解数，斗智斗勇，了解和收集己方所需要的各种信息情报，即使是面对面的会谈，也不像合同签约时那样紧张、严肃。在意向性谈判中，寒暄、介绍等题外话以及非实质性的接触占有较大比重，其谈判形式与合同谈判、索赔谈判相比，较为灵活和随意。

② 谈判气氛较和谐、友好。一般性会谈往往不能最后确定各项合同条款，很少涉及实质内容，所以双方情绪比较平稳，气氛也很友好，出于合作成功的愿望，都非常注重建立信任和友谊，注重考虑对方的要求与建议，表现出来更多的是客气和礼貌，以便促成交易，为合同谈判打下基础。

③ 谈判只达成交易意向。由于协商性谈判是买卖双方为明确交易的愿望，初步确定合作条件，最终签订意向书和协议书，所以，它不同于合同谈判。如果谈判双方对意向书中的某些内容或条款有分歧，还未达成一致意见，则可以写成"甲方认为就第5条款采取……""而乙方的要求是……"。这种情况，在合同条款中是绝对不允许出现的。

2. 合同谈判

（1）合同谈判的含义

在经济贸易谈判中，由于多数贸易都是通过合同实现的，所以，合同谈判可以认为是以达成契约作为实现某项交易的谈判形式。在谈判中，谈判双方如果就标的、质量、数量、期限、付款方式等几个要件达成协议，并以法律形式规定下来，这就是合同谈判。

（2）合同谈判的特点

诚然，合同谈判并不是一次就形成的。多数情况下，交易双方要反复多次协商，进行各种意向性、协议性谈判，直到磋商最后，时机成熟，才进入合同签约阶段。由于合同谈判是交易双方进入实质性交涉阶段，所以，合同谈判具有以下几个特点。

① 谈判目标明确，涉及实质问题。经过前几轮的意向谈判，双方对谈判中的合同目标已十分明确，或经过前几轮谈判的相互探测、摸底，双方对要达成协议的目标比较清楚、比较具体。因此，双方很可能很快就进入实质问题的磋商，如商品交易中的价格、付款方式、交货期限、运输方式等，这时，双方的协商就是讨论合同条款。所以，双方都千方百计地发挥各自的优势，运用各谈判策略和技巧，达成一致意见，签订合约。

② 合同谈判是以法律形式明确双方交易的有效性。谈判如果能进入签约阶段，则进入实质性阶段的尾声，它标志着双方合作的开始，也为交易提供了可能性和保障性。如果有一方在交易中不执行合同条款，则会以违约处罚。

正因为如此，双方对谈判中的合同条款考虑得十分慎重，决不轻易许诺、妥协、让步。此外，合同谈判都是正式谈判，场合正规，气氛严肃，私下接触不是主要的协商形式。

③ 合同谈判人员较为重要。签订合同要符合法律程序，具有合法性。合同的成立是以签字的书面形式体现的，要确保合同为有效合同，签字双方必须是法人或者是委托代理人。所以，在合同谈判中，双方的主谈人基本都是企业或项目负责人或授权代理人，具有拍板决定权，只有这样，才能敲定合同的主要条款，对于一些大型的谈判通常会有律师出席。

可以说，合同谈判是商务谈判的基本形式，一旦签订合同，对各方均具有法律约束力。因此，它要求各项条款全面、具体，注重法律依据追求各项交易条件的平衡，确保合同条件明确、严谨，符合合同文本的要求。

3. 索赔谈判

（1）索赔谈判的含义

索赔谈判是指合同生效后，合同义务不能履行或不能完全履行时，合同当事人双方进行的谈判。在合同执行过程经常由于各种原因出现违约的情况，所以索赔谈判也是一种主要的谈判类型。

（2）索赔谈判的注意事项

进行索赔谈判时，一般应注意以下几个基本问题。

① 重合同、重证据。信守合同，把合同作为判定是否违约的唯一标准，必须按照合同条款提出对方违约的行为和责任，并确定赔偿的金额和形式；以事实为依据，提供一系列充分的证据，确保违约、索赔成立，例如，提出产品质量有问题，要拿出有关部门提供的

技术鉴定书或产品鉴定书，指控卖方不按期交货，必须出示货物运输提单。此外，电传、信件、照片、样品、商检证明等，都是提出索赔要求的有关证据，要妥善保存，以备不时之需。

案例 2-1

索 赔 谈 判

大河公司与外商签订出口合同之后，根据合同规定完成了交货任务。但外商在收货后提出商品品质存在严重问题，要求赔偿货款的 20%。经公司调查，货物中可能只混有少量其他等级的产品。大河公司表示：待收到对方商检证书后愿意赔偿货价的 3%。不久，外方来电坚持要求大河公司赔偿 20%，最后还称："如果你方不同意索赔，我方将把货物如数退回。"大河公司在收到商检证明后，认真地进行了分析，上面显示"货物中混入少量低劣产品，以致在未经挑选前无法按原价出售"。对方商检的结果与大河公司调查的结果相符，对方在挑选上所花的劳力加上产品减价出售的损失绝不会超过货值的 3%。所以大河公司认定对方是小题大做，于是就来个将计就计，回复说："根据事实我方只能赔偿 3%，否则请将货物退回，但我方拒绝支付由此引起的一切费用。"最后外方不得不接受我方的要求。

在这个关于索赔谈判的案例中，中方公司以事实为依据，以合理的理由和更加强硬的态度，维护了自己的利益。

（资料来源：孙绍年. 商务谈判理论与实务. 北京：清华大学出版社，2007.）

② 注重时效。索赔谈判的标的物无论是什么，"索赔的权力"也不是无限期的。因此，在任何合同的签订时，都要注意索赔期的规定办法。并且，在展开索赔谈判之前，要检查合同的有关保证与索赔权限的规定，以确定该索赔谈判的必要性。

③ 注意处理好双方关系。索赔终究不是件令人愉快的事，在索赔过程中，既要维护自己的合法权益，又要处理好双方之间的关系。所以，在进行索赔谈判时，谈判双方尽量要从长远考虑，互相体谅，共同达成索赔协议。这样，即使索赔成立，双方的关系仍是融洽的。

在多数情况下，索赔谈判是双方在合作中出现矛盾或重大分歧，给某一方甚至双方造成损失的情况下提出的，双方在感情上、行动上都比较冲动，态度也比较强硬，谈判的气氛自然也比较紧张。由于谈判人员处在解决问题的对立面，所以要达成赔偿的协议十分困难，场面也令人十分不快。

许多谈判专家认为，索赔谈判是最为困难的谈判之一。

2.2.2 按照商务谈判参与的人数划分

根据谈判人员参与数量的多少，商务谈判的类型可以分为大型谈判、小组谈判和一对一谈判。

1. 大型谈判

大型谈判一般是指涉及重大项目的谈判，谈判人员一般不少于7人。

国家级、省（市）级或重大项目的谈判，都必须采用大型谈判这种类型。由于大型谈判关系重大，有的会影响到国家的国际声望，有的可能关系到国计民生，有的甚至将直接影响到地方乃至国家的经济发展速度、外汇平衡等，所以在谈判全过程中，必须准备充分、计划周详，不允许存在丝毫破绽、半点含糊。为此，就必须为谈判班子配备阵容强大的、拥有各种高级专家的顾问团、咨询团、智囊团。这种类型的谈判程序严密、时间较长，通常分成若干层次和阶段进行。

2. 小组谈判

小组谈判是指每一方都是由两个或两个以上的人员参加协商的谈判类型，是一种常见的谈判类型。人数通常以3～5人为宜。

小组谈判的优点主要有以下几个方面。

（1）小组谈判有利于发挥集体的智慧与力量，可以集思广益，寻找更多更好的对策方案。

（2）小组谈判有利于更好地运用谈判谋略和技巧，更好地发挥谈判人员的创造性、灵活性。

（3）小组谈判有利于成员之间分工协作，谈判效率大大提高，可以相互取长补短，增强战斗能力。

（4）小组谈判有利于谈判人员采用灵活的形式，消除谈判的僵局或障碍。

小组谈判的缺点有以下几个方面。

（1）小组谈判由于人数多，谈判的时间、地点不好灵活变通。

（2）小组谈判如果分工不明确，容易出现令出多头、无法决策的不利局面。

（3）小组谈判不利于资料的保密与相互的配合。

由此可见，小组谈判最大的优点是发挥了集体的智慧。所以，小组谈判的首要前提是正确选配小组成员。小组成员的选择应根据谈判项目的要求在业务分工、性格互补上合理搭配，尽可能使成员之间有分工，有协作，取长补短，各尽所能，大大缩短谈判时间，提

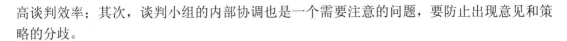

高谈判效率；其次，谈判小组的内部协调也是一个需要注意的问题，要防止出现意见和策略的分歧。

3. 一对一谈判

一对一谈判又称单人谈判，是指谈判双方只派一位代表出面谈判的方式。它有多种形式，包括采购员与推销员的谈判、推销员与顾客的谈判、采购员与客户的谈判等。

小项目的商务谈判往往是"一对一"式的。由于双方谈判人员只能各自为战，得不到集体的辅助，压力较大，所以也是一种最困难的谈判类型。因此，在安排参加这类谈判的人员时，一定要选择有主见，有魄力，判断力强，善于单兵作战的人员参加，性格脆弱、优柔寡断的人是不能胜任的。通常情况下，一对一谈判适用于供需双方比较熟悉，并且有着长期的合作关系；或者大型谈判的某些关键性的细节问题的讨论以及合同的续签。

一对一谈判的优点主要有以下几个方面。

（1）谈判规模小，在谈判工作准备和时间、地点安排上可以灵活变通。

（2）谈判双方人员都是自己所属公司或企业的全权代表，有权处理谈判中的一切问题，从而避免了谈判人员无法决策的不利局面。

（3）谈判的方式可以灵活选择，气氛也比较和谐，特别是当双方谈判代表较熟悉、了解时，谈判就更为融洽。

（4）一对一谈判克服了小组谈判中人员之间相互配合不利的状况。

（5）一对一谈判既有利于双方沟通信息，也有利于双方封锁消息。当某些谈判内容高度保密，或由于时机不成熟，不宜外界了解时，一对一谈判是最好的谈判方式。

2.2.3 按照商务谈判议题展开的方式划分

商务谈判的类型按照议题的展开方式可分为横向谈判和纵向谈判。

1. 横向谈判

横向谈判是指在确定谈判所涉及的主要议题后，开始逐个讨论预先确定的议题，在某一议题上出现矛盾或分歧时，就把这一议题放在后面，讨论其他议题，如此周而复始地讨论下去，直到所有内容都谈妥为止。

例如，谈一笔进出口生意，谈判内容主要涉及商品品质、数量、价格、包装、运输、保险、支付、索赔等议题。首先，双方应先明确就以上条款展开谈判；其次，双方先开始谈其中一个条款（如价格），如果双方在价格议题上不能达成一致意见，就可以把这一议题放在后面，继续讨论品质、数量等议题。当其他议题解决之后，再回过头来讨论这个议题。

这种谈判形式的核心就是灵活、变通。只要有利于问题解决，经过双方协商同意，讨论的条款可以随时调整。在谈判中也可以采用这种方法，比如把与价格有关的议题一起提出来，一起讨论研究，使所谈的议题相互之间有一个协商让步的余地，这非常有利于问题的解决。例如，如果贷款期不能确定，则可与利率、及还款宽限期一起讨论磋商，促进问题的解决。

此外，对横向谈判而言，要求谈判者的素质一定要高。横向谈判要求谈判人员一定要有把握全局的能力，首先搞清楚各个局部，最后形成一个全局，全盘铺开。

横向谈判的优点主要有以下3个方面。

（1）横向谈判议程灵活，方法多样，不过分拘泥于议程所确定的谈判内容，只要有利于双方的沟通与交流，可以采取任何形式。

（2）横向谈判中，多项议题同时讨论，有利于寻找解决问题的变通办法，不易形成僵局。

（3）横向谈判有利于谈判人员创造力和想象力的发挥，便于谈判策略和技巧的使用。

但是，横向谈判也有其不足之处，主要有以下两个方面。

（1）横向谈判导致双方不断讨价还价，容易促使谈判双方做出对等让步。

（2）横向谈判容易使谈判人员纠缠在枝节问题上，而忽略了主要问题。

2. 纵向谈判

纵向谈判指在确定谈判的主要议题后，逐一讨论每一议题和条款，讨论一个议题，解决一个议题，直至所有议题都得到解决的谈判方式。其特点在于集中解决一个议题，即只有在第一个讨论的议题解决后，才开始全面讨论第二个议题。

纵向谈判的优点主要有以下几个方面。

（1）纵向谈判程序明确，把复杂问题简单化。

（2）纵向谈判每次只谈一个议题，讨论详尽，解决彻底。

（3）纵向谈判避免了谈判中多头牵制、议而不决的弊病。

但是这种谈判方式也存在着不足，主要有以下3个方面。

（1）纵向谈判议程确定过于死板，不利于双方沟通交流。

（2）纵向谈判讨论议题时不能相互通融，当某一议题陷入僵局后，不利于其他议题的解决。

（3）纵向谈判不能充分发挥谈判人员的想象力、创造力，不能灵活地、变通地处理谈判中的问题。

在商务谈判中，横向谈判是一轮一轮地谈，每轮谈及各个议题；而纵向谈判则是每次只谈一个议题，谈透为止。至于采用哪一种形式，主要是根据谈判的内容、复杂程度，以及谈判的规模来确定。一般来讲，谈判内容复杂的大型谈判、涉及两方以上人员参加的谈判大都采用横向谈判的形式；而规模较小、业务简单，特别是双方已有过合作历史的谈判，则可采用纵向谈判的方式。

总之，横向谈判方式和纵向谈判方式比较而言各有千秋，由于商务谈判涉及的问题是很复杂的，在两者的运用问题上不能教条，不必拘泥一格，而应该依照情况的变化灵活运用。

2.2.4　按照商务谈判的地点划分

根据谈判地点的不同，商务谈判类型可分为主场谈判、客场谈判和中立地谈判。

1. 主场谈判

主场谈判是指某一谈判方以东道主身份在己方所在地进行的谈判。己方所在地包括自己所居住的国家、城市或办公所在地。主场谈判，占尽"地利"，会给主方带来诸多便利。例如，主方熟悉谈判环境，可以根据谈判进度随时增减谈判力量，一旦谈判出现问题，也便于主方谈判人员向上级请示或组织进一步磋商。

案例 2-2

换 位 思 考

1921 年，丘吉尔为解决爱尔兰问题，与曾被英国政府悬赏 5 000 英镑通缉的反英组织者克林斯举行谈判。第一次谈判就安排在丘吉尔家中进行。谈判的气氛越来越紧张，在激烈的争吵中，克林斯大声地说："你们日夜追捕我，还公布了我脑袋的价值。"丘吉尔接着说："且慢，还不是你一个。"他站起身，从墙上取下镶在自家镜框中当年布尔人搜捕在逃的俘虏——年轻的丘吉尔的布告，并拿给克林斯看，并说"给你出了好价钱——5000 英镑！瞧，我是多少钱呀？死的活的都是 25 英镑！你觉得这使你愉快吗？"克林斯默然不语。当年，就签订了爱尔兰南部各郡实行自治的条例。

（资料来源：任廉清. 贸易谈判. 大连：东北财经大学出版社，2005.）

人是一种具有领域感的动物，他的才华发挥与潜能释放与自己所处的环境是密切相关的。在己方场所谈判，谈判代表往往会产生一种强烈的进取心理和成功欲望，会促使其事先做好准备，在谈判过程中变得审慎。一般而言，选择己方场所进行谈判的优点有以下几个方面。

(1) 准备充分。由于谈判在己方企业所在地或附近进行，在谈判的时间表、各种谈判资料的准备、新问题的请示方面均比较方便，从而给己方谈判人员壮了胆，保了底，谈起来从容不迫，底气十足。在谈判的态度上也能表现出充满信心、自信心强、从容不迫等特点。

(2) 熟悉环境。己方人员无须分心去熟悉和适应环境，而且可以利用东道主的身份，主动掌握谈判日程安排，便于及时取得专家和具体辅助人员的支持，处理各种谈判事务都比较容易掌握主动。

(3) 赢得客人好感。作为东道主，须懂得礼貌待客，它包括邀请、迎送、接待、洽谈组织等。恰当的礼仪可以换来信赖，它是主场谈判者谈判中的一张王牌，它会促使谈判对手积极思考东道主的各种要求。

当然，谈判地点选在己方可能会产生一种压力，即如果不能取得一定的成就，会或多或少地有损自尊。但是，借助这种压力，可以激活内部的各种潜力，使各项相关工作得以改善。

从总体情况来看，选择己方场所的有利因素多一些。就像体育比赛一样，运动员在主场比赛占尽地利、人和之优势，获胜的可能性就会大一些。因此，在日常谈判中如有可能应尽量选择在己方场所谈判，特别是一些重要项目的谈判和解决难度较大的谈判应尽力争取在己方场所进行谈判。

2. 客场谈判

客场谈判是主场谈判的对立面，是指谈判人员在谈判对手所在地进行的谈判。客场谈判有一定的好处，例如，谈判人员可以全身心地投入谈判，不受本单位琐事的干扰，必要时可借口授权有限、手头资料不足、水土不服造成身体不适等理由拖延或暂停谈判，能使谈判人员在计划规定的范围内更好地发挥主观能动性。

但是，客场谈判对客方来说也需要克服不少困难。进行客场谈判时必须注意以下几个方面。

(1) 客场谈判要入境问俗、入国问禁。在进行客场谈判前要事先了解各地、各国的不同风俗、国情、政情，以免做出会伤害对方感情的事情。

(2) 客场谈判要审时度势、反应灵活。在客场谈判中，由于存在各种条件的限制，如谈判期限、谈判授权、信息交流等问题，己方可以施展的策略、手段有限。在这种处境中，要审时度势、争取主动，己方应主动分析市场、对手的地位、心理变化等因素。作为一位有经验的谈判者如果谈判有希望成功则坚持，如果双方条件悬殊太大就应及早放弃，别浪费时间；如果对方有诚意就考虑可能给予的优惠条件，若对方并无诚意则不必随便降低自己的条件。

（3）客场谈判要防止商业机密外泄。如果是在国外举行的国际商务谈判，要配备好的翻译、代理人，不能随便接受对方推荐的人员，以防泄露机密。

3. 中立地谈判

中立地谈判是指在谈判双方所在地以外的其他地点进行的谈判。一般情况下，当谈判双方对谈判地点的重要性都有充分的认识，或因谈判双方矛盾冲突较大、政治关系微妙等原因，在主场、客场谈判都不适宜的情况下，可选择第三方场所谈判。

在这种场所没有宾主之分，也就避免了其中的某一方处于客场的不利地位，为双方平等地进行谈判创造了条件。当然，中立地谈判也存在不足，主要是不利于双方实地考察、了解对方的状况。在商务谈判中，除非双方信任度不高，相互关系不融洽，一般不宜选择第三方场所进行谈判。

选择己方场所、对方场所、第三方场所进行谈判都各有利弊，具体应根据当时的外部环境、双方实力、谈判项目的性质等因素来选择谈判场所。另外，谈判场所的选择也不是单方面的事情，须得到谈判双方的共同认可。

4. 交换谈判场地

为了平衡主、客场谈判的利弊，对于有些谈判还可以采用交换谈判场所的办法，如初谈在己方场所，签约在对方场所。在这种情况下，谈判人员也应善于抓住主场机会，使其对整个谈判过程产生有利的影响。

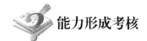

能力形成考核

一、复习思考题

1. 面对面谈判形式有哪些优缺点？
2. 简述横向谈判与纵向谈判的优点及不足。
3. 如何理解"一对一谈判是最简单也是最困难的谈判"？
4. 随着电子商务的发展壮大，网络谈判会成为主要的谈判形式吗？

二、实训题

1. 在教师指导下进行电话谈判的模拟练习。
2. 实地调查一家进出口公司，了解其在不同形式的谈判中所采用的谈判类型及经验、体会。

三、案例分析

案例 1

一天,一家电脑公司的业务员突然接到某学院的电话,从声音和口气可以听出来,对方是有采购授权的。业务员与对方从未见过面,对方也从未用过该电脑公司的产品。

他在电话里告诉业务员,为了迎接评估优秀高职高专学校的工作,他们学院计划筹建校园网。他询问电脑公司是否可以在两个月内交付一套该类设备。他对设备标准和一些交易条件似乎了如指掌。他解释说,他的时间比较紧,并且有好几家公司销售该类设备,由于听说该电脑公司的产品不错,所以才优先考虑,但是要求该电脑公司的报价在 118 万元以下。业务员建议双方当面谈谈,但对方以"太忙"为由拒绝了他的提议,并提出只有接受他的报价后,才会安排会面。匆忙中,业务员接受了对方的报价。

分析: 面对这种情况,请结合电话谈判的特点,分析业务员的做法对吗?如果不对,正确的做法是什么?谈谈理由。

案例 2

1992 年上海甲公司想引进外墙防水涂料生产技术,日本乙公司与香港丙公司报价分别为 22 万美元和 18 万美元。甲公司经调查了解,两公司技术与服务条件大致相当,甲有意与丙公司成交。在最终谈判中,甲公司安排总经理与总工程师同乙公司谈判,而全权委托技术科长与丙公司谈判。丙公司得知此消息后,主动大幅度降价至 10 万美元与甲签约。

分析: 1. 如何评论甲公司安排谈判人员的做法?
2. 如何评论丙公司大幅度降价的做法?

第 3 章　商务谈判心理

- 掌握商务谈判心理的内涵
- 能够在谈判实践中灵活运用需要层次理论
- 研究对方的个性特点，在谈判中灵活应对
- 掌握调控情绪的方法，把握谈判节奏
- 熟悉如何防范与应对谈判中的心理挫折

荷伯·科恩去日本

美国著名的谈判专家荷伯·科恩对他第一次到日本谈判的经历终身难忘。两位日本人在机场接到科恩以后，带他坐入一辆高级豪华轿车的后座，而两位日本人则坐到了前排，并告诉他，后座是尊贵的客人坐的，这使荷伯·科恩十分感动。通过交谈，荷伯·科恩告诉对方自己是第一次来日本。日本代表一再表示，谈判期间将会对客人的生活尽力照顾。紧接着日本人似乎漫不经意地问道："您回去的时间确定了吗？是否已经订好了回程的机票？我们可以事先把这辆轿车准备好，送您到机场。"毫无经验的荷伯·科恩觉得日本方面非常友好，就毫不犹豫地从口袋里拿出回程的机票给他们看，好让对方安排送行时的车子。

在荷伯·科恩到达酒店之后，日本人并没有安排立即开始谈判，而是花了一个多星期的时间陪他参观与游览。最后，在科恩回程前往机场的轿车上，双方签订了协议，他答应了对方的全部条件。

（资料来源：马梁. 谈判精英88天特训. 哈尔滨：黑龙江人民出版社，2007.）

思考：日本人在此次谈判中为什么会获得如此巨大的成功呢？

人的心理影响人的行为，商务谈判心理对商务谈判行为有着重要的影响。谈判人员良好的心理素质是谈判取得成功的重要基础条件。学习与研究商务谈判心理，认识商务谈判心理发生、发展、变化的规律，可以营造合适的谈判氛围，培养谈判人员良好的心理素质，应对谈判心理挫折，实施心理策略，进而促成交易。

3.1 商务谈判心理概述

心理学告诉我们，人的需要、动机与行为密切相关。认识掌握商务谈判心理的有关知识，培养良好的心理素质，对于谈判成功有着积极的促进意义。

3.1.1 商务谈判心理的内涵

准确把握商务谈判心理的内涵，是认识商务谈判心理的基础。

心理是人脑对客观现实的主观能动反映。人的心理活动一般有感觉、知觉、记忆、想象、思维、情绪、情感、意志、个性等。人的心理是复杂多样的，人们在不同的活动中会产生各种不同的心理。一般来讲，当一个正常的人，面对秀美的景色、欢快的人群，会产生愉悦的情感，进而形成美好的记忆；看到恶劣的环境、血腥的场面，会出现厌恶的情绪，并留下糟糕的印象。这些就是人的心理活动、心理现象。

商务谈判心理是指商务谈判活动中谈判者的各种心理活动。它是商务谈判者在谈判活动中对各种情况、条件等客观现实的主观能动的反映。例如，当谈判人员在商务谈判中第一次与谈判对方会晤时，对方态度友好，诚恳坦率，易于沟通，就会给己方留下良好的印象，对谈判取得成功抱有希望和信心。反之，如果谈判对手狂妄自负、盛气凌人，难以友好相处，谈判人员就会对其留下不良的印象，从而对谈判的顺利开展心存顾虑。

3.1.2 商务谈判需要

商务谈判需要引发动机，动机驱动行为。商务谈判需要是商务谈判行为的心理基础。商务谈判人员，必须抓住需要—动机—行为的这一联系去对商务谈判活动进行分析，从而准确地把握商务谈判活动的脉搏。

1. 商务谈判需要的内涵

需要是人缺乏某种东西时产生的一种主观状态，是人对一定客观事物需求的反映，也是人的自然和社会的客观需求在人脑中的反映。所谓客观需求，可以是人体的生理需求，如一个人长时间熬夜工作，头昏脑涨、身体疲惫，这会通过神经传达到大脑，使人产生想睡觉的需要。客观需求也可以是外部的社会需求，一个从事某个方面专业活动的人比如法律顾问，只有必备了相关的法律专业知识，他才能顺利地开展工作，这就是一种社会需求。这种社会需求一旦被这个人所接受，就会转化为对专业知识学习的需要。

商务谈判活动是建立在人们需要的基础上的，人的需要是可以变动的，是受许多因素影响的，满足需要的方式也是多种多样的。尽管谈判活动的需要是集体的需要，是理性的需要，但是，它是由代表企业的人来实现的，这就难免会带有个人感情的因素，受个人需要的影响。在谈判中，如果对方表现得非常尊重我方，往往会使我方心情舒畅，有时我方为了表现大度，会在让步时表现得比较慷慨；反之，对方如果言语不当，使我方感到丢了面子，可能会使我方愤而反击，甚至中止谈判。同样在谈判内容上，也许双方在最初洽商时，各方的要求差异很大，但随着谈判的进展、关系的融洽，最后达成了双方都十分满意的协议，这是因为双方的需要都被满足了。满足不同层次的需要是取得理想谈判结果的关键因素，它有利于谈判人员采取灵活变通的办法，取得双方满意的结果。

综上所述，所谓商务谈判需要，就是商务谈判人员的谈判客观需求在其头脑中的反映。

2. 商务谈判需要的类型

根据马斯洛的需要层次理论，商务谈判的需要也可以划分为以下 5 个层次。

（1）生理需要。生理需要是人类为维持和发展生命所必需的最原始、最基本的需要，它包括维持生活的衣、食、住、行等方面所必需的各种物质上的需求，例如，呼吸空气、饮食、穿衣取暖、休息睡眠等需要。所以，在洽谈活动中，就餐、住宿、休息、娱乐等事宜的安排会直接影响谈判效果。因此，在谈判中，必须做好就餐、住宿等事宜的安排。

（2）安全需要。安全需要是指人类希望保护自身的肉体和精神不受威胁，保证安全的需要，是人对安全稳定和秩序的心理欲求。当人的生理需要得到基本满足后，就希望满足安全需要。在洽谈活动中，出于信用安全的考虑，谈判人员在与新客户打交道时往往会心存顾忌，对其主体资格、财产、资金、信誉等状况会较为关注，而与老客户打交道时就感觉放心。所以，在谈判中，己方必须向对方提供主体资格、财产、资金、信誉等方面的信息，使对方打消顾虑，让谈判顺利进行。

（3）社交需要。社交需要是指寻求和改善社会交往中人际关系的需要，是人的一种较高层次的需要。任何人都不是在社会上孤立生活的，人们相互之间需要交往。洽谈活动中，通过谈判协调行为的活动就是典型的社会交际活动。在谈判中，双方需要通过良好的沟通，来满足谈判者个人与组织的需要、洽谈有关问题、缩小分歧，努力达成一致意见。

（4）尊重的需要。尊重的需要是指自尊和受人尊重的一种社会承认。受人尊重是指人希望自己有地位、有威望，渴望得到别人的认可、赏识、尊敬和信赖；自尊是指人希望在各种不同的情境中，有胜任自身角色的能力，有自信心。在洽谈活动中，谈判人员得不到应有的尊重往往是导致谈判破裂的原因。有着强烈尊重需要的人，当自尊心受到伤害时，很可能会出现冷漠或攻击性的行为，导致谈判难以继续，给谈判带来很大的阻力。

（5）自我实现的需要

自我实现的需要是指人充分发挥其潜能，实现个人理想抱负的需要，即每个人都处在最适合于他的工作岗位，充分发挥每个人的能力，所以，人们也称这一层次的需要为创造性的需要。这种需要包括：出色完成任务的欲望，承担具有挑战性工作的欲望等。在商务谈判中，对于敢于冒险的谈判者而言，其谈判的目的是为了追求更大的成就，也是为了获得自我满足。

因此，在谈判中我们一方面要保证己方获得利益的同时，也设法通过必要的让步、妥协给对方以满足；另一方面努力降低对方的心理预期，提高其对我方让步的评价。从而可使双方在谈判中获得"皆大欢喜"的局面。

案例 3-1

两种不同的结果

一位顾客到服装店去买衣服，试穿了好多件衣服，终于发现一件合身的、并且符合自己要求的衣服，心里当然很高兴。

他问老板："这件衣服多少钱？"

"300 元"，老板回答。

"200 元，怎么样？"顾客又问。

"好了，给你吧。"老板回答。

顾客掏了钱，买了衣服，心里觉得很失落，老感觉今天的衣服买的贵了。

另一位顾客同样也买这样一件衣服，不过是在另外一家服装店。顾客与老板的对话是这样的：

顾客：200 元怎么样？

老板：不行，本金都不够。

顾客：以后多光顾你的店，200 元就给我吧。

老板：200 绝对不行，最低也得 260 元。

顾客：260 元不行，太贵了，再降一点吧。

经过来回的讨价还价，后来 230 成交，老板强调，这是这件衣服卖出去的最低价。

顾客很高兴，满心欢喜。

花钱多反而心里高兴，花钱少却不高兴，谈判中必须注意满足对方的各种需要。

3. 商务谈判需要的分析

一个有经验的谈判人员，在谈判交锋之前，不仅应对己方的需要有深入的了解，还应对谈判者进行认真的揣摩，通过提问，倾听以及仔细地观察谈判对手的举止，去发现对方的需求，尤其是在倾听的过程中对对方的每句话都要认真思考，并注意对方的措辞、表达方式、说话的语气和声调。一般的，谈判者当前的主导需要、需要的急切程度、需要满足的可替代性等因素都影响着谈判者的行为。分析谈判者需要时，特别要考虑到这些因素。

（1）谈判的主导需要因素。任何人或组织，在某一时期一般都会有某一种或几种主导需要。在商务谈判中，要注意分析对手在不同时期、不同条件下存在的主导需要，采取灵活的策略与措施，刺激其欲望，激发其动机，诱导其谈判心理。例如，卖方考虑到买方的主导性需要是交易上的安全需要，作为卖方可以向买方显示产品的可靠性，做出有关的销售以及服务方面的承诺，解除买方的心理顾虑，取得他们的信任。

（2）谈判需要的急切程度因素。一方的需要越迫切，就越想达成谈判协议。当某种需要对需要者来说非常有价值而急需得到时，需要者往往会不惜代价。例如，谈判对方如果在短期内迫切需要原材料来组织生产时，会特别关注供货状况、交货期，而不是价格的高低，在价格方面，略高的价格也可接受。

（3）谈判需要满足的可替代性因素。如果谈判一方只能选取一种需要对象（如谈判标的物）满足需要，同时受制于唯一的谈判对手，需要满足的可替代性就弱，成交的可能性就大。反之，可以"货比三家"，与某一谈判方达成谈判协议的确定性就差。

【阅读资料3-1】

奥尔德弗ERG需要理论

美国耶鲁大学的克雷顿·奥尔德弗在马斯洛提出的需要层次理论的基础上，进行了更接近实际经验的研究，提出了一种新的人本主义需要理论。奥尔德弗认为，人们共存在3种核心的需要，即生存（Existence）的需要、相互关系（Relatedness）的需要和成长发展（Growth）的需要，因而这一理论被称为"ERG"理论。生存的需要与人们基本的物质生存需要有关，它包括马斯洛提出的生理和安全的需要。第二种需要是相互关系的需要，即指人们对于保持重要的人际关系的需要。这种社会和地位的需要的满足是在与其他需要相互作用中达成的。最后，奥尔德弗把成长发展的需要独立出来，它表示个人谋求发展的内在愿望。

除了用3种需要替代了5种需要以外，与马斯洛的需要层次理论不同的是，奥尔德弗的"ERG"理论还表明了：人在同一时间可能有不止一种需要起作用；如果较高层次需要的满足受到抑制的话，那么人们对较低层次需要的渴望会变得更加强烈。

马斯洛的需要层次是一种刚性的阶梯式上升结构，即认为较低层次的需要必须在较高层次的需要满足之前得到充分的满足，二者具有不可逆性。而相反的是，"ERG"理论并不认为各类需要层次是刚性结构，比如说，即使一个人的生存和相互关系需要尚未得到完全满足，他仍然可以为成长发展的需要工作，而且这3种需要可以同时起作用。

（资料来源：百度百科）

3.1.3 商务谈判动机

1. 动机的含义

动机与需要密切联系。需要产生动机，动机产生行为。一般说来，当人产生某种需要而又未得到满足时，会产生一种紧张不安的心理状态，在遇到能够满足需要的目标时，紧张的心理状态就会转化为动机，推动人们去从事某种活动，向目标前进。当人达到目标时，紧张的心理状态就会消除，需要得到满足。

动机是促使人去满足需要的行为的驱动力，或者说是推动一个人进行活动的内部原动力。它是引起和维持一个人的活动，并将活动导向某一目标，以满足个体某种需要的念头、愿望、理想等。

2. 商务谈判动机的含义

商务谈判动机，是促使谈判人员去满足需要的谈判行为的驱动力。动机的表现形式是多种多样的，可以表现为意图、信念、理想等形式。

谈判动机的产生取决于两个因素：内在因素和外在因素。内在因素是指需要，即因个体对某些东西的缺乏而引起的内部紧张状态和不舒服感，需要产生欲望和驱动力，引起活动。比如，服装店的店主发现最近韩版的衣服在市面上特别流行，可是生产厂家一直缺货，这时店主的心情会非常郁闷，不停地给厂家打电话，催要货物，等到又一次打电话时，厂家终于通知他，货物已发出，这时的他终于如释重负。外在因素包括个体之外的各种刺激，即物质环境因素和社会环境因素的刺激，如商品的外观造型、谈判的环境、对话者的语言、神态等对人的刺激。

3. 商务谈判动机的类型

商务谈判的具体动机类型有以下几个方面。

（1）经济型动机。它是指谈判者对成交价等经济因素很敏感，十分看重经济利益，谈判行为主要受经济利益所驱使。

（2）冲动型动机。它是指谈判者受情感等刺激，在谈判决策上表现出冲动。
（3）疑虑型动机。它是指谈判者的谈判行为受疑心和忧虑的影响，谈判行为谨小慎微。
（4）冒险型动机。它是指谈判者喜欢冒风险去追求较为完美的谈判成果而形成的谈判动机。

3.2 商务谈判中的个性利用

个性是指个人带有倾向的、本质的、稳定的心理特征的总和。个性是由多层次、多侧面的心理特征结合构成的整体，这些层次特征包括气质特征、性格特征、能力特征等。

商务谈判人员的个性与商务谈判有着极其密切的关系，它对商务谈判的方式、风格、成效都有着较大的影响。个性是人的心理面貌的一个反映，每个人都具有自身独特的风格、心理面貌。对商务谈判个性心理的研究和掌握，可以提高商务谈判的适应性，有利于谈判取得良好的成果。

3.2.1 气质特征在商务谈判中的运用

气质指的是人生来就具有的稳定的心理特征，是指人的心理动力方面特征的总和。它决定着人的心理活动进行的速度、强度、指向性等方面。

心理学家认为人有 4 种较为典型的气质类型：多血质、胆汁质、黏液质和抑郁质。纯粹属于这 4 种典型气质类型的人很少，绝大多数人都是混合类型。

出于谈判的需要，要根据谈判对手的气质特征、气质类型来选择谈判人员和采取相应的谈判策略。例如，谈判对手属于胆汁质，则这类人急躁、外向，对外界富有挑战特点，但却往往缺乏耐力，一旦遏制住其突如其来的气势，他的斗志很快便会丧失，对付的办法可以采用马拉松式的战术，避其锐气、攻其弱点，以柔克刚。如果谈判对手具有其他气质类型特点也是一样的道理，针对其典型的特点，采取相应的策略，使己方在谈判中做到知己知彼，心中有数，游刃有余。

3.2.2 性格特征在商务谈判中的运用

性格是指人对客观现实的态度和行为方式中经常表现出来的稳定倾向，比如有的人懦弱，有的人刚强，它是个性中最重要和显著的心理特征。

对于商务谈判，每一种的性格倾向都可能有其长处和不足。急性子的人虽处事利落，但容易急中出错，被人钻空子。慢性子人，在谈判中虽然反应慢，但易给人老成持重的感觉。性格温良的人，待人友好，但在谈判中，易轻信于人。性格泼辣的人，勇于争辩，但往往语言尖刻，容易伤害别人的自尊。谈判成功与否不仅取决于谈判方所处的优势谈判地位，而且取决于谈判人员的个性和魅力。在谈判过程中，善于发挥每个人的性格优势作用，掩盖其弱点，是争取谈判成功的一个关键。

谈判人员按其性格类型可分为权力型、关系型、执行型和疑虑型等类型。针对谈判对手的性格类型不同，可采用不同的策略。

案例 3-2

赫鲁晓夫与阿登纳

前苏联领导人赫鲁晓夫在 20 世纪 50 年代中期，与当时的联邦德国总理阿登纳进行谈判。赫鲁晓夫的性格强硬，气势逼人，阿登纳也据理力争，毫不让步，结果他们的谈判一直是硝烟弥漫，火药味十足。赫鲁晓夫在回答阿登纳的一项建议时说："在我同意你的这一项建议时，我肯定看到你在地狱里！"阿登纳回击说："如果你看到我在地狱里，那是因为你比我先到地狱！"在谈判桌上，当赫鲁晓夫愤怒地挥拳时，阿登纳则站起来，挥舞他的双拳。当赫鲁晓夫威胁要退出谈判时，阿登纳则命令飞机准备起飞回国。最后，赫鲁晓夫终于发现阿登纳的强硬姿态是性格使然，不是装出来的，所以，在以后的谈判中，他的态度有了很大的改变。

（资料来源：杨群祥. 商务谈判. 大连：东北财经大学出版社，2005.）

1. 权力型

权力型谈判者对权力、成绩狂热地追求；敢冒风险，喜欢挑战；急于有所建树，决策果断。他们通常无视他人的反应和感觉，为了取得最大的成就，获得最大的利益，他们不惜一切代价，全力以赴地实现目标。他们喜欢以自我为中心，不给别人留下任何余地，在大部分问题上，他们我行我素，甚至不择手段，逼迫对方接受条件。他们不仅喜欢向对方挑战，而且喜欢迎接困难和挑战，喜欢挑剔，缺少同情。他们乐于决策，并且对决策的正确性有把握并充满信心。

权力型的人其弱点也是显而易见的。他们对烦琐的数字和事实不感兴趣；缺乏耐心，讨厌拖拉；易于冲动，有时控制不住自己；不顾及冒险代价，一意孤行；缺乏必要的警惕性等。

在谈判中，这是最难对付的一类人。因为如果顺从他，他会得寸进尺，将对方的利益剥夺得一干二净；如果反抗他，谈判有可能陷入僵局甚至破裂。针对这一类的谈判者，已

方应抓住其弱点，及早准备，可采取以下几方面的对策。

（1）以柔克刚。在谈判中要表现出极大的耐心，靠韧性取胜。权力型谈判的人员在谈判中有时会想通过大喊大叫，甚至暴跳如雷的形式来制服你，只要你沉着冷静，耐心倾听，最好做出冷眼旁观，无动于衷的样子，对方就会无计可施，甚至还会对你产生尊重、敬佩之情。

（2）准备资料详细、有说服力。这是指要尽可能利用各种有说服力的文件，比如，权威机构下发的文件，尤其是数字复杂的资料来证明自己观点的正确性与可靠性。

（3）唤起对手的兴趣和欲望，迂回取胜。在谈判中，要把更多的精力放在激起其权力欲与挑战感上。比如让其先作陈述，使他觉得自己获得了某种特权，以满足其对权力的需求，要尽量避免直接冲突，一旦在某些特殊情况下，不可避免地发生冲突时，切不可屈服，而应冷静以对，沉着回击，要运用机会和条件争取对方的让步。

另外，在开始谈判时，可用多种方式满足权力型谈判人员的追求，例如，对他格外尊敬，让他夸夸其谈，但当谈判进入决定性阶段后，己方可把兴趣突然转移到别人身上，造成对方的失落感，从而降低对方进攻的姿态，所以，巧妙地利用对方的弱点迂回取胜，才是明智之举。

2. 关系型

在谈判活动中，最普遍、最有代表性的人是关系型的人。在某种程度上，这种人比权力型的人更难对付。权力型的人容易引起对方的警惕，但关系型却容易被人所忽视。在谈判中，他们十分随和，能迎合对手的兴趣，善于跟对手拉关系，并且在不知不觉中把人说服。在关系型温文尔雅的外表下，通常暗藏雄心，为了达到目标，这类人在拼命努力。

但关系型谈判者的弱点也有不少：由于过分热心与对方建立良好关系而忽略了必要的进攻和反击，不适应冲突气氛；不喜欢单独工作；对细节问题不感兴趣，不愿进行数字研究。

在商务谈判中对于关系型的谈判对手可使用以下策略和方法。

（1）跟对方注意保持感情上的距离。从谈判一开始就造成一种公事公办的气氛，不要与对手交往过于亲密。在不激怒对方的情况下，保持态度上的进攻性，使对方感到紧张不适。

（2）准备大量细节问题，对其施加压力。关系型谈判者对细节问题不感兴趣，他希望立即取得具有实质意义和影响全局的成果，己方可以在谈判中不断向对方人员提出大量细节问题，使对方人员难以忍受，从而妥协让步。

（3）努力造成一对一的谈判局面。关系型谈判者的群体意识较强，不喜欢单独工作，我方可努力创造一对一的谈判格局，使对手产生不适之感。

(4) 赞美对方。关系型谈判者需要自己的能力得到外界认可，需要建立一个良好的谈判人际关系。因此己方可在需要时，送给对方一些奉承话，给对方戴高帽，往往能产生非常好的效果。

(5) 必要时制造冲突。关系型谈判者不希望直接冲突，因此，有时己方可以有意制造冲突，迫使对手妥协。但冲突不能过于激烈，对方一旦撕开脸面，就很难指望会有好的结果。

3. 执行型

执行型谈判者能力有限，适应能力差，喜欢照章办事。这种性格类型的人对变革无动于衷，不愿接受挑战，维持现状是他们最大的愿望。他们喜欢安全、有秩序、没有太大波折的谈判。他们不愿接受挑战，也不喜欢爱挑战的人。他们决策能力很差，喜欢照章办事，在处理问题时，喜欢寻找先例。在比较复杂的环境中，面对各种挑战，他们往往不知所措，很难评价对方提出新建议的价值，也无法拿出有建设性的意见，他们需要不断地被上级认可、指示。不愿单独谈判，需要得到同伴的支持，有时无法应付复杂的、多种方案的局面。

对于执行型的谈判对手可努力造成一对一谈判的格局，从而使其失去同伴的支持，减弱其谈判的力度。由于这类人反应迟缓，谈判时间越长，他们的防御性也越强，所以，力争缩短谈判的每一具体过程，从某种角度讲，对于这种人达成协议的速度是成功的关键。在谈判之前，谈判人员要准备详细的资料，以便在谈判中回答执行型谈判者的一些具体细致的问题，但不要轻易提出新建议或主张，以免引起他们的反感或防卫。要注意跟对方讲话的态度和措辞，要有足够的冷静和耐心。

4. 疑虑型

疑虑型谈判者的特点：怀疑多虑，对任何事都持怀疑、批评的态度，即使一项新建议对他们有明显的好处，只要是对方提出的，他们就会怀疑、反对。他们对问题考虑慎重，犹豫不定，难于决策，在关键时刻，如拍板、签合同、选择方案等问题上，不能当机立断，老是反复犹豫，担心吃亏上当，结果，常常贻误时机。这类型谈判者对细节问题观察仔细，不喜欢矛盾冲突，虽然他们经常怀疑一切，经常批评抱怨他人，但很少会将冲突激化，他们竭力避免对立，如果真的发生冲突，也很少固执己见。

对于疑虑型的谈判对手可使用以下策略和方法。

我方提出的方案、建议一定要详细、具体、准确，论点清楚，论据充分；在谈判中我方要有充分的耐心和细心，千万不要催促对方表态，这样反而会加重他的疑心；在我方陈述问题的同时，应留出充裕的时间让对方思考，并提出详细的说明数据；在谈判中要尽量襟怀坦荡、诚实、热情。如果他发现你有一个问题欺骗了他，那么再想获得他的信任是不可能的；不能过多地运用矛盾冲突，否则，会促使他更多地防卫、封闭自己来躲避你的进攻，从而使双方无法进行坦诚、友好的合作。

【阅读资料3-2】

如何赢得别人好感

获得别人好感有6种非常有效的方法。
（1）真诚地关心他人。
（2）经常微笑。
（3）记住别人的姓名。
（4）倾听，鼓励别人多谈他自己的事。
（5）谈论他人感兴趣的话题。
（6）让他人觉得他自己很重要。

（资料来源：郭芳芳. 商务谈判教程. 上海：上海财经大学出版社，2006.）

3.2.3 能力特征在商务谈判中的应用

能力是人顺利完成各种活动所必须具备的个性心理特征，为了能顺利地开展谈判活动，商务谈判人员必须具备一定的谈判能力。

1. 谈判能力的含义

谈判能力是指谈判人员具有的可以促使谈判活动顺利完成的个性心理特征。

2. 商务谈判人员应具备的能力

商务谈判是谈判双方为了各自的需要而在一定的主客观条件基础上所进行的智力、能力的较量，这就要求谈判人员要具有一定的能力水平。一般的，谈判人员应具备以下几方面的能力。

（1）观察能力。观察是人的有目的、有计划、系统的、比较持久的知觉。观察能力是能够随时而又敏锐地注意到有关事物的各种极不显著但却重要的细节或特征的能力。敏锐的观察能力可以帮助人洞察事物的本来面貌，通过捕捉与事物本质相联系的某些"蛛丝马迹"，洞察人们的心理状态、意图。作为一个谈判人员，在商务谈判中，必须具备良好的观察力，才能在商务谈判中明察秋毫，审时度势。

 案例 3-3

尼克松访华的接待

美国总统尼克松到中国访问，在完成了北京的行程后，在周恩来总理的陪同下到上海参观。尼克松一行下榻于著名的锦江饭店，尼克松夫妇被安排住在 15 层，基辛格住在 14 层，罗杰斯、格林和其他国务院官员住在 13 层。

本来，中美两国的联合公报已经经过尼克松和毛泽东的批准，准备正式公布。但是，由于联合公报是基辛格抛开罗杰斯及国务院的官员与中方单独搞的，罗杰斯及国务院的官员对此非常不满。而且在锦江饭店，罗杰斯和其他国务院官员被安排住在 13 层，使他们觉得没有受到尊重，不满情绪愈加强烈。于是，他们对联合公报进行了严厉的批评，提出的修改方案将原来的联合公报几乎全盘推翻。

1972 年 2 月 27 日，周总理到达上海后不久，就特地去看望罗杰斯及其他国务院官员。他走进大厅，然后进入了电梯。电梯标志灯上，"13" 处亮着红灯。电梯迅速往上升。周恩来望着标志灯，恍然大悟地说："怎么能安排他们住第 13 层？西方人最忌讳 13……" 标志灯熄灭了，电梯门开了。

周恩来带着翻译走进罗杰斯的套间，听见谈 "13" 的声音戛然而止。罗杰斯手下的官员们正在房间里说话，大约是在发牢骚生气，一个个面有愠色。见周总理来了，罗杰斯朝他们示意，他们一个个只好客气地装出笑脸，表情极不自然。

周恩来伸出手说："罗杰斯先生，你好！"

"总理先生，你好。" 罗杰斯跟周总理握手。

周恩来逐一地与国务院的官员握手之后，在罗杰斯身旁的沙发上泰然自若地坐了下来，然后说："国务卿先生，我受毛泽东主席委托，来看望你和各位先生。这次中美两国打开大门，是得到罗杰斯先生主持的国务院大力支持的。这几年来，国务院做了大量的工作。我尤其记得，当我们邀请贵国乒乓球队访华时，贵国驻日本使馆就英明地开了绿灯，说明你们的外交官很有见地……"

"总理先生也是很英明的。我真佩服你想出邀请我国乒乓球队访华的办法，太漂亮了！一下子就将两国疏远的距离拉近了。" 罗杰斯笑着说。

"有个很抱歉的事，我们疏忽了，没有想到西方风俗对 '13' 的避讳。" 周恩来转而风趣地说，"我们中国有个寓言，一个人怕鬼的时候，越想越可怕；等他心里不怕鬼了，到处上门找鬼，鬼也就不见了……西方的 '13' 就像中国的 '鬼'。"

总理的一番话逗得众人哈哈大笑，刚才室内尴尬紧张的气氛也随之一扫而光。

周恩来总理的看望使罗杰斯和其他国务院官员非常感动，他们在后来的联合公报修改过程中，做出了较大的让步，使联合公报得以按时发表。

（资料来源：李祖武. 商务谈判. 北京：中国财经出版社，2005.）

（2）决断能力。在商务谈判中，很多事务的决断需要在谈判现场做出，这就需要谈判人员具备良好的对事务的判断和决策能力。

决断能力表现在谈判人员可以通过对事物现象的观察分析，排除各种假象的干扰，了解事物的本质，做出正确的判断；并能及早地洞察问题的关键所在，准确地预见事物发展的方向和结果；能综合运用各种方法、手段，对不同条件、不同形势下的问题及时做出正确的行为反应和行动选择。谈判人员的决断能力与专业实践经验的积累有关，谈判人员应注意在实践中学习与总结，提高自身的决断能力。

（3）语言表达能力。谈判主要借助语言形式进行。谈判人员必须提高自身的语言表达能力，学好、用好口头语言和文字语言。

商务谈判中的语言表达要注意几个方面的问题：第一，要注意语言表达的准确性，必须语音纯正，措词准确，言简意赅；第二，要增强语言的逻辑性；第三，要讲究语言的艺术性，注意不同情境中语言的运用，如无声语言、模糊语言、幽默语言等的运用。第四，要克服语言沟通的障碍。第五，要既能熟练地运用本国语言（包括某些主要的方言），又精通外语，以增强谈判的沟通能力和理解能力。

（4）应变能力。所谓应变能力，是指人对异常情况的适应和应付的能力。商务谈判中，经常会发生各种令人意想不到的异常情况。当这些异常事件、情况出现时，一旦谈判人员缺乏处理异常情况的临场应变能力，就有可能使谈判招致不利的后果。处变不惊，应是一个优秀谈判人员应该具备的品质。面对复杂多变的情况，谈判者要善于冷静而沉着地处理各种可能出现的问题，应变能力需要创造力的配合。

3.3 商务谈判心理的实用技巧

商务谈判心理是影响商务谈判的重要因素。高明的谈判人员，往往善于在商务谈判中利用心理因素，运用心理技巧，达到自己的目的。

3.3.1 谈判期望心理在商务谈判中的运用技巧

谈判方谈判的积极性和谈判的策略选择均与谈判方的谈判期望密切相关，谈判人员应掌握谈判期望心理的实用技巧。

1. 谈判期望的含义

谈判期望是指商务谈判者根据以往的经验在一定时间内希望达到一定的谈判目标或满足谈判需要的心理活动。

期望心理活动与人的需要相联系。期望是对实现需要的期待。期望是有方向和目标的，期望的强弱与目标价值的高低有密切的联系；达到目标的可能性越大，期望越大。例如，某高速公路公开招标采购丝网的消息公布之后，不少生产丝网的企业参加投标；有的企业认为有可能中标，对投标抱很大的期望；有的企业认为中标较困难，对投标抱的期望就较小。

2. 谈判期望水平及效价的分析利用

（1）谈判期望水平的分析利用

谈判期望水平影响期望者潜能的发挥。期望水平高，对期望者的潜能激发程度也高，所取得的成就往往会大。期望水平高的人，往往会为达到目标付出较大的意志和耐心，不会轻易放弃自己定下的标准。

因此在谈判中，为了调动我方谈判人员的积极性，事先所设的谈判最优期望目标可高些。同时，对对手的谈判最优目标、一般目标和最低目标要进行预测和分析，使谈判能争取主动。但是期望水平受到人的能力、经验、抱负、自我估价等多方面因素的影响。如果期望水平过高但其自身能力及经验欠缺，心理素质低，到时候不仅会因为实现期望的可能性小而造成积极性降低，而且会因为期望目标不能实现而造成心理挫折，反而不利于谈判。

在谈判过程中，谈判人员的期望目标需要事先加以掩饰，转移对方的注意力。例如，买方重视的是卖方货物的价格，而卖方的兴趣在买方订货的数量和交货期，在这种情况下，卖方在谈判中可先将双方讨论的问题引到货款支付方式、包装运输上，以分散买方的注意力。

（2）谈判期望效价的分析利用

在谈判双方眼里，同样的东西其价值可能是不一样的，这牵涉到期望目标的效价问题。商务谈判必须注重研究目标对象对双方的效价，然后据此去解决双方谈判中的利益分配问题，使商务谈判的双方做到双赢。

在谈判中，作为一个成功的商务谈判人员，要善于判断出哪一种目标是对方最关心、最期望的，哪些是对方不那么看重的。一般情况下，效价高的目标对象总是比效价低的目标对象容易受到谈判者的欢迎。谈判要结合双方的情况，找出那些对对方是重要的，而对我方是不重要的条件来做出让步，以满足对方的期望。

3.3.2 知觉在商务谈判中的运用技巧

人对客观现实的反映，是从感知觉开始的，正确运用商务谈判的感知觉，对于从事商务谈判具有一定意义。

1. 知觉

知觉是人对事物各种属性所构成整体的反映。例如，人感觉到橘子的颜色、滋味、软硬度、温度、大小和形状，在综合这些方面的基础上构成了人对"橘子"的整体的印象，这就是人对橘子的知觉。

2. 知觉现象在商务谈判中的分析运用

知觉现象主要表现为第一印象、晕轮效应、先入为主几个方面，在商务谈判中，谈判者应该恰当合理地利用这些现象，促进谈判的顺利进行。

（1）第一印象。第一印象是指对人的知觉过程中，对某人的第一次印象。第一印象往往比较鲜明深刻，甚至终身难忘。第一印象的形成主要取决于人的外表、着装、举止和言谈。在正常情况下，仪表端庄、着装得体、言谈举止大方、善于沟通的人较易获得良好的第一印象，得到人们的好感。在许多情况下，人们对某人的看法、见解、情感、态度，往往产生于第一印象。如果对某人第一印象好，很可能对其形成肯定态度；否则，很可能就此形成否定态度。由于第一印象有较大的影响作用，商务谈判者必须十分重视谈判双方的初次接触。力求在初次接触中给对方留下良好印象，赢得对方的信任和好感，增加谈判的筹码。

（2）晕轮效应。晕轮效应也叫以点概面效应，是指人们在观察某个人时，对于他的某个品质特征有清晰明显的知觉，这一突出的品质、特征起到一种类似晕轮的作用，妨碍了观察者对这个人其他品质、特征的知觉，从一点做出对这个人整个面貌的判断。晕轮效应是人们知觉认识上的扩大。例如，许多追星族崇拜某明星，可能会把他看得十分完美，其缺点和怪癖也会被认为是他的特点，而这些如果出现在其他人身上，则被认为是不能忍受的。

晕轮效应在谈判中的作用有正反两方面。如果谈判的一方给另一方留下良好的印象，那么，他提出的要求、建议都会引起对方积极的响应。如果能引起对方的尊敬或崇拜，那么，他就会掌握谈判的主动权。反之，如若给对方留下了不好的印象，这种晕轮效应就会向相反的方向扩大，他提出的对双方有利的建议也会受到怀疑。

（3）先入为主。先入为主是指人们最先所得到的关于事物的看法、观点等信息对人存在着强烈的影响，影响人的知觉和判断。例如，当人们在没有认识某一个人时，就听到有关此人的一些传言，当见到此人时，就很可能根据传言对此人的某些言行做出相应的理解和解释。先入为主的存在是由于人们惯于接受日常生活经验、定向思维和习惯作用的影响，这些影响造成了人们对新信息的排斥。

先入为主直接影响人们的知觉认识，影响人们对问题的进一步客观判断，凭主观印象下结论。先入为主往往妨碍和影响人们对事物的进一步了解和认识，使判断带有主观性。先入为主在谈判中常表现为主观武断地猜测对方的心理活动，如对方的意图、对方关注的焦点问题、对方的心理期望等。这些主观猜测一旦失误，就会直接或间接地影响谈判。

很多时候，因为人们对谈判有"漫天要价，就地还钱"的先入为主的认识，所以对商务谈判对手最初的开价往往有不真实的感觉，必定会讨价还价。反过来，出价的人最初报价往往有一定的上浮，做出了应对讨价还价的准备。

认识感知觉的规律性，有助于谈判中的观察和判断，透过对方的言行举止弄清对方的真实状况和意图。

3.3.3 谈判情绪的调控技巧

商务谈判情况复杂多变，谈判双方的情绪也随之波动，在谈判中如果过于情绪化，则无益于谈判。作为谈判一方，为使商务谈判能按预期的方向发展，就必须对双方的谈判情绪进行有效的调控。

商务谈判情绪是参与商务谈判各方人员的情绪表现。商务谈判中，谈判者情绪的高低可以决定谈判的气氛，对谈判产生重要影响。例如，谈判对手心情愉快，喜形于色，那么高昂的情绪可能使得谈判非常顺利，能很快达成协议。反之，谈判对手情绪低落，厌倦易怒，可能使谈判一波三折。

个人的情绪有一定的传染性。在谈判活动中，当有损谈判气氛、谈判利益的情绪出现时，要善于采用适当的办法调控情绪，避免情绪对谈判产生负面影响。

【阅读资料3-3】

情 绪 策 略

在商务谈判过程中，谈判对手可能会有意运用攻心术或红白脸策略来扰乱我方的情绪，牵制我方并干扰我方的策略思考，对此必须有所防范。

（1）攻心术。攻心术是谈判一方利用使对方心理上不舒服（如有负罪感）来使方妥协退让的策略。常见的形式有以下几种。

① 勃然大怒。这种形式是以愤怒、指责的情绪态度使谈判对方感到强大的心理压力，在对方惶惑之际迫使其做出让步；以人身攻击来激怒对手，严重破坏谈判对方的情绪和理智，扰乱其思路，引诱对方陷入圈套。

② 引人同情。这种形式是以眼泪或可怜相等方式引诱谈判对方同情、怜悯而让步。

③ 戴高帽。这种形式是以谄媚讨好谈判对方，使对方在忘乎所以之下做出施舍。

（2）红白脸策略。白脸通常喜欢吹毛求疵，提出苛刻的条件纠缠对方，极力从对方手中争夺利益。红脸通常表现出温和友好、通情达理的谈判态度，以换取对方的让步。

（资料来源：杨群祥. 商务谈判. 大连：东北财经大学出版社，2005.）

商务谈判调控情绪的技巧包括以下几个方面的内容。

（1）始终保持正确的谈判动机。商务谈判是追求谈判的经济利益，而不是追求面子的满足，要防止被对手的恭维、讽刺迷失了方向。

（2）注意保持冷静清醒的头脑。富有经验的谈判人员，都有一种小心调控自我情绪的习惯，并能对别人谈话中自相矛盾和过火的言谈表现出极大的忍耐性。当发现自己的心绪不宁、思路不清时应设法暂停谈判，通过休息、内部相互交换意见等办法使自己恢复良好的状态。

（3）对事不对人。在阐述问题时，侧重实际情况的阐述，切忌意气用事而把对问题的不满发泄到谈判对手个人身上，对谈判对手个人指责、抱怨、甚至充满敌意。

（4）注意尊重对方。当谈判双方关系不协调、紧张时，要及时运用社交手段表示同情、尊重，弥合紧张关系，清除敌意。在谈判中，尊重对方是指态度、言语和行为举止上有礼貌使对方感到受尊重。即使在某些谈判问题上占了上风，也要在适当的时候给对手台阶下。然而，尊重对方并不是屈从或任对方侮辱，对于对方无礼的态度，带有侮辱性的言行应以富有修养的有针对性批评来反驳，以严肃的表情来表明自己的态度和观点。

（5）处理好谈判中的情感冲突。如何对待谈判中的情感冲突，特别是处理好谈判者低落的甚至是愤怒的情绪，非常重要。硬碰硬的方法往往会使冲突升级，不利于谈判的继续。

对待过激的情绪问题，应首先弄清楚原因：是对方在寻找报复的途径，还是个人家庭问题干扰了商务问题？是对方想通过发脾气的手段取得你的让步，还是对方在束手无策的情况下的一种情感宣泄？弄清楚原因有利于最终解决问题。当对方发泄情绪时，最好的办法就是静静地倾听，千万不要还击。应引导对方将理由讲清楚，通过诱导让对方的情绪稳定下来。

（6）注意语言表达方式，克服语言交流障碍。商务谈判人员要学会恰当地表述自己的意见，可用"据我了解"、"是否可以这样"、"我个人认为"等委婉的说法来阐述自己的真实意图，这样会使谈判气氛变得融洽愉快。商务谈判人员要克服语言交流障碍，就要做到：主动耐心地倾听对方所表达的想法；将自己的观点表达明白；交流的内容应该有针对性，不要太多。

3.3.4 商务谈判中心理挫折的防范与应对技巧

商务谈判人员应做好防范谈判心理挫折的准备，对所出现的心理挫折应能够有效地化解。

【阅读资料3-4】

美国指责中印阻碍世贸谈判

据法新社7月28日报道，本周一，包括美国、中国和印度在内的世贸组织成员谈判进入了第二周，各方唇枪舌剑互不相让，美国方面指责印度和中国阻碍了达成世界贸易协议的进程。一位参加会谈的外交官对法新社记者说："指责的游戏已经开始，美国开始用手指指向印度和中国。"他同时表示，"中国和印度都对此给予了回击"。

报道称，来自世界35个主要贸易国的部长们在日内瓦商谈了一个星期，希望就一项世界贸易协议达成基本共识，"但是随着一场指责大战的展开，上周五出现的乐观情绪已经消失殆尽"。美国贸易代表施瓦布在星期日结束会谈时发表谈话，指责一些新兴经济国家，她说："周五晚上曾经取得了虽然并不完美，但是比较平衡的结果。不幸的是，一些新兴经济国家决定在一些问题上重新找到平衡。"美国贸易官员沙克则将矛头直接指向中印："印度拒绝了世贸组织总干事拉米提出的建议，而中国也拒绝支持某些条款。"沙克说，"印度和中国的做法使7年前开始的整个多哈回合会谈遭到破坏"。

印度驻世贸组织大使巴帝亚反驳说，美国的指责是"不公平的"，美国这样指责仅仅是因为他们没有达到自己的目的。事实上，上周施瓦布承诺，美国将把农产品补贴上限从目前的480亿美元降低到150亿美元，当时则遭到了印度、巴西等发展中国家的拒绝。印度工商业部长纳特表示，"我不会再有任何新的出价，我只是看美国能够将扭曲贸易的补贴减少到多少。"25日，世贸组织总干事拉米提出了一项妥协方案。但印度、阿根廷等国对此方案仍有大量保留意见，认为该方案对发展中成员的利益考虑不够，尚需在谈判中加以改进。澳大利亚贸易部长克伦认为，世贸组织成员都非常有耐心，能理解谈判中有挫折，不会对达到目标失去信心。

（资料来源：环球时报．人民网．2008年7月29日．）

1. 商务谈判中的心理挫折

（1）心理挫折的含义

心理挫折是指人在追求实现目标的过程中遇到自己感到无法克服的障碍、干扰而产生的一种焦虑、紧张、愤懑或沮丧、失意的情绪心理状态。在商务谈判中，心理挫折造成的人的情绪上的沮丧、愤怒，会引发与对手的对立甚至敌意，容易导致谈判的破裂。

（2）心理挫折的行为表现

当人遭受心理挫折时，会产生紧张不安的情绪和引发行为上的异常，具体表现在以下几个方面。

① 攻击。它是人在遭受挫折时最常见的行为，即将受挫折时产生的生气、愤怒的情绪向人或物发泄。例如，语言过火、情绪冲动，并伴有挑衅煽动的动作。攻击行为可能直接指向阻碍人们达到目标的人或物，也可能指向其他的替代物。

② 退化。它是指人在遭受挫折时所表现出来的与自己年龄不相称的幼稚行为。例如它情绪上失控，像孩子一样的哭闹，目的是为了威胁对方或唤起别人的同情。

③ 固执。它是指一个人明知从事某种行为不能取得预期的效果，但仍不断重复这种行为的表现。在人遭受挫折后，为了减轻心理上所承受的压力，或想证实自己行为的正确，以逃避指责，在逆反心理的作用下，往往无视行为的结果不断地重复某种无效的行为。

④ 畏缩。它是指人在受挫折后失去自信，出现消极悲观，孤僻盲从，易受暗示等行为表现，这时其敏感性、判断力都相应降低。

2. 心理挫折的防范技巧

心理挫折会引发谈判人员情绪上的沮丧，从而产生对谈判对手的敌意，容易导致谈判的破裂，因此，要做好心理挫折的防范工作。

（1）消除引起客观挫折的原因

人的心理挫折是伴随着客观挫折的产生而产生的。如果能减少引起客观挫折的原因，人的心理挫折就可以减少。

（2）提高心理素质

一个人遭受客观挫折时是否体验到挫折，与他对客观挫折的容忍力有关，容忍力较弱者比容忍力较强者易感受到挫折。人对挫折的容忍力又与人的意志品质、承受挫折的经历及个人对挫折的主观判断有关。有着坚强意志品质的人能承受较大的挫折，有较多承受挫折经历的人对挫折有较高的承受力。

为了预防心理挫折的产生，从主观方面来说，就要尽力提高谈判人员的意志品质，提高对挫折的容忍力。

3. 心理挫折的应对技巧

在商务谈判中，心理挫折感不利于谈判的顺利开展，为了使谈判能顺利进行，对心理挫折应积极应对。

（1）要正视挫折，对挫折要有充分的心理准备

挫折能使人产生心理上的痛苦，情绪紊乱，但它又可以给人以教诲和磨炼，帮助人们总结经验教训，促使人们增长解决问题的能力，使人变得更坚强。商务谈判往往要经过曲折的谈判过程，通过艰苦的努力才能成功。商务谈判人员对于谈判所遇到的种种困难，要有充分的心理准备，以提高抗挫折的能力，从而能从容应对各种情况变化。

案例 3-4

迪巴诺卖面包

迪巴诺面包公司是纽约一家较有名气的面包公司，但是纽约一家大饭店却从未向它订购过面包。4年来，公司经理迪巴诺每星期去拜访大饭店经理一次，也参加他所举行的会议，甚至以客人的身份住进大饭店。不论他采取正面攻势，还是旁敲侧击，这家大饭店仍是丝毫不为其所动。这反而更激起了迪巴诺推销面包的决心，问题是需要采取什么策略。通过调查，迪巴诺发现，饭店的经理是美国饭店协会的会长，特别热心协会的具体工作，凡是协会召开的会议，不论在何地，他都一定参加。于是，迪巴诺再去拜访他时，便大谈协会有关的事情，果然引起了经理的兴趣。饭店经理滔滔不绝地讲了协会的各种情况，声称协会给他带来了无穷的乐趣，并邀请迪巴诺参加。在两人的交谈中，丝毫也没涉及购买面包的事宜，但几天后，饭店的采购部门打来电话，表示要立刻购买迪巴诺公司的面包。

（资料来源：徐春林. 商务谈判. 重庆：重庆大学出版社，2007.）

（2）培养对挫折的耐受力

在挫折面前，每个人的耐受力往往不尽一致，甚至差别较大。比如，有的人在谈判中即使接连遭受严重挫折，仍百折不挠，拼搏进取；有的人谈判过程中稍遇挫折就垂头丧气，一蹶不振。实践证明，身体强壮、心胸开阔、有理想抱负的人，对谈判挫折的耐受力强；相反，体弱多病、心胸狭窄、缺乏雄心壮志的人，对谈判挫折的耐受力低。在商务谈判中，对挫折的耐受力，来自于后天的教育、修养、实践、经验和锻炼。在平时的生活中，每个人都可以通过有意识的锻炼，去培养提高自己对挫折的耐受力。

（3）摆脱挫折情境

遭受挫折后，商务谈判人员可通过脱离挫折的环境情境、人际情境或转移注意力等方式，让情绪得到修补。

（4）期望法

遇到挫折时，尽量少考虑暂时得失，多想谈判成功的美好时刻，双方合作的益处，来不断激励自己。

（5）情绪宣泄

情绪宣泄是一种利用合适的途径、手段将挫折的消极情绪释放排泄出去的办法。其目的是把因挫折引起的一系列生理变化产生的能量发泄出去，消除紧张状态。情绪宣泄有助于维持人的身心健康，形成对挫折的积极适应。

情绪宣泄有直接宣泄和间接宣泄。直接宣泄有流泪、痛哭等形式，间接宣泄有活动释放（比如打球、跑步、听音乐、跳舞）、找人诉说等形式。

在商务谈判中面对谈判对方的愤怒、沮丧，一个好的办法是给对方一个能够发泄情绪的机会，让对方把心中郁闷的情绪和不满发泄出来，这样既可疏导对方的不良情绪，又可借此了解对方心理状况，有针对性地开展说服性的工作。

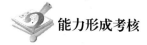

能力形成考核

一、复习思考题

1. 马斯洛需要层次理论将人的需要分为哪几个层次？
2. 需要在商务谈判中有何作用？
3. 什么是心理挫折？
4. 心理挫折的行为表现有哪些？
5. 如何应对商务谈判中的心理挫折？
6. 怎样调控商务谈判中的情绪？

二、实训题

1. 你在谈判中遇到了一个权力型的谈判人员，你打算怎么做呢？
2. 分小组讨论一下在日常生活中或与人谈判中曾遇到哪些让你产生心理挫折的事情，并分析一下你是怎样解决的？

三、案例分析

案例1

松下幸之助有一次与西欧的一家公司进行贸易谈判，由于双方都不愿意做出妥协，谈判的气氛非常紧张，双方情绪激动、大声争吵、拍案跺脚，谈判只好暂时中止，等吃完午饭之后进行。

下午谈判重新开始，松下幸之助首先发言，他说："我刚才去了一趟科学馆，觉得人类的钻研精神实在令人赞叹。目前人类已经拥有了许多了不起的科研成果。阿波罗火箭又要飞向月球了。人类智慧及科学事业能发展到这样的水平,这实在应该归功于伟大的人类。然而,现在人与人之间的关系却没有如科学事业那样取得长足的进步。人们之间都怀有一种不信任感,他们在互相憎恨、吵架,在世界各地,类似战争和暴乱那样的恶性事件频繁发生。在大街上,人群熙熙攘攘,看起来似乎一片和平景象。其实,在人们的内心深处仍相互间进行着丑恶的争斗。"他稍微停顿了一会儿,接着说:"那么,人与人之间的关系为什么不能发展得更文明和进步呢?我认为人们之间应该具有一种信任感,不应一味地指责对方的缺点和过失,而且对此应该持相互谅解的态度,一定要携起手来,努力发展人类共同的繁荣和进步事业。科学事业的飞速发展与人们精神文明的落后,很可能导致更大的不幸事件发生。人们也许用自己制造的原子弹相互残杀,日本已经蒙受过原子弹所造成的巨大灾难。"

开始时,对方的谈判人员以为松下幸之助是在闲聊天,逐渐地,他们被松下幸之助的谈论所吸引,并且为这些问题所感叹,谈判现场一片寂静。随后,慢慢转入正题的谈判,气氛与上午的激烈对抗完全不同,谈判双方成了为人类共同事业携手共进的伙伴,欧洲的这家公司接受了松下公司的条件,双方愉快地在协议上签了字。

分析:为什么松下幸之助的讲话会使谈判顺利完成,请用谈判心理的有关原理进行解释。

案例2

1985年7月,仪征化纤工业公司从西德吉玛公司引进的圆盘反应器有问题,总经理任传俊与西德吉玛公司总经理理扬·奈德开始索赔谈判,仪征化纤公司提出了1 100万马克的索赔,而对方只认可300万马克。谈判久久相持没有进展。这时任传俊突然提出休会,并提议陪理扬·奈德到扬州游览。在大明寺里,任传俊对他的谈判对手们说:"这里纪念的是一位为了信仰6渡扶桑、双目失明、终于达到理想境界的高僧鉴真和尚。今天,中日两国人民都没有忘记他。你们不是常常奇怪日本人的对华投资为什么那么容易吗?很重要的一个原因就是日本人了解中国人的心理,知道中国人重感情、重友谊。"接着,他又对理扬·奈德说:"你我是多年打交道的朋友了,除了彼此的经济利益外,就没有一点个人之间的感情吗?"听完任传俊的这番话,理扬·奈德也动了感情。

游览结束后,双方又回到谈判桌上,任传俊开诚布公地说:"问题既然出在贵公司身上,为索赔花太多的时间是不必要的,反正要赔偿……"理扬·奈德耸耸肩膀:"我公司在贵国中标就花了1亿多美元,我总不能赔着本干……"。

任传俊紧跟一句:"据我所知,正是因为贵公司在世界上最大的化纤基地中标,才得以连续在全世界15次中标。这笔账又怎么算呢？"他又诚恳地说，"我们是老朋友了，打开天窗说亮话，你究竟能赔多少？我们是重友谊的，总不能让你被董事长敲掉饭碗。而你也应该为我想想，中国是个穷国，我总得给这1 000多名建设者一个交代！"

最终，理扬·奈德答应赔偿800万马克。他事后说："我付了钱，可我心里痛快，因为对方比我精明，比我更具备战略眼光。"

分析： 理扬·奈德为什么一开始不同意对方提出的索赔要求？后来又为什么发生了变化？

实战篇 第二篇

第 4 章 商务谈判准备阶段

- 了解谈判前需要准备的相关信息
- 制定切实可行的谈判目标
- 选拔合适的谈判人员
- 熟悉接待程序

一场没有硝烟的交战

在一次日商举办的农业加工机械展销会上,展出的正是国内几家工厂急需的关键性设备。于是国内某公司代表与日方代表开始就购买事宜进行谈判。

按惯例,卖方首先报价。日方报出 1 000 万日元的价格,我方马上判断出其价格含有"水分"。在接下来的谈判过程中,我方表现出对这类产品的性能、成本及其在国际市场上销售行情全部了如指掌,暗示生产厂家并非独你一家。最终我方主动提出休会,给对方一段时间考虑。

第二轮谈判开始后,日方主动削价 10%,根据该产品近期在其他国家的行情,我方认为 750 万日元比较合适,日方不同意,最后我方根据掌握的信息及准备的一些资料,让对方清楚,除他们之外我方还有其他一些合作伙伴,如果他们给出的价格不合理,我方不会选择购买他们的设备。在我方坦诚、有理有据的说服下,双方最终成交。

思考:

(1)我方取得谈判成功的秘密是什么?

(2)日方的 3 个目标层次是什么?

4.1 收集谈判信息及了解相关情况

常言道:"凡事预则立,不预则废","不打无准备之仗",由于商务谈判是一项复杂的工作,做好谈判前的准备工作,对于在谈判中争取主动具有很重要的作用,而谈判前的信息收集工作更是重中之重,为后续的谈判工作奠定了基础。不过在实际谈判中,由于市场情况千变万化,再加上谈判人员自身精力和时间的限制,商务谈判的准备工作不可能做到毫无遗漏,然而信息收集越全面、越充分,谈判就会越主动。它具体包括收集与谈判有关的背景资料,收集谈判对手的相关信息,了解竞争对手的情况,同时,还要对自己的实力有正确的评价和认识,做到知己知彼。

4.1.1 收集商务谈判的背景资料

任何谈判项目,都是在一定背景下的谈判,谈判背景对谈判具有极其重要的影响。在商务谈判中,比较重要的背景资料应该包括以下几个方面。

(1)政治与经济状况。政治环境是由各种政治制度、政治体制和政治政策等各种可能影响谈判的因素组成。政治环境意味着:某项交易是否能得到政府的支持,是否有安全的履约保证,是否会得到大众的认可而产生经济效益。

【阅读资料 4-1】

反美情绪的影响

自从美国发动了所谓的反恐战争以来,美国可口可乐在阿拉伯国家的销售量急剧下降,而阿拉伯国家自产可乐的销售量却大幅度上升。原因很明显,可口可乐销量下降,既不是产品本身的问题,也不是消费者口味发生了变化,而是由于阿拉伯国家反美情绪高涨,从而引起政治环境因素的变化所造成的。

(资料来源:朱凤仙. 商务谈判与实务. 北京:清华大学出版社,2007.)

一个国家的经济状况往往也是企业进行商务活动的重要背景。经济政策合理、持续,经济形势良好,企业在这种背景下开展商务活动,往往会有比较好的效果。因此,企业在开展商务活动时,应当对商务活动的经济背景,包括国家的财政、金融状况进行了解,并正确地予以把握。

(2) 法律制度。法律制度对商务活动具有重要的影响，企业商务活动必须在法律规定的框架下运行。现行的法律将告诉你：怎样的合作受法律的支持和保护；怎样的合约是规范的、合法的；如果合作出现问题，怎样用法律的武器维护自己的合法权益。在国际商务谈判中，谈判当事人会习惯性地用在本国、本地形成的法律意识去看待外国、外地的法律环境，从而造成所签合约的漏洞甚至错误。所以透彻地了解与己方产品或商务活动相关的法律法规非常有利于商务谈判的进行。

【阅读资料4-2】

法律制度与经商

生产化工产品的企业，在投资建厂之前，就要了解当地环境保护法对开办此类企业有何规定，以后会作怎样的修订，要求会不会越来越高。这直接影响产品的选择、生产成本和产品利润，必须非常慎重。

日本商人在成功地进入美国市场后，总结了两条经验：一是要舍得花钱请当地的好律师；二是要利用当地经验丰富的销售商。这两条经验的确使日本商人减少了受当地法律环境的影响所遭受的损失，也等于获得了更多的经济利益。

（资料来源：郭芳芳. 商务谈判教程. 上海：上海财经大学出版社，2005.）

(3) 宗教与风俗习惯。宗教与风俗习惯是影响人们商务活动的重要环境因素。在不同宗教信仰和风俗文化的背景下，人们在商务活动中的价值观和商务活动习惯等都有明显差异，不尊重对方的风俗习惯，对商务活动的影响往往是致命的。

特别是在国际商务谈判中，了解不同文化背景下的消费者习俗、消费心理和购买行为显得十分必要。因为双方所交易的产品从设计、命名、商标、包装、运输以至交货日期都可能在不同程度上与消费习俗、购买心理有一定的联系，影响买方的经营与销售。

日本酱油进入美国

日本的万字酱油厂是一家小工厂，第二次世界大战以后，该厂经营者发现美国人喜欢用酱油作调味品。于是，他们着手研究怎样把产品打进美国市场。

万字酱油厂首先派人到美国去调查美国人的生活习惯，发现美国人的食品构成、烹调方法与东方人有许多不同。厂方决定把自己的酱油以西方食物调味品的姿态，出现在美国各地的广告媒介上,其设计包装完全改成西方式的,并在电视里宣传本产品可用来配蘸香肠、煎蛋、烧牛排等,味道特别好。

经过一段时间的试销后,万字酱油厂决定在美国设厂,1975 年在旧金山开设第一家分厂,接着,在洛杉矶、纽约等地也开设了分厂,生意越来越兴旺,到 1986 年,万字酱油厂的营业额已达 7 500 多万美元。

(资料来源:维普资讯网)

(4)自然与基础条件。自然条件是指商务活动所在地的地理、气候等状况。气候因素包括雨季的长短与雨量的多少、季节的变化及气温的高低等。这些因素对商务谈判都会产生一定的影响。

基础条件是指一个国家和地区的交通及其环境设施的状况,电力供应状况及水资源是否丰富,这些条件也会在一定基础上影响这一地区的经济活动,使本地区人们的消费行为具有某些特征,成为影响商务活动的因素。

4.1.2 收集有关谈判对手的情报

古语曰:"知己知彼,百战不殆。"对谈判对手的研究,是谈判准备工作中最关键的一环,也就是要在谈判前、谈判中,掌握与谈判有关的企业情况及对方参与谈判人员的个人情况。如果同一个陌生的对手谈判,却对对方情况一无所知,会给谈判造成很大的困难,甚至会冒很大的风险。研究谈判对手,应从以下几方面入手。

1. 了解对方谈判人员的权限

谈判人员权限是指谈判人员所拥有的谈判决策权,也就是他在某个问题上是否有权做出承诺,可以承诺到怎样的程度。一般来说,对方参加谈判人员的规格越高,权限也就越大;如果对方参加谈判的人员规格较低,我方就应该了解对方参加谈判人员是否得到了授权,能否独立作出决定,有没有让步的权力。

谈判权限的大小,在谈判中的影响是不同的。美国前国务卿著名的谈判高手基辛格博士认为,谈判的权限还是小一点好,这样在谈判中往往能够收到不错的效果。

案例 4-2

柯伦泰的有限权力

世界上第一位女大使柯伦泰,掌握英、法、意等 11 个欧洲国家的语言,曾被任命为前苏联驻挪威全权贸易代表。一次,她和挪威商人谈判购买挪威鲱鱼问题,挪威商人要价高,她出价低。挪威商人深谙贸易谈判的诀窍：卖方喊价高得出人意料，买方往往不得不随之调整出价。柯伦泰亦懂得这一生意经，只肯还以低价，她知道在谈判不破裂的情况下，往往会有好的收获。她坚持出价要低，让步要缓的原则，取得了和挪威商人讨价还价的余地。双方在激烈的争辩着，都企图削弱对方的信心，这样就使谈判陷入了僵局。后来柯伦泰说："好吧，我同意你们的价格，如果我的政府不批准这个价格，我愿意用我的工资来支付差额，但这自然要分期支付，可能要支付一辈子。"柯伦泰的这两句话，在价格争议中起了决定性的作用，它使争议戛然而止。听了柯伦泰的话后，挪威商人一个个面面相觑，然后便一致同意将鲱鱼价格降至柯伦泰所坚持的价格。挪威商人为什么会主动降价呢？柯伦泰的话暗含着这样的意思：我的权利是有限的，我无权（尽管她有权）接受你们的价格，我必须把你们所坚持的价格报经我的政府批准，如果政府不批准，就无法签订购买鲱鱼的合约，若挪威商人想成交，就必须降价。

（资料来源：李祖武. 商务谈判. 北京：中国财政经济出版社，2005.）

2. 了解对方公司的营运情况

对方公司的营运情况，是谈判中特别需要关注的问题，即使是一个注册资本很大的股份有限公司，也会由于经营不善，负债累累，濒临破产或实际已破产。根据大多数国家公司法和破产法的规定，公司一旦破产，股东对公司的债务承担仅以其持有该公司股票所代表的金额为限，如果股票总额和公司其他财产不足以偿还债务时，各债权人只能按清算比例收回债权。因此，如果在谈判前不了解对方公司的营运情况，匆匆签约，一旦对方公司破产，很可能收不回全部货款或者拿不到合格的产品。

3. 了解对方的商业信誉

要了解对方的商业信誉情况，主要应调查以下几个方面的内容。

（1）产品质量。产品质量是指其内在质量与外观质量，与竞争产品相比较符合目标市场的要求，满足用户的需要，并和一定的价格相适应。特别是在买方对质量要求比较高的情况下，产品质量对于谈判双方尤为重要。

（2）技术标准。标准要符合规定，与相应级制（如国际标准、国家标准、专业标准、企业标准）相适应，更主要是符合用户的要求。技术能否达标，是否能满足不同消费者的需求，在一定程度上决定了谈判的成败，需要做详细的调查和了解。

（3）产品服务。包括指导用户正确安装、使用和维护；代为保修、提供零配件；代用户培训技术力量；设立技术咨询站为用户咨询；送货上门、质量不合格的产品在保修期内包退包换等。售后服务的好坏影响商家的信誉，因此在谈判中必须引起足够的重视。

另外还应该注意对方的商标、牌号以及广告宣传的力度。

【阅读资料4-3】

三鹿奶粉事件

据《第日经济新闻》报道"三鹿婴儿奶粉事件"将重创内地奶粉行业。中国奶业协会常务理事王丁棉表示,这次事件不仅影响到三鹿一家企业,甚至对整个中国乳品行业都可能酿成很大的负面影响。

王丁棉指出:"三鹿是中国的知名品牌,它的奶粉产量高居全行业之首,这样一家企业出问题,将会对整个行业的声誉造成重大影响。"

2007年内地奶粉市场销量前十大品牌合计占市场份额为78.35%,其中以三鹿份额最大,市场占有率达18.26%,国产的婴幼儿奶粉市场上也形成以三鹿、完达山、伊利为代表的国产品牌与多美滋、美赞臣、惠氏为代表的进口牌子竞争之势。

王丁棉认为,此次事件会对所有国产奶粉品牌都造成一定影响,而进口品牌可能会从中受益。

(资料来源:http://www.lifeall.com/)

4. 了解对方谈判人员的时限

谈判人员的时限是指规定谈判人员结束谈判的时间限制。

在一般情况下,谈判者要对自己的最后期限(也称为"死线")保密,因此在谈判中常常会出现这样一种情况:双方都希望摸清对方在谈判中的最后期限,以争取主动;与此同时又都对己方"死线"严格保密。所以要想探听到对方的最后期限非常困难。实际上,谈判的最后期限经常情况下是人为设定的,可以根据谈判的具体情况去做适当的调整,没必要真的让它成为最后的"死线"。

 案例4-3

美越战争的代价

20世纪60年代,美国和越南发生了战争,战争的持续时间很长。双方一直僵持到70年代。为了结束这场漫长而残酷的争斗,1971年,双方约定在巴黎举行谈判。越南方面早早地做了准备,而美国却故意拖延时间长达两年之久,使越南无端地付出了高昂的代价。越南方面为了尽快结束这场谈判,显得十分焦急,于是议价能力大受挫伤,不知不觉陷入了被动的局面。其实,美国方面在对越战争中同样代价不菲,自从尼克松总统的"越南化"

计划破产之后，美国国内掀起了一股强大的反战压力，所以也希望尽快结束战争。但美国方面并没有把这种心态暴露出来，因为他们摸准了对手迫于时间压力的心理，最终掌握了谈判的主动权。

（资料来源：杰勒德. 哈佛谈判学. 成都：西南财经大学出版社，2000.）

5. 分析对方的谈判人员

在谈判的准备阶段，应尽可能了解和掌握谈判对手的性格、爱好、兴趣、专长，了解他们的职业、经历以及处理问题的风格、方式等。特别是在一对一的谈判中，掌握对手的兴趣、爱好，投其所好，可以使谈判的紧张气氛放松下来，还可以打破僵局使谈判双方的关系变得融洽，会使谈判取得意想不到的效果。

案例 4-4

巧用诗词赢得利润

一位港商想与内地合资办厂，与他谈判的内地厂长事前了解到对方极其喜爱中国的古诗词，便做了一些准备。后来，谈判因双方利益分成发生分歧而终止。厂长在一家饭店为客人饯行，进门时见客人对一株枝繁叶茂的柳树十分感兴趣，便折柳相送。客人脱口背诵出王维的两句诗："渭城朝雨浥轻尘，客舍青青柳色新。"厂长接着吟到："劝君更进一杯酒，西出阳关无故人。"巧遇知音，港商十分高兴。席间二人谈论诗词，越发投机，最后客人松口："为了我们的友谊，我让了，按你的方案办。"于是合作成功。

这位厂长投对方所好，使已陷入僵局的谈判获得成功，而与此相反，有些人与外商一谈投资或合作，动不动就是请客送礼，以为这是投其所好，结果往往适得其反，给对方留下不好的印象，使合作失败。

（资料来源：蒋三庚. 商务谈判. 北京：首都经济贸易大学出版社，2006.）

4.1.3 了解竞争对手的情况

所谓竞争对手，是指在商务谈判中有可能参与竞争，使自己一方的谈判地位受到削弱的竞争者。由于竞争者加入谈判可以增加谈判对手的选择性，进而增加谈判对手的优势条件，因此，了解竞争对手的情况在商务谈判中也是非常必要的。了解竞争对手的情况可以从以下两个方面入手。

（1）了解竞争对手的实力。具体包括竞争对手的生产能力、技术及设备水平、市场和产品的供求状况、推销能力、营销特点、价格水平、信用状况等。

（2）了解竞争对手的优势与加入合作的可能性。当竞争对手有明显的竞争优势、强烈的合作动机时，竞争者加入竞争的可能性就大大地增加了。

【阅读资料4-4】

竞争性谈判

竞争性谈判，是指采购人或者采购代理机构直接邀请3家以上的供应商就采购事宜进行谈判的方式。竞争性谈判采购方式的特点：一是可以缩短准备期，能使采购项目更快地发挥作用；二是减少工作量，省去了大量的开标、投标工作，有利于提高工作效率，减少采购成本；三是供求双方能够进行更为灵活的谈判；四是有利于对民族工业进行保护；五是能够激励供应商自觉将高科技应用到采购产品中，同时又能转移采购风险。

（资料来源：科技资讯网）

4.1.4 了解企业自身的情况

《孙子·谋攻篇》中说："知己知彼，百战不殆；不知彼而知己，一胜一负；不知彼，不知己，每战必殆。"这段话精辟地论述了一个真理，在商务谈判中，了解自己也是非常重要的。作为谈判人员，不一定是技术一线的工作人员，对产品的性能不一定能有准确的把握，特别是一些技术含量高的产品更是如此；也不一定是财务部门的人员，对资金的使用状况不一定全面了解；所以深入了解自己的情况非常必要。

商务谈判人员需要了解企业各职能管理部门、业务部门、基层作业部门提供的有关生产销售计划、资金使用状况、库存状况、新产品开发进展情况，以及产品的产量、品种、质量、价格、销售量、用户及信誉、售后服务等方面的数据资料。

4.2 确定谈判目标

案例4-5

目标错位

有个人发现小偷偷自己的东西，就奋力追赶小偷，小偷见状也拼命狂奔。两人一前一后相持不下，跑了很长一段距离。

此时，这个人心里很是不平："难道我跑不过你？我就不服这口气！"他心里这么想着，咬咬牙，脚下的步子也加快了。

小偷终究稍逊一筹，渐渐体力不支，两人的距离也越来越近了。眼看这个人就要抓住小偷了，这时，奇怪的事情发生了，这个人迅速超过小偷，一直向前奔去，并且心中还在愤愤不平："叫你见识一下我的厉害，难道我就跑不过你？"

（资料来源：谈判家. 刘刚. 北京：中国经济出版社，1995.）

从案例4-5可以看出，这个人之所以落下笑柄，根本原因就在于设置的目标太可笑，一开始的目标是抓住小偷，后来随着事情的发展而转变的相互赛跑。可见做任何事情都要设置合适的目标，商务谈判更是如此。谈判前不设立目标就急于谈判，就好像没有弄清楚靶子在哪里就射箭一样，结果只能是一事无成。

谈判目标是指谈判人员为满足自身需要而确立的指标或指标体系，它既是谈判的起点，也是谈判的归宿。谈判者只有明确谈判目标以后，才能清楚自己努力的方向，保证谈判的顺利完成。所以制定一个切实可行的目标，或者说目标范围是谈判准备工作中必不可少的一个环节。

1. 确定谈判目标的原则

（1）实用性原则。实用性原则是指确定的谈判目标现实合理。也就是说，谈判双方要根据自身的实力和能力确定目标。谈判不是目的而是手段，合作才是目的，谈判的成功是合作的开始。只有建立在现实基础上的目标，才可能使双方的谈判获得成功。

（2）合理性原则。合理性原则是指充分考虑到环境与条件的变化，谈判目标的制定尽可能对谈判双方合理。在市场经济条件下市场千变万化，一方面，企业自身的条件在发生着变化，合作者、竞争者的条件也在变化；另一方面，双方合作的状况也在不断的变化之中。所以谈判目标要结合变化的环境去考虑，对谈判双方尽可能合理。

（3）弹性目标原则。弹性目标原则是指确定的谈判目标应当有层次，既有理想的目标，又有现实的目标，还应当设定最低的目标。争取最高目标，实现现实目标，确保最低目标应当是谈判中采取的态度。

2. 确定谈判目标的层次

谈判目标是谈判当事人希望通过谈判所得到的结果。它是对谈判所要达到结果的设定，是指导谈判的核心，是企业必须明确的首要内容。谈判目标的确立，可以分为若干层次，这样才能更好地视具体的谈判情形选择不同层次的目标。

（1）最低目标。最低目标是指在谈判中必须保证的利益下限。如果谈判结果低于这个界限时，自己的基本利益就无法得到满足。也就是说，如果对方提出的条件低于这个界限，自己没有让步的余地，谈判也就没有任何意义了。

（2）可行目标。可行目标是指通过谈判能够满足的比较现实的目标，可行目标通常处于最高目标与最低目标之间。从理论上讲，可行目标应当在一定幅度的范围内，通过努力可以向最高目标靠近，但又不应低于最低目标，是可以灵活掌握的目标。可行目标能够在多大程度上实现，通常与谈判的策略紧密相关，也与双方的实力和使用的技巧有关。

（3）理想目标。理想目标是谈判者希望通过谈判达成的最高目标，也是谈判方想要获得的最高利益。一般来说，这个目标的实现有一定的难度，因为谈判双方所涉及的利益是有限度的，没有谁会把自己的利益全部让给别人，更何况谈判本身是一种互惠互利的行为，过分追求高利益，不仅会导致谈判破裂，还会影响自己的实际利益。不过任何谈判都是从理想目标谈起，把理想目标作为谈判的基调，实际上是一种谈判的策略，其目的是保证其他目标的实现。

【阅读资料4-5】

期望越高收获越大

许多人都喜欢这样对他的孩子说："假如你的目标定得越高，你的成就就会越大。"

美国有两位教授针对这个问题做了一次实验。他们在买卖双方之间设立了一道屏障使双方无法对视，讨价还价是在桌子底下用字条进行的。如此设了两组，对于两组的指示是一样的，只有一点例外，其中一组所接到的是"以7.5美元成交"的指示，而另一组所接到的是"以2.5美元成交"的指示。实验的结果如何呢？被指示以7.5美元成交的那一组以接近7.5美元的价格成交，而被指示以2.5美元成交的那一组以接近2.5美元的价格成交。

实验的结果证实了：期望较高的人总是得到较高的成果；而期望较低的人则往往只能得到较低的成果。

（资料来源：谈判家. 刘刚. 北京：中国经济出版社，1995.）

4.3 谈判人员

选择谈判人员，组织谈判队伍是商务谈判准备阶段不容忽视的工作，由具有坚实的谈判理论和丰富的实践经验的人员组成的队伍，是取得谈判成功的最重要的因素。谈判人员的选择以及队伍的组织形式、规模等,取决于谈判议题和标的的重要程度、技术的复杂状况、谈判内容的多寡、谈判规格的高低、谈判规模的大小等因素。

4.3.1 谈判小组人员的数量

在需要多人参加谈判班子的情况下,谈判小组人员的数量?一般受以下因素的影响。

(1) 谈判小组的工作效率。要想有较高的工作效率,谈判小组内部必须有严密的分工和协作,内部交流必须通畅。人数一多,交流就会发生困难,而谈判要求高度地集中统一对外和对问题作出灵活、及时的反应。人数多意见多,要把不同的意见集中统一起来,并非一件易事,所以人员数量不宜过多。

(2) 管理幅度的有效性。从管理学的角度出发,一个领导者能有效领导下属的人数是有限的,管理幅度是有限的。商务谈判紧张、复杂、多变,既要充分发挥个人的独创性,又需要内部协调统一,一致对外,其领导者的管理幅度不可能太大。如果太大了,其内部的协调和控制就会发生困难。

(3) 谈判所需专业知识的范围。一个大型项目的谈判,会涉及许多专业知识,但这并不意味着谈判时需要把各种专业知识的人才配备齐全。因为在谈判的不同阶段所涉及的专业知识种类是有限的,只要具备几种主要的专业知识就可以。专门和具体的细节谈判可以安排小型谈判加以解决,没必要专门扩大谈判小组规模。

(4) 谈判小组成员的调换。一般情况下,保持谈判小组成员的稳定是有好处的。因为一直参与谈判,对谈判的具体情况非常熟悉,可以避免对方节外生枝,避免对方利用己方换人之机,在新来人员对情况不甚了解的情况下钻空子。

但是许多谈判具有明显的阶段性。例如,在谈判初中期,需要技术人员参加,而法律人员则是多余的;但在最后的协议阶段,需要法律人员审查合同草案,技术人员又是多余的。对于这样的情况,可以根据不同阶段的不同需求,调换谈判小组的成员。这样,既保证了谈判的需要,又使谈判小组的成员数量保持在合适的水平,不仅有利于控制,而且也能节约谈判费用。

综上所述,在满足谈判需要的前提下,应尽可能减少谈判成员的数量,对此,许多谈判专家发表了看法,大多数人认为4人左右最为理想。

4.3.2 谈判小组人员的基本素质

商务谈判人员是企业的特殊营销人才,企业必须认真挑选并加以培训,高素质的谈判队伍是做好商务谈判工作的前提和保证。

（1）强烈的事业心。它具体包括：强烈的成就感；明确的达成目标意识；强烈的事业追求；克服挫折的意志；强烈的工作信心等。这是商务谈判成功的首要条件。因为谈判困难重重，情况复杂多变，不可控因素多，挫折与失败在所难免。如果谈判者没有强烈的事业心与开拓进取的精神，就不可能坚持到成功。

（2）具有扎实的专业知识。一般情况下，商务谈判人员应具备的专业知识包括以下几个方面：一是商品、市场、价格、仓储、运输、商检、保险、财务、支付条件等商务方面的专业知识；二是生产工艺、工程技术方面的专业知识；三是有关政策、法律方面的专业知识。此外，作为国际贸易的商务谈判人员，还应具备语言翻译知识。

（3）具有较强的分析、解决问题的能力。它包括记忆力与观察力、组织与谋划能力、想象思维与表达能力、善于交际与应变能力、控制与协调能力以及学习与创新能力。此外作为一名优秀的谈判人员还应具备健康的心理素质与受欢迎的礼仪与风度。

4.3.3 谈判小组人员的知识结构

谈判小组必须具备完善的专业知识结构，分工协作，才能有效地完成谈判任务。一般情况下，一个谈判小组应配备如下相应的人员。

（1）专业技术人员。专业技术人员主要是对有关技术问题的条款进行磋商。他们的具体职责是：阐述己方参加谈判的意愿和技术条件；弄清对方的意图和技术条件要求；找出双方在技术条件上的分歧和差距；同对方进行技术细节方面的磋商；修改草拟谈判文件的有关技术条款；向主谈人提出解决问题的建议；为最后决策提供技术方面的论证。

（2）商务人员。商务人员必须通晓贸易、金融、运输、保险等有关商务方面的知识，他们的具体职责是：灵活运用谈判策略和技巧；掌握该项谈判项目总的财务情况；了解谈判对方在项目利益方面的期望值指标；分析、计算修改中的谈判方案所带来的利益变动；为主谈人提供商务方面的意见和建议；在正式签约前提出对合同和协议的财务分析表。

（3）法律人员。在许多国家谈判人员都是律师出身，这些法律工作者参加重要项目的谈判，能使己方在商务交往中得到法律保护。他们的具体职责是：确认谈判双方经济组织的法人地位；监督谈判程序在法律许可范围内进行；检查法律文件的准确性和完备性。

（4）翻译人员。在国际商务谈判中，翻译人员是谈判中的核心成员。一个好的翻译在谈判过程中，能洞察对方的心理和发言的性质，既能改变谈判气氛，又能挽救谈判失误，在增进双方了解、合作和友谊方面，起到相当大的作用。翻译人员的外文、中文均要过硬，还要熟悉谈判业务，防止差错和失误。他们的具体职责是：在谈判过程中全神贯注，工作热情，翻译内容要准确、忠实；对主谈人的意见或谈话内容如觉不妥，可请其考虑，不过必须以主谈人的意见为最后意见，不能向外商表达个人意见；外商提出的任何要求，应详细告知主谈人解决，不能自作主张，作肯定和否定的答复；外商如有不正确的言论，应据实告诉主谈人。翻译人员应自始至终参加谈判的全过程，一般不宜中途换人，以防工作脱节。

总之，在实际的谈判中，作为谈判小组的成员应该对上述几个方面的知识都有所了解，而又专长于某个方面。因为如果单纯只具备一方面的知识，在谈判中会比较被动，不容易沟通。

4.3.4 谈判的主谈人与辅谈人

在商务谈判中，为了贯彻一致对外的原则，有必要进行主谈人与辅谈人的分工。

所谓主谈人是谈判中的主要发言人，在谈判的某一阶段，针对某一个或某几个方面的议题，由他为主进行发言，阐述本方的立场和观点。相对地，这时谈判小组的其他成员处于辅助配合的位置，称为辅谈人。

主谈人应具有思维敏捷、深思熟虑、掌握谈判主动性、善于逻辑推理等特点。精明的主谈人会像一个杰出的演员一样，善于扮演好自己的角色。

主谈人与辅谈人之间的配合相当重要，它包括以下几个方面的内容。

（1）口头上的支持。在谈判过程中，当主谈人讲话后，辅谈人有必要对他的话加以肯定。因为，当他的话被同事加以肯定后，对方就容易在心理上相信主谈人语言的可靠性，加强主谈人说话的分量。

（2）其他方面的支持。如果主谈人在讲话时，他的同事东张西望、心不在焉，那么对手就会受到辅谈人的影响，对主谈人的发言也不重视。相反，如果在主谈人说话时，辅谈人聚精会神地听、并不时赞同地点点头，主谈人会给对方留下有经验、可信的印象。

（3）地位的转化。主谈人与辅谈人的地位并不是一成不变的。在谈合同技术条款时，技术人员处于主谈人的地位，相应的，商务和法律人员处于辅谈人的地位。

【阅读资料4-6】

介绍的技巧

英国贸易专家斯科特认为，谈判主谈人在开始谈判时，向对方介绍自己的同事，对谈判对手具有强烈的影响。他举了一个例子，一位主谈人在一种场合这样向对方介绍自己的同事："这是我们的会计，诺尔曼·凯特勒。"而在另一种场合，他这样介绍："这位是诺尔曼·凯特勒，他具有15年财务工作的丰富经验，有权审核数目达1 500万英镑的贷款项目。"显然，同前一种场合相比，诺尔曼·凯特勒在后一种场合会给谈判对手以非同凡响的影响。

（资料来源：明智.谈判22大规.北京：中国戏剧出版社，2007.）

4.4 谈判其他具体事项的安排

1. 谈判地点的选择

地点的选择常会有助于谈判者取得谈判的主动地位，因此谈判地点的选择是谈判准备工作的一个重要环节。一般而言，谈判分为主场谈判、客场谈判和中立地谈判3种情况，3种情况各有利弊，需要根据双方的具体情况慎重选择。如何选择谈判地点，需要考虑许多因素，比如谈判双方的力量对比、双方的关系、备选地点的多少等，具体选择地点时，要根据谈判的具体背景作出适当的选择。

2. 会前筹备

会前筹备是具体落实谈判会务的细节工作，是使谈判得以顺利进行的前提之一，是谈判的物质基础保证。会前筹备必须做到充分、细致、周到。其主要内容有：会议材料的文字工作；谈判场所布置、服务、会间休息安排（如文娱活动安排、参观游览安排等）等具体会务工作；接送、食宿安排、医务准备等工作。在会前筹备的过程中谈判场所的布置与安排尤为重要，具体包括以下两个方面的内容。

（1）谈判室及室内用具的选择布置。谈判至少需要两个房间，其中一间是主要谈判室，另一间为秘密会谈室即私下晤谈室，以利于当需要时可进行个人之间的直接交往。若有可能，最好再配一间休息室，（也可以以秘密会谈室充当休息室）。休息室是供谈判双方在紧张的谈判间隙休息用的。休息室应该布置得轻松、舒适，能使双方放松一下紧张的神经。室内最好布置一些鲜花，放一些轻柔的音乐，准备一些茶点，便于调节心情，舒缓气氛。

谈判室内的桌子一般居于房间的中间，可以是长方形的，也可以是圆形或椭圆形的，一般以长方形为佳。

谈判场所应该布置得舒适、优雅、轻松，以利于双方松弛紧张心理，缓解对抗情绪，创造出谈判的良好氛围。

（2）谈判室的座位安排。座位的安排直接影响谈判氛围，影响双方在谈判过程中的内部交流与控制，因此，极有讲究。最常见的座位安排是谈判双方各居一边，中间可以有桌子也可以没有。另一种可供选择的排位方法是任意就座，谈判双方人员混杂落座，没有分明的阵线。在某些情形下，根本不就座或根本不用谈判桌也是一种排位方法。双方人员自由交换意见，最后达成协议。但此种方式适用于双边关系十分友善的状况，且应限制在小范围内。

谈判座位的安排一般应遵循国际惯例，讲究礼节，但从谈判战术角度讲，选择谈判座位是具有艺术性的。

3. 会间安排准备

会间安排必须周密细致，具体包括以下工作：做好会议记录准备；做好编印会议简报、通报、备忘录的准备工作；做好会间服务准备，包括医疗服务、休息服务、文化活动安排（如游览还是观看文艺演出、去什么地方游览、观看什么演出、举办几场舞会等诸多内容）；若谈判前景预期良好，还需做好签约准备，包括签约场所、用具、仪式等。

4. 会后安排准备

会后安排准备的基本内容是拟订会后安排项目清单。一般包括：应该回收的谈判文件及收回方式；根据谈判的原始档案或已经签订的协议书写谈判纪要；谈判材料、原始档案、协议、合同的立卷归档；送别谈判人员，包括在什么地方举办告别宴会、车辆安排、订购车、船、飞机票并将对方相关人员送往车站、码头、机场等。

4.5 模拟谈判

模拟谈判是将谈判小组成员一分为二，一部分扮演谈判对手，并以对手的立场、观点和作风与另一部分扮演己方的谈判人员相互交锋，预演整个谈判过程。

虽然谈判之前已经制订了详细的计划，并且事先制定了谈判目标，但是谈判过程是一个动态的复杂的过程，有一些不可预知的事情随时会发生，通过模拟谈判，会找到一些应急的措施，对实际的谈判会有很大的帮助。

1. 模拟谈判的必要性

由于是自己人的模拟谈判，谈判过程中没有太多顾虑也不担心失败，可以很放松地站在对方的立场上去考虑问题，有助于更好地完善自己的谈判方案。具体来讲模拟谈判的必要性表现在以下几个方面。

（1）可以获得实践性经验。模拟谈判相当于想象训练，正确的想象练习，不仅能提高谈判者的独立分析能力，而且在心理准备、心理承受、临场发挥等方面都有十分重要的意义。通过这样的练习，谈判者在实际参与谈判时，如果出现了和模拟谈判类似的情况，就能灵活应对，而不至于手足无措。

（2）可以修正谈判中的错误。通过模拟谈判，可以检查谈判方案中存在的问题和不足，便于事先修正和调整。

（3）训练和增强谈判者的应变能力。模拟谈判的对方是己方人员，对自己的情况十分了解。谈判时站在对方的立场提出问题,有利于发现谈判计划和方案的不足,并且会预测对方从哪些方面提出问题,有利于谈判人员提出相应的对策,拟订更合适的解决方案,通过这样的模拟演习,增强了谈判人员在实际谈判中的应变能力。

2. 模拟谈判的过程

(1) 提出假设。它是指针对己方谈判计划和谈判战术中的某些具体问题,提出各种假设。可以假设增加订货数量,可以假设运输费由我方负担等,看一下对方在价格上的反应。如果假设能够成立,就有必要修正原先的谈判计划。此外,应当注意的是,在针对某个问题提出假设时,要思路开阔,这样才能发现原来计划的疏漏之处。

(2) 过程想象。它是指在拟定假设的基础上,想象整个谈判过程。按照报价、讨价还价、签约的谈判顺序去想象,预演自己和对方面对面谈判的情景,包括谈判的现场气氛、对方的面部表情、谈判中可能涉及的问题,对方会提出的各种反对意见,己方的各种答复以及各种谈判方案的选择,各种谈判技巧的运用等,想象谈判中涉及的各种因素。

(3) 集体模拟。它是指我方人员分成两组,分别扮演真实谈判中的己方和对方,按照事先制订的谈判计划进行模拟演练。集体模拟的情形接近于真实,能够更有效地检验谈判计划、谈判策略中的问题。因为提出假设的环境与进行集体模拟谈判有较大的不同,在更接近于真实的环境下,更有利于己方人员开阔思路,针对计划中的某些问题,提出应对措施。还可以帮助谈判人员提高心理素质,在实际谈判中做到不慌不忙,胸有成竹。

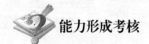

能力形成考核

一、复习思考题

1. 你认为商务谈判的准备有必要吗?为什么?
2. 商务谈判相关信息的准备应从哪些方面入手?其中最重要的信息是什么?
3. 商务谈判前的准备工作包括哪些内容?结合现实中具体的谈判案例去说明。
4. 把谈判时限告诉对方,有利于把握谈判时间。这句话对吗?

二、实训题

1. 假定你要从服装批发市场进一批衣服,进衣服之前需要收集哪些相关信息?设计一个表格,把需要收集信息的名称、渠道、内容列出来。
2. 在教师指导下进行商务谈判会议准备练习。

三、案例分析

案例

大学教授往往爱以精英自居，为能使别人在谈判中上当而沾沾自喜。

欧洲某商学院的市场学教授，被邀在暑假去美国中西部的一所大学，与另外几位美国同行共同主持一个为期 4 周的高层讲习班。对方请他自己提出报酬要求，他思考了足足一周，回信要 24 000 镑，还自鸣得意地对旁人吹嘘："也该让美国佬明白，要想买到上等货，就要舍得出好价钱。"那所大学居然回信表示欣然同意。对于这个答复，他虽不至于欣喜若狂，但多少有点惊异其大度和慷慨。为了投桃报李，他按照欧洲人的行事风格，全身心地投入了讲习班的工作。

开学一周后，这位大学教授和来自得克萨斯州的美国同行闲聊。他们谈起德州人有句俗话叫："一分钱，一分货。"由此，他俩谈到了自己的报酬问题。他得意地表示，学校还真给面子，自己要 24 000 镑，他们就给了 24 000 镑，所以这次他把太太也带来了，准备讲习班一结束就去纽约逛逛。但令他难堪的是，那位美国教授告诉他，其所得报酬是按高级讲习班的"一般"标准定的，一共 52 000 镑，夫人的一切开销另外支付。

听了这番话，他的满腔高兴顿时化为乌有了。

分析：以上案例给大家什么启示？教授错在哪儿了？

第5章 商务谈判开局阶段

- 学习如何建立谈判气氛
- 学习如何安排谈判议程
- 掌握开局礼仪
- 学习如何沟通谈判意图
- 了解开局策略
- 熟知开局技巧

握手的妙用

1954年在日内瓦曾经发生过美国前国务卿杜勒斯不准美国代表团成员与周总理率领的中国代表团成员握手的事情。因此，1972年，尼克松在第一次访问中国下飞机时，要警卫人员把守机舱门，不让其他人下来，以便突出他一下飞机就主动地伸出手来和周总理握手的场面。握手的动作持续的时间不过几秒钟，却给这次谈判创造了一个良好的开端。

思考：

（1）开局阶段的基本目标和任务是什么？

（2）良好的谈判气氛应该是怎样的？

俗话说："良好的开端，是成功的一半。"开局的好坏直接影响着整个商务谈判过程，甚至对交易的成败起着决定性的作用。

商务谈判的开局阶段是指谈判准备阶段之后，谈判双方在讨论具体的实质性交易内容之前，相互介绍、寒暄以及就谈判内容以外的话题进行交谈的那段时间。它是在双方已做好了充分准备的基础上进行的，通过本阶段的商谈为以后具体议题的商谈奠定基础。

开局是实质性谈判的序幕。开局的效果如何，在很大程度上决定着整个谈判的走向和发展趋势。一个和谐的开局将为谈判的成功奠定良好的基础。因此，谈判人员在开局阶段最首要的任务就是积极营造和谐的谈判气氛，其次，运用自然的话题转入谈判的实质性阶段，最后在陈述己方观点、立场的同时观察、探测对方的真实意图。有经验的谈判人员，都会充分重视和利用谈判开局，采取各种有效的策略和技巧，使得开局能够在和谐、有利的气氛中顺利进行。

5.1 谈判气氛的建立

创造谈判气氛绝非是做"表面文章"，良好的谈判气氛有助于谈判的顺利进行。在谈判的开局阶段，每一个谈判人员都要把自己看做是谈判环境的一部分，做好充分的思想准备，争取在短暂的时间内创造出积极、融洽的谈判气氛。

5.1.1 谈判气氛的类型

任何有谈判经验的人都知道，开局的好坏关系着整个谈判的前景，而控制了谈判气氛，实际上就等于控制了谈判的开局以及谈判对手。所谓谈判气氛是指谈判双方通过各自所表现的态度、作风而建立起来的洽谈环境。谈判气氛通常是在双方见面之后的短暂时间内形成的，这种气氛是热烈、友好、轻松，还是冷漠、敌对、紧张，当双方走到一起准备谈判时就基本确定了。

如果谈判一开始形成了良好的气氛，双方就容易沟通，便于协商，所以谈判者都愿意在一个良好的气氛中进行谈判。相反，如果谈判一开始双方就怒气冲天，见面时拒绝握手，甚至拒绝坐在一张谈判桌上，这样的气氛无疑会给整个谈判蒙上一层阴影。例如，两伊战争后举行的两伊外长谈判，双方就拒绝握手。开始时双方甚至拒绝面对面的谈判，有关的谈判内容都由联合国秘书长来回转达。这样的谈判气氛，能谈出什么样的结果是可想而知的。

案例 5-1

美丽的亚美利加

1972 年 2 月，美国总统尼克松访华，中美双方将要展开一场具有重大历史意义的国际谈判。为了创造一种融洽、和谐的谈判环境和气氛，中国方面在周恩来总理的亲自领导下，对谈判过程中的各种环境，都做了精心而又周密的准备和安排，甚至对宴会上要演奏的中美两国民间乐曲都进行了精心地挑选。在欢迎尼克松一行的国宴上，当军乐队熟练地演奏起由周总理亲自选定的"美丽的亚美利加"时,尼克松总统简直听呆了,他绝没有想到能在中国的北京听到他如此熟悉的乐曲,因为,这是他平生最喜爱的并且指定在他的就职典礼上演奏的家乡乐曲。敬酒时,他特地到乐队前表示感谢,此时,国宴达到了高潮,这种融洽而热烈的气氛也同时感染了美国客人。

(资料来源:维普资讯网)

  一个小小的精心安排,赢得了和谐、融洽的谈判气氛,这不能不说是一种高超的谈判艺术。美国总统杰弗逊曾经针对谈判环境说过这样一句意味深长的话:"在不舒适的环境下,人们可能会违背本意,言不由衷。"英国政界领袖欧内斯特·贝文,根据他平生参加各种会谈的经验,发现一个现象,在舒适明朗、色彩悦目的房间内举行会谈,大多比较成功。

  一般来说,每一次商务谈判都有独特的谈判气氛,可以说,谈判人员都希望能够在良好的气氛中进行谈判。什么是良好的谈判气氛呢?良好的谈判气氛并不一定都是积极、热烈、友好的,它主要应服务于己方的谈判目标,服务于谈判的内容,服务于己方谈判的方针策略,它有利于己方控制谈判开局,控制谈判对手,进而控制整个谈判过程。

  商务谈判气氛大体有以下几种类型。

  (1)热烈、积极、友好的谈判气氛。这种谈判气氛多见于双方真心诚意合作的谈判场合。谈判双方态度诚恳、真挚,本着通力合作、互谅互让的原则促使双方通过共同努力达成双方满意的协议。谈判双方见面时话题活跃,语气轻松;情感愉快,言语幽默。双方显得精力充沛,兴致勃勃;谈判人员服装整洁,举止大方,目光和善。见面互相让座,欣然落座,互相问候,互敬烟茶等。谈判相对比较轻松、合作性较强,谈判效率高。

  (2)冷淡、对立、紧张的谈判气氛。这种谈判气氛多见于双方缺乏诚意、缺乏合作基础的谈判场合。在这种气氛中,谈判双方人员的关系并不融洽,表现出的是不信任、不合作的态度。双方交谈时,甚至带有讥讽的口吻,相互猜疑与戒备,抱着寸土不让、寸利必争、己方利益最大化的态度来参加谈判,整个开局呈剑拔弩张的局面。这一类型谈判气氛通常是在双方存在冲突、利益对立的情况下发生。

  (3)平静、严肃、严谨的谈判气氛。这种谈判气氛多见于意义重大、内容重要的谈判,比如企业合资、合并或并购等重大问题。谈判双方见面时不热情,入座并不相让,处于一种相互提防、似有成见的气氛之中。双方态度都极其认真严肃,有时甚至拘谨。每一方讲话、表态都思考再三,决不盲从。在这种谈判环境中,谈判人员有较大的心理压力。因此,双方事先须作充分的、精心的准备。

  (4)松垮、缓慢、持久的谈判气氛。这种谈判气氛多见于谈判中一方或双方缺乏诚意的谈判场合。会谈气氛表现:双方在入座时左顾右盼,握手时像是例行公事;在谈判过程中漫不经心、敷衍了事、精神不振,显示出一种可谈可不谈的无所谓的态度。这种谈判进展缓慢,效率低下,会谈也常常因故中断。

(5)介于上述 4 种之间的谈判气氛。更多的谈判气氛介于上述 4 种之间。在实际生活中,就整个谈判而言,非常多的商务谈判正是在这种热烈当中包含着紧张,对立当中存在着友好,严肃当中有着积极的环境中完成的。谈判气氛会随着谈判程序的进展、议题的更换以及双方关系的变化呈现出不同的类型。其实这种既热烈又紧张、既友好又严肃的对立统一,才真正符合商务谈判的合作原则。一场自始至终都在和谐、轻松、愉快的气氛中进行的谈判是不真实的,也是不可能的。

5.1.2 营造良好的谈判气氛

谈判气氛是在谈判一开始,在双方谈判人员的相互介绍、寒暄过程中形成的。谈判气氛的形成与变化,将直接关系到谈判的成败得失,影响到整个谈判的根本利益和前途。因此,在开局阶段,谈判人员的任务之一就是要为谈判创造一个良好的气氛,为以后各阶段的谈判打下坚实的基础。

1. 营造良好谈判气氛的方法

为创造和谐的谈判气氛,谈判一开始,可以采取以下方法。
(1)选择使对方感到适宜的地点进行谈判,给对方某种好感。
(2)了解对方的生活习性,注意营造使对方舒适的环境。
(3)谈判开始时握手致意,自我介绍,相互问候。
(4)谈一些双方都感兴趣的话题,以形成一种和谐的谈判气氛。
(5)各自可以交换关于这次谈判的一些看法。

营造谈判气氛的关键取决于谈判双方人员刚接触的瞬间所采取的方式和态度。有经验的谈判人员,常常以热情友善的方式来创造谈判气氛,或者互致问候,或者主动询问对方的一些情况,或者抓住对方成员中自己曾经认识或接触过的熟人先打招呼,并主动为双方上一次的见面做一个热情洋溢的回顾,叙说旧情等。这种方式远比简单的寒暄效果要好。

2. 营造良好谈判气氛的具体要求

谈判者的言行举止、态度和地点以及谈判双方谈论的话题等,都是形成和影响谈判气氛的因素。谈判者应把一些消极因素转化为积极因素,使谈判气氛向友好、和谐、富有创造性的方向发展。

因此,要想形成一个和谐的谈判气氛,须把谈判的时间,环境等客观因素与谈判者自身的主观努力相结合,努力做好以下几个方面的工作。

（1）形成良好谈判气氛的关键因素是谈判者的主观态度。谈判者应积极主动地与对方进行情绪、思想上的沟通，而不能消极地适应对方的态度。例如，当对方还板着脸时，你应该率先露出微笑，主动握手，主动关切，主动交谈，这些都有益于创造良好的气氛。如果谈判者都能充分发挥自己的主观能动性，一定会创造出良好的谈判气氛。

（2）心平气和，坦诚相见。谈判之前，无论对对方是否有成见，或两方存在身份、地位、观点、要求上的不同，一旦坐到谈判桌前，就意味着双方共同选择了磋商与合作的方式解决问题。因此，谈判之初就应心平气和，坦诚相见，这才能使谈判在良好的气氛中开场，这就要求谈判者抛弃偏见，全心全意地效力于谈判，切勿在谈判之初就以对抗的心理出发，会阻碍谈判工作顺利进行。

（3）用轻松的话题、语言来营造良好的谈判氛围。

谈判刚开始，良好的气氛尚未形成，最好先谈一些友好的或中性的话题。例如，询问对方一些问题，以示关心；谈谈共同感兴趣的新闻；幽默而得体地开开玩笑等，这些都有助于缓解谈判开始的紧张气氛，达到联络感情的目的。

案例 5-2

开局时的"好消息"

中国一家彩电生产企业准备从日本引进一条生产线，于是与日本一家公司进行了接触。双方分别派出了谈判小组进行谈判。谈判那天，当双方谈判代表刚刚就座，中方的首席代表（副总经理）就站了起来，他对大家说："在谈判开始之前，我有个好消息要与大家分享。我的太太在昨天夜里为我生了一个大胖儿子！"此话一出，中方职员纷纷站起来向他道贺，日方代表也站起来向他道贺，整个谈判会场的气氛顿时高涨起来，谈判进行得非常顺利。中方企业以合理的价格顺利地引进了一条生产线。

（资料来源：何元茂，王军，旗叶莘. 商务谈判技巧. 西安：陕西旅游出版社，2005.）

（4）不要刚一见面就提出要求。如果这样，很容易使对方的态度即刻变得比较强硬，谈判的气氛随之恶化，双方唇枪舌剑，寸步不让，易使谈判陷入僵局。由此可见，谈判尚未入题之前，不可莽撞提出要求，这不仅不利于培养起良好的谈判气氛，还会使得谈判基调骤然降温。

5.2 谈判议程的安排

谈判议程，即谈判的议事日程，是谈判活动的各种事项安排和时间安排。它具体包括谈判时间的安排、谈判场所的选定、谈判议题的确定以及其他具体事项的安排。

谈判议程的安排对谈判双方非常重要，实际上是谈判策略、技巧和智慧的反映，一个恰当的谈判议程，既要有利于己方、又要遵循谈判的平等互利原则。所以，在拟定谈判议程时应尽量做到统筹兼顾，通盘考虑，友好协商。谈判议程可由一方准备，也可双方协商确定。

1. 谈判时间的安排

谈判时间安排即确定谈判在什么时间举行、总的期限、各个阶段时间如何分配、议题出现的时间顺序等。谈判时间的安排是议程中的重要环节，谈判时间的安排是否恰当，对谈判能否成功有很大影响。

如果时间安排得很仓促，准备不充分，匆忙上阵，心浮气躁，就很难沉着冷静地在谈判中实施各种策略；如果时间安排得很拖延，不仅会耗费大量的时间和精力，而且随着时间的推延，各种环境因素都会发生变化，还可能会错过一些重要的机遇。

具体而言，可以从以下几个方面考虑如何安排谈判时间。

（1）谈判准备的程度。如果已经做好谈判之前的准备工作，谈判时间安排得越早越好；反之，则不宜匆忙开始谈判，俗话说不打无准备之仗。

（2）谈判人员的身体和情绪状况。谈判人员身体状况不适或情绪不佳时，可以将一项长时间谈判分割成几个较短时间的阶段谈判。

（3）市场形势的紧迫程度。市场行情往往瞬息万变，不允许稳坐钓鱼台式的长时间谈判，谈判要及时、及早，不能拖太长的时间。

（4）谈判议题的需要。多项议题的大型谈判，所需时间相对长一些；单项议题的小型谈判，力争在较短时间内达成一致。

2. 谈判场所的选定

谈判场所的安排不同于一般的会场安排，谈判场所的选择和谈判场所的布置要服从谈判的需要，要根据谈判的性质、特点，双方之间的关系、谈判策略的要求而决定。

（1）谈判场所的选择

谈判场所一定选择要交通、通信便利，环境优美、安静，生活设施方便，医疗卫生、保安条件良好的位置，这样能使双方能精力充沛、不受干扰地参加谈判。作为东道主应当尽量征求客方人员的意见，满足客方的要求。

案例 5-3

田园风情式的谈判场所

20世纪90年代，以色列和叙利亚在美国华盛顿附近的一处农庄进行一场有关和平的谈判，东道主美国精心准备的谈判桌，既不是条桌，也不是方桌，而是一张桃花心形的圆桌。桌子中央放着白色的郁金香，壁炉里的炉火熊熊燃烧着，外面，牛群在白雪覆盖的草原上悠闲地吃草，几头小鹿在凝霜的枯树间走动。

这种精心挑选的田园风情式的谈判氛围，目的就在于打破谈判人员的心理隔阂，有利于达成一致的意见。

（资料来源：维普资讯网）

（2）谈判场所的布置

① 谈判室的布置。谈判室内的环境要宽敞、舒适、优雅，要有良好的通风条件、照明条件、隔音条件。谈判室应该光线充足，色调柔和，空气流通，温度适宜，使双方能心情愉快，精神饱满地参加谈判。谈判室内一般不宜装设电话，以免干扰谈判和泄露机密，也不要安装录音设备以免影响谈判者畅所欲言。

② 密谈室的布置。密谈室是供谈判双方内部协商机密问题单独使用的房间。它最好靠近主谈室，有较好的隔音性能，室内配备黑板、桌子、笔记本等物品，窗户上要有窗帘，光线不宜太亮。作为东道主，绝不允许在密谈室安装微型录音设施偷录对方密谈信息。作为客户，在对方场所谈判，使用密谈室时一定要提高警惕。

③ 休息室的布置。休息室是供谈判双方在紧张的谈判间隙休息用的，应该布置得轻松、舒适，以便能使双方放松一下紧张的神经。室内最好布置一些鲜花，放一些轻柔的音乐，准备一些茶点，以便于调节心情，舒缓气氛。

3. 谈判议题的确定

谈判议题是指谈判双方提出并希望解决的各种问题。谈判议题构成谈判的内容，没有议题，谈判显然无从开始和无法进行。它是各方利益要求的体现，为各方所共同关心。

（1）确定谈判议题时的要求

确定谈判议题，首先要明确己方要提出哪些问题，要讨论哪些问题。要把所有问题全盘进行比较和分析：哪些问题是主要议题，要列入重点讨论范围；哪些问题是非重点问题；哪些问题可以忽略。其次，这些问题之间是什么关系，在逻辑上有什么联系；还要预测对方会提出什么问题，哪些问题是己方必须认真对待、全力以赴去解决的；哪些问题可以根据情况做出让步；哪些问题可以不予讨论。

（2）确定谈判议题时的注意事项

① 在确定谈判议题时，要考虑周全，尽量不要遗漏。

② 在确定谈判议题时，应尽可能将己方议题列入议程。

③ 在确定谈判议题时，如果双方议题吻合，基本上就可以将议题确定下来，如果双方差距较大，则需要对哪些议题可列入议程进行讨论。

④ 在确定谈判议题时，安排好议题的讨论时间。对我方有利的议题应该尽可能留出充裕的时间讨论；对我方不利的议题应该尽可能安排较少的时间。

4. 谈判的其他事项

谈判议程的其他事项，主要是指谈判内容之外的事项，如谈判人员的接待、食宿、游览、休息，双方礼物的互赠以及成交签约的要求和准备，仲裁人的选择和确定以及其他善后事宜等。有些内容是比较重要的，如签约的要求和准备等。

5.3　谈判开局的礼仪

案例 5-4

一口痰"吐掉"一个项目

国内有一家药厂，准备引进外资扩大生产规模，他们邀请德国拜尔公司的代表来药厂考察。在进行了短暂的室内会谈之后，药厂厂长便陪同这位代表参观药厂。就在参观的过程中，药厂厂长随地吐了一口痰。拜尔公司的代表清楚地看到了这一幕，便马上拒绝继续参观，也终止了与该药厂的谈判。

（资料来源：谢逊. 商务礼仪. 北京：对外经济贸易大学出版社，2005.）

商务谈判的主体是人，人与人之间的交往必然要符合一定的礼仪规范，违反礼仪规范，在交往中出现不得当的行为不仅会影响双方的感情交流，而且还会影响对方对自己在素养、身份、能力等方面的评价，甚至会影响到谈判的成效。

因此，在谈判开局之初，注重礼仪，开展多种公关活动，给对方一个良好的第一印象是非常重要的。现实谈判中，影响整个谈判进程和结果的，不仅取决于谈判策略和技巧的运用，而且取决于谈判之初的会见和诸多与谈判内容无关的其他因素。

5.3.1 个人形象礼仪

一个人的形象主要包括服饰、仪表、语言、行为等方面。在商务活动中，个人形象代表的是企业形象、产品形象和服务形象。

个人形象是商务礼仪当中非常重要的一个方面。有经验的谈判人员往往可以从对方的仪容仪表、举止言谈判断出对方是信心十足，还是优柔寡断；是精力充沛还是疲惫不堪；是坦诚直率还是好疑多虑；是好战型还是合作型。所以，作为一个谈判人员应该特别注意个人形象的树立，不但要注意服装整洁，还要重视仪表美，行为要端庄，才能为创造和保持良好的谈判气氛打下基础。

案例 5-5

领带的魅力

1988 年，美国流行一种式样的领带，一些政治家和经济学家都系这种领带。同年 9 月份，日本首相竹下登访问美国时，有人送他一条这样的领带。后来，竹下登在与美国总统的经济顾问举行会谈时，就戴上了这条领带，美国总统的经济顾问对竹下登说："现在里根政府内的很多人也系这种领带，看来你是自由经济的奉行者。"这使本来很麻烦的谈判出现转机，变得异乎寻常的顺利。事后，日本人总结说，与美国人交朋友，领带是一种重要的工具。

（资料来源：赵景卓. 现代礼仪. 北京：中国物资出版社，2005.）

具体来说，要想树立良好的个人形象有以下 6 个方面的要素需要掌握。

（1）仪表。仪表，即外表。外表的重点是头部和手部，男士应刮净胡须，头发、鼻毛不能过长，不能有发屑，身上不能有异味；女士发型，化妆要比较正规，不能标新立异，力戒浓妆艳抹，佩戴的饰物不宜过多。注意两手的卫生，指甲不能过长，手上不宜佩戴过多的饰物，不能涂鲜艳的指甲油。

（2）表情。这是人的第二语言，表情要配合语言。讲话时要面带微笑，眼睛看着对方。表情要自然，不要装模作样，表情要友善，不要有敌意。友善是一种自信的表现，感情要良性互动，双方要平等沟通。

（3）举止。对谈判人员举止的具体要求是庄重大方、自然优雅。优雅的举止实际上是在充满了自信、良好文化内涵基础上的一种习惯的、自然的动作。谈判人员要做到站有站姿，坐有坐相。

（4）服饰。谈判人员的服饰代表了其个人修养、审美情趣，也代表了企业规范与文化。对谈判人员的服饰要求为：男士穿西服必须打领带，外装应为较深的颜色，全身上下的颜色不应多于 3 种；女士穿着不宜太性感、太暴露。在商务交往中，服饰的关键问题首先是要适合本人的身份、地位；其次要学会不同的服装搭配，要给人一种和谐的美感。

（5）谈吐。谈判人员要讲普通话，要注意音量、语速及语调，在交谈中语速、语气和声调对意思的表达有比较大的影响，要尽量做到平稳中速。一般问题的阐述应使用正常的语调，保持能让对方清晰听见而不引起反感的音量。

谈判人员要求语言表达准确，言辞有礼，多用敬语和谦语，尽量采用委婉的表达方式。例如，介绍他人或自我介绍时，应将姓名、单位、职务说清楚。

谈判人员说话的态度要友好、和善、面带微笑，有助于消除对方的反感；相反，态度粗暴，言辞粗鲁，则会得罪对方，给谈判带来阻力。

（6）待人接物。对谈判人员的待人接物有 3 个基本要求：首先，信为本；其次，遵纪守法；再次，遵时守约。

谈判人员在塑造良好的个人形象时，总的基本原则是尽量与自己的年龄、身份、地位及所处场合相符合，要体现出高雅大方、庄重端庄的风度来。在商务场合中，高尚的道德情操，得体的言谈举止，渊博的社交知识，会给对方留下深刻的印象，并对企业产生好感，有助于减少谈判阻力，推动交易的成功。

5.3.2 交谈礼仪

交谈，是商务谈判活动的中心。在一定意义上，商务谈判过程即是交谈的过程。恰当、礼貌的交谈不仅能增进谈判双方之间的了解、友谊和信任，而且还能促使谈判更加顺利、有效地进行。因此，在交谈过程中，必须讲究和遵守交谈的礼仪。对于谈判人员来说，强化语言方面的修养，学习、掌握并运用好交谈的礼仪，也是至关重要的。谈判人员应遵守的交谈礼仪主要包括以下几个方面的内容。

（1）尊重对方，礼貌待人。交谈是双方思想、感情的交流，是双向活动。在谈判中，要取得满意的交谈效果，就必须顾及对方的心理需求。交谈中，来自对方的尊重是任何人都希望得到的，交谈双方无论地位高低，年纪大小，在人格上都是平等的。所以，谈话时，要把对方作为平等的交流对象，在行为上、用词上、语调上，体现出对对方的尊重。谈判时应当尽量使用礼貌语和委婉语，谈到自己时要谦虚，谈到对方时要尊重。谈判人员如果能恰当地运用敬语和自谦语，也有助于交谈的成功。

商务谈判

 案例 5-6

语言表达的技巧

有个美国人到曼哈顿出差,想在报摊上买份报纸,发现未带零钱,他只好递给摊主10元整钞说:"找钱吧!"谁知摊主很不高兴地回答道:"先生,我可不是在上下班时来替人找零钱的。"这时,守在马路对面的这个人的朋友想换种说话方式去碰碰运气。他过来对报贩说:"先生,对不起,不知你是否愿意帮助我解决这个困难,我是外地来的,想买份这儿的报纸,但只有一张10元的钞票,我该怎么办?"结果,报贩毫不犹豫地把一份报递给了他,并且友好地说:"拿去吧,等有了零钱再给我。"

(资料来源:维普资讯网)

从案例5-6可以看出,后者的成功就在于礼貌待人,满足了对方"获得尊重的需要",终于取得了对方的合作。

(2)善于表达,多听少说。在商务谈判中,双方的接触、沟通与合作都是通过语言表达来实现的,所以,语言表达能力十分重要,因为叙事清晰、论点明确、证据充分的语言表达,能够有力地说服对方,取得相互之间的谅解,协调双方的目标和利益,保证谈判的成功。

成功的谈判人员在谈判时,50%以上的时间是用来听。"谈"是任务,而"听"则是一种能力,"会听"是任何一个成功的谈判人员都必须具备的条件。要善于倾听对方谈话,不要轻易打断别人的发言,即使有不同看法或观点,也要等对方讲完之后再表达。谈判人员要边听、边想、边分析,并不断向对方提出问题,以确保自己完全地、正确地理解了对方的意思。有效地倾听可以使我们更多地了解对方的需求,增加谈判的筹码,找到解决问题的新办法。

(3)态度和气,语言得体。谈判人员在与对方交谈时态度要和气,心里要充满自信;语言表达要得体;手势不要过多,谈话距离要适当;谈话内容一般不要涉及不愉快的事情。

【阅读资料 5-1】

谈判中的语言艺术

在谈判中,要充分考虑谈判对手的性格、情绪、习惯、文化以及需求状况的差异,恰当地使用针对性的语言。

谈判中应当尽量使用委婉语言,这样易于被对方接受。比如,在否决对方要求时,可以这样说:"您说的有一定道理,但实际情况稍微有些出入。"然后再不露痕迹地提出自己的观点。这样做既不会有损对方的面子,又可以让对方心平气和地认真倾听自己的意见。其间,谈判高手往往努力把自己的意见用委婉的方式伪装成对方的见解,提高说服力,他们在自己的意见提出之前,先问对手如何解决问题。

(资料来源:百度百科)

5.3.3 日常礼仪

1. 介绍

介绍是商务谈判场合常见的礼仪之一。介绍是:把别人或自己介绍给你所尊敬的人。介绍通常分为他人介绍和自我介绍两种。在实际应用中,究竟采用哪种方式,要依谈判当时的具体情况、具体场合,合乎礼仪规范地灵活运用。

(1)他人介绍。是指作为中介人的接待者把主客双方引见并加以介绍。他人介绍中一般遵循尊者先知的原则,它包括以下两方面的内容。

① 把年轻的或地位偏低的人介绍给年长者或地位较高者。

② 把男性介绍给女性。

(2)自我介绍

自我介绍就是把自己介绍给他人的一种介绍方式。

人与人之间的相识,以及人们对你留下良好印象,往往是从自我介绍开始的。自我介绍作为成功谈判的良好开端,应当给予足够的重视。

自我介绍时,应遵循以下几条原则。

① 自我介绍时,必须镇定而充满自信。重要的是克服羞怯心理,勇于向对方展示自己。

② 自我介绍时,应根据不同的交往目的,注意介绍的繁、简。

③ 自我介绍时,对自我评价要掌握分寸。

【阅读资料 5-2】

名片的递接礼仪

一般递名片的顺序应是地位低的人先把名片交给地位高的人,年轻的人先把名片交给年长的人。不过,假如是对方先把名片拿出来,自己也不必谦让,应该大方收下,然后再拿出自己的名片回送。

向对方递送名片时，应该让文字正对着对方，用双手同时递出或用右手递出，千万不要用食指和中指夹着名片给别人。在接到对方递过来的名片时，应双手去接，接过后仔细看一遍，有不认识的字应马上询问，不可拿着对方的名片玩弄。看完后应将名片放入名片夹认真收好，不可随手扔到桌子上或随便放入口袋里，这都是对他人的不尊重。

（资料来源：谷敏. 社交礼仪. 北京：中国农业出版社，2003.）

2. 握手

握手是国内外通用的交际礼仪，是见面致意和问候的一种礼节，表示友好、祝贺、感谢或相互鼓励之意。握手时应注意以下几方面的问题。

（1）握手的次序。在初次见面时，一般应是主人先与客人握手，以表示欢迎。在商务谈判中，一般是主方、职务高的或年长者先伸手，而客人、职务低的或年少者见面时可先问候，待对方伸出手后再握手，同时面带笑容，身体微欠，或用双手握对方的手，以表示敬意和尊重。异性之间，应由女士主动先伸出手，男士伸手相握，触及手指部分即可。

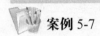

案例 5-7

错误的握手

某公司谈判小组赴日本与当地某公司进行谈判，当他们到达会议室时，门口站着一位小姐及几位日方公司代表，由于第一次到该公司，谈判组长 M 先生不认识对方谈判人员，他看见这位小姐站在门边第一个，于是就按门由远到近的顺序挨个与对方人员握手，其他小组成员也相继按此顺序与对方人员握手后进入会议室。他们事后才知，该小姐只是一般的招待人员。

（资料来源：新浪财经）

（2）握手的方式。正确的握手方式是：首先，谈判者应保持笔直站立的姿势，用右手稍稍用力握住对方的手；然后身体略微前倾，全神贯注地注视对方，以表示尊重。一般不要坐着与人握手；不能在与别人交谈中漫不经心地与另一个人握手，冷落握手人；严禁在他人头顶上与对方握手。

（3）握手时的表情。握手时，为了加深印象、表示友好的感情，谈判者要表情自然、面带微笑，这对营造融洽的谈判气氛，拉近彼此心理距离有着重要的作用。

（4）握手的力度。双方握手时用力的大小常常表示感情深浅的程度。一般来说，握手有力，表示握手者对对方感情较深，关系亲密，有时还可表示深切的谢意和较强的自信心。

但若用力过猛,使对方有痛感,就会使对方难以接受,感觉到这种握手方式可能不怀好意,或者是在显示"力量"和向对方"示威",这又难免引起对方反感。与此相反,毫无力度、漫不经心的握手,常常使人感到缺乏热情和诚意,给人一种轻蔑非礼之感。

(5)握手的时间。双方握手的时间一般以 3~6 秒为宜。异性间握手的时间应以 1~3 秒为宜。如果双方个人之间的关系十分密切或熟识,握手的时间可适当延长。应当注意,如果双方握手的时间过短、两手一经接触后即刻松开,所表明的意思是双方完全出于客套、应酬或没有进一步加深交往的期望,或者是双方对此次谈判信心不足。

3. 称呼

称呼礼仪主要体现在称呼用语上。选择称呼要合乎常规,应根据具体情况和国内外的习惯灵活运用。称呼根据被称呼对象的具体情况,如性别、年龄、身份以及关系亲密程度等,可分为尊称与泛称。在商务谈判场合,无论亲疏远近,都应该以职务相称。

称呼的基本原则是:先长后幼、先上后下、先疏后亲、先外后内。

5.3.4 座次安排礼仪

一般来说,座次安排首先应从合乎礼仪的角度来考虑,表示出对对方人员的尊重。谈判座次的安排,可分为以下 3 种基本情况。

(1)横桌式。横桌式座次排列,是指谈判桌以正门为准在谈判室内横放。按照礼仪要求,宾主应相对而坐,主方应背靠正门就座,客方应面向正门就座。谈判桌一般采用长方形或椭圆形桌子。双方主谈人或负责人居中而坐,翻译人员安排在主谈人右侧就座,其他人员依职位或分工分两侧就座。横桌式示意图见图 5-1。

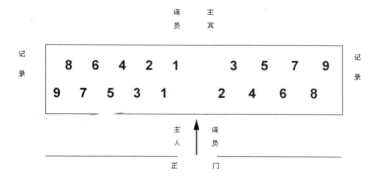

图 5-1 横桌式示意图

(2)竖桌式。竖桌式座次排列,是指谈判桌以正门为准在谈判室内竖放。具体排位时以进门时的方向为准，右侧由客方就座，左侧则由主方就座。其他方面，则与横桌式座次排列相仿。竖桌式示意图见图5-2。

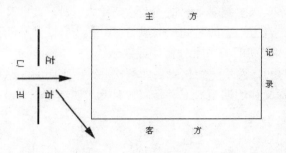

图5-2　竖桌式示意图

以上两种座位安排方法适用于比较正规、比较严肃的谈判。它的好处是双方相对而坐，中间有桌子相隔，有利于己方信息的保密，以便于一方谈判人员相互接近，商谈和交流意见，这样容易形成心理上的安全感和实力感。它的不足之处在于人为地造成双方的对立感和冲突意识，容易形成紧张、呆滞的谈判气氛，对融洽双方关系有不利的影响。

（3）自由交叉式。自由交叉式座次排列，即各方人士在谈判时自由就座，而无须事先正式安排座次。可用圆形桌或不用桌子，或者双方在围成一圈的沙发上混合就座。

这种就座方式适合于双方比较了解、关系比较融洽的谈判。它的好处是双方不表现为对立的两个阵营，有利于融洽关系，活跃谈判气氛，减轻心理对立情绪。不利之处是双方人员被分开，每个成员有一种被分割被孤立的感觉，同时也不利于己方谈判人员之间协商问题和资料保密。

 案例5-8

妙用谈判座次

美国著名谈判权威尼尔伦伯格有一次被邀请去参加工会与管理者之间的谈判。他作为管理者一方的谈判代表，在被正式介绍过之后，工会代表请他坐在他们的对面。但是，尼尔伦伯格却与工会代表坐在了一起，工会代表们都用奇怪的眼光看着他，示意他坐错了位置，可是他却不予理会。谈判开始不久，工会代表几乎忘记了尼尔伦伯格是代表管理者一方，他们仔细听他的分析、意见和建议，就像是在听自己一方的意见和建议一样。对抗的气氛锐减，而融洽的气氛陡增。

尼尔伦伯格的这一行为使双方的谈判气氛由对抗转为融洽。

（资料来源：何元茂．商务谈判技巧．西安：陕西旅游出版社，2005．）

5.4 谈判意图的沟通

5.4.1 准确表明己方意图

良好的谈判气氛建立之后，双方谈判人员的话题就涉及了谈判正题。在进入实质性的谈判内容之前，双方首先应向对方表明己方意图，以便于对方先大致了解我方此行谈判的目的和要领，并在此基础上，就一些分歧分别发表建设性意见。在开局阶段，表明己方意图时，陈述内容不宜过于繁杂，应简明扼要。

1. 表明己方意图的内容

（1）表明己方认为此次谈判应涉及的主要问题，陈述时要突出中心，明确重点，要反映己方对这些问题关注的重视程度等。

（2）表明通过此次谈判己方希望获得的利益，获利是商务谈判的目的和动机，利益的分配是双方谈判的焦点，因此，己方要明确告知对方己方的根本利益要求，表现出在这些关键问题上的坚定立场。

（3）表明己方的首要利益，即这次谈判中哪些条款对本方来讲是至关重要、难以变更的。比如，商品质量、价格、规格、运输方式、支付方式等。

（4）表明己方在其他问题上的灵活态度，通过各种资料的考察、分析，结合双方的共同目标，己方可以采取何种方式为双方获得共同利益做出贡献。

（5）表明己方在此次谈判中的立场、坚持的原则及商业信誉度，并对双方合作可能出现的美好前景或可能发生的障碍作出推测。

案例 5-9

开局的技巧

我国某出口公司的一位经理在同东南亚某国商人洽谈大米生意时，开局时是这样表达的："诸位先生，根据我们最初商定的，首先由我向大家介绍一下我方对这笔大米交易的看法。我们对这笔出口买卖很感兴趣，我方希望贵方能够现汇支付。不瞒贵方说，我方已收到了某国其他几位卖方的递盘。因此，现在的问题只是时间，我们希望贵方能认真考虑我方的要求，尽快决定这笔买卖。当然，我们双方是老朋友了，彼此有着很愉快的合作经历，希望这次洽谈会进一步加深双方的友谊。这就是我方的基本想法。"

（资料来源：任廉清. 贸易谈判. 大连：东北财经大学出版社，2005.）

从案例 5-9 可以看出，经理短短的一段话，就将本方的立场、观点、双方的利益所在、面临的问题、合作的前景都阐述得一清二楚、层次分明，使对方一下子就可以明了我方此行谈判的目的。总之，表明己方意图时应慎重、字斟句酌，根据不同的情形，采取不同的表达方式。

2. 表明己方意图的方式

（1）以书面形式完整地表明己方意图，不做口头补充。这种方式说明，己方表明的意图也就是谈判的终局条件，双方没有协商的余地，没有迂回的空间，对方唯一能做出的选择就是接受或者拒绝。

（2）以书面形式表明己方意图，并做一些口头补充。这种方式有利于己方对文字表述中的一些重要问题做更详细的说明，也有利于帮助对方对条文中一些难懂的问题做更清楚的解释。由于这种表明己方意图的方式仍然侧重于书面，因此，它比较适用与双方对利益争夺不大的情形。

（3）单纯以口头方式表明本方意图。这种表达方式表明双方协商的空间较大，因而也就比较灵活，而且可以利用语气、语调的情感因素来影响对方，同样，也要避免由于语言使用不当泄露己方机密或引起对方的误解。

3. 表明己方意图的注意事项

（1）陈述时应以诚挚和轻松的方式表达出来，以协调洽谈气氛。用词和态度上要尽量轻松愉快，具有幽默感，减少引起对方焦虑、不满和气愤的可能。

（2）陈述的内容要简短而突出重点，恰如其分地把意图、感情倾向表达出来即可。

（3）陈述的时间要把握好度，双方尽量平分秋色，切忌出现一方独霸会场的局面。

（4）双方的注意力应放在自己的利益上，不要试图猜测对方的立场，以免引起对方的不满。

（5）陈述的结束语需要特别斟酌，表明己方陈述只是为了使对方明白己方的意图，而不是向对方挑战或强加给对方接受。例如，"我是否说清楚了"，"这只是我们的初步意见"。

（6）陈述完毕后，要留出一定时间让对方表示一下意见，注意对方对自己的陈述有何反应，并寻找出对方在目的和动机上与己方的差别。

5.4.2 确切了解对方意图

古人云："用人之本，在知敌情。"了解对方的意图，也就是探测对方底细，谈判人员掌握谈判对手情况的程度将直接影响着整个谈判的前途。每一个优秀的谈判人员都十分注重了解对方意图,只有知彼知己,审时度势,才能使谈判顺利进行。

1. 了解对方意图的内容

了解对方真实意图,应包括以下几方面的内容。

(1)了解谈判对手对此次谈判议题的看法。由于谈判各方所处的地位、面临的环境、涉及的利益不同,对同一问题的看法也往往不尽一致。因此,了解谈判对手对谈判议题的看法,有利于更好地解决问题。

(2)了解谈判对手真正关心的经济利益所在。了解谈判对手通过谈判急于解决什么问题,真正关心的利益是什么?比如对方由于库存积压,资金周转不灵,急于把产品卖出去,这是对方实力上的虚弱点。对于谈判对手真实目标的掌握,己方人员要做到胸中有数,使己方在保证最低目标实现的基础上争取最高目标的实现,赢得最大限度的利润。

(3)谈判对手通过谈判所要达到的目标。通过周密调查和认真的分析搞清对方在此次谈判中要达到的目标,比如价格水平、利润率、成交量等。

(4)了解谈判对手的诚意。生意场上货比三家是很正常的。有的谈判对手脚踏几只船,选择余地较大,我方要想利用这一机会达成交易,就必须采取一些能真正吸引对方的策略。

2. 了解对方意图的方法

要了解对方的意图,摸清对方的底细,谈判者必须注意以下几个方面问题。

(1)细心倾听。它是指注意倾听对方的讲话。谈判人员要认真、仔细、全神贯注地倾听对方的陈述。美国科学家富兰克林曾说:"与人交谈取得成功的重要秘诀就是多听,永远不要不懂装懂。"此时,专心倾听是唯一的任务,不要想对策和反驳。注意对方的措辞,留意对方采用的语气、声调,从而发现对方言语背后隐藏的动机、目的和需要。

案例 5-10

如何博得谈判对手的好感

美国有一家汽车公司想选购一种装饰汽车内部的布料,有 3 家厂商提供了样品。汽车公司请这 3 家厂商来做说明。这 3 家厂商中,有一家的业务代表患有严重的喉炎,无法流利地讲话,只能由汽车公司的董事长代为说明,董事长按产品的介绍讲该产品的优点,各单位有关人员提出种种疑问,都是董事长代为回答的,而布料公司的业务代表则以微笑、点头等动作表示谢意。结果他博得了好感,获得了布料的订单。后来,这个业务员总结说,如果他当时没有生病,嗓子还可以说话的话,是不会获得这笔大数目订单的。

(资料来源:维普资讯网)

案例5-10充分体现了倾听这种方法的效果。布料公司业务员因为有喉炎，无法发言，而正是这种倾听却歪打正着，博得了他人的好感，顺利获得订单。

（2）巧妙询问。它是指倾听过程中，如果有什么不清楚的地方，需要解释的地方一定要向对方提出。但要注意提问的方式方法。要预先准备好问题，提问时态度诚恳，句式尽量简短，提出问题后闭口不言，专心致志地等待对方作答。

（3）察言观色。它是指在商务谈判时，要了解对方意图，还必须细心察看对方的行为举止、面部表情、手势等身体语言，从无声信息中探察对方的真实意图。

（4）归纳总结。它是指在倾听、询问、观察的基础上，理解与思考对方陈述的重要的和关键的问题，了解对方的谈判目标与利益取向，为下一个阶段做好准备。

总之，表明己方意图，摸清对方意图，这是一个相互认识了解的过程，也是一个为下一阶段谈判积累现时信息的过程，双方都要高度重视，并投入相当精力去研究对方的真实意图和利益。

5.5 谈判的开局策略

开局策略是谈判者谋求谈判开局有利地位和实现对谈判开局的控制而采取的行动方式或手段。有经验的谈判人员都能在这一阶段采取各种有效措施，充分发挥其积极作用，使谈判向着健康的方向发展。

由于谈判的开局关系到整个谈判的方向和进程，所以，在商务谈判中显得尤为重要。谁率先掌握了准确而又详尽的信息，谁就较容易施展自己的谋略，掌握谈判的主动权，控制谈判的方向、节奏，更好地为自己的利益服务。

下面介绍几种典型的、基本的谈判开局策略。

1. 协商式开局策略

协商式开局策略是指以协商、肯定的语言进行陈述，使对方对己方产生好感，创造双方对谈判的理解充满"一致性"的感觉，从而使谈判双方在友好、愉快的气氛中展开谈判工作。

运用协商开局策略，可以简单地运用婉转而友好的问话。

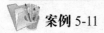

案例5-11

协商式开局

甲方："我们彼此介绍一下各自的生产、经营、财务和商品的情况，您看如何？"

乙方:"完全可以,如果时间、情况合适的话,我们可以达成一笔交易,您会同意吧?"
甲方:"完全同意。我们谈半天如何?"
乙方:"估计介绍情况一个小时足够了,其他时间谈交易条件,如果进展顺利,时间差不多,行。"
甲方:"那么,是贵方先谈,还是我先谈?"
乙方:"随便,就请您先谈吧。"

从案例5-11可以看出,协商开局虽然简单,但却有助于谈判者在自然轻松的气氛中进入正式洽谈,从而使谈判各方在谈判程序、方式和速度等方面达成一致意见。

协商式开局策略比较适用于谈判双方实力比较接近,过去没有商务往来的情况,第一次接触,都希望有一个好的开端。要多用外交礼节性语言、讨论中性话题,使双方在平等、合作的气氛中开局。姿态上应该是不卑不亢,沉稳中不失热情,自信但不自傲,把握住适当的分寸,顺利打开局面。

2. 坦诚式开局策略

坦诚式开局策略是指以开诚布公的方式向谈判对手陈述自己的观点或意愿,尽快打开谈判局面。

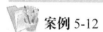

案例 5-12

开 诚 布 公

某企业一位党委书记在同外商谈判时,发现对方对自己的身份持有强烈的戒备心理,这种状态妨碍了谈判的进行。于是,这位党委书记当机立断,站起来对对方说道:"我是党委书记,但也懂经济,并且拥有决策权。我们摊子小,实力不大,但人实在,愿意真诚与贵方合作。咱们谈得成也好,谈不成也好,至少你这个外来的'洋'先生可以交一个我这样的'土'朋友。"

(资料来源:姜利军,彭江. 商务谈判. 中国物资出版社. 2005.)

在案例5-12里,党委书记寥寥几句肺腑之言,不仅可以表明自己的开局意图,而且打消了对方的戒心,赢得了对方的好感和信赖,这无疑会有助于谈判的顺利发展。

运用坦诚直率的开局策略,是获得对方好感和信赖的好方法,人们往往对肯透露一切的人有亲切感。它还能满足听者的自我意识感及充分的权威感,有助于谈判的深入。它还有利于提高谈判效率,节约谈判时间,避免不必要的矛盾和纠缠,从而取得预期的谈判效果。

这种策略比较适合双方过去有过商务往来，而且关系很好，互相比较了解，可以将这种友好关系作为谈判的基础，在陈述中真诚、热情地畅谈双方过去的友好合作关系，适当地称赞对方在商务往来中的良好信誉。由于双方关系比较密切，可以省去一些礼节性的外交辞令，坦率地陈述己方的观点以及对对方的期望，使对方产生信任感。

有时也可用于实力不如对方的谈判者。本方实力弱于对方，这是双方都了解的事实，因此没有必要掩盖。坦率地表明己方存在的弱点。使对方理智地考虑谈判目标。这种坦诚也表达出实力较弱一方不惧怕对手的压力，充满自信和实事求是的精神，这比"打肿脸充胖子"大唱高调掩饰自己的弱点要好得多。

3．慎重式开局策略

慎重式开局策略是指以严谨、凝重的语言进行陈述，表达出对谈判的高度重视和鲜明的态度，目的在于使对方放弃某些不适当的意图，以达到把握谈判的目的。

慎重式开局策略适用于谈判双方过去有过商务往来，但对方曾有过不太令人满意的表现，己方要通过严谨、慎重的态度，引起对方对某些问题的重视。例如，可以对过去双方业务关系中对方的不妥之处表示遗憾，并希望通过本次合作能够改变这种状况。可以用一些礼貌性的提问来考察对方的态度、想法，不急于拉近关系，注意与对方保持一定的距离。这种策略也适用于己方对谈判对手的某些情况存在疑问，需要经过简短的接触摸底。当然慎重并不等于没有谈判诚意，也不等于冷漠和猜疑，这种策略正是为了寻求更有效的谈判成果而使用的。

4．进攻式开局策略

进攻式开局策略是指通过语言或行为来表达己方强硬的姿态，从而获得谈判对手必要的尊重，并借以制造心理优势，使谈判顺利进行下去。

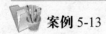

案例 5-13

下 逐 客 令

一位客商利用某企业急需他们原料且濒于停产之机，大肆抬高交易条件，并且出言不逊，伤害该企业谈判人员的感情，诋毁该企业的名誉。在这种情况下，如果该企业的谈判人员一味谦恭，只能适得其反，助长对方气焰。该企业谈判人员在谦恭、退让之后，突然拍案而起，采用了进攻式技巧。他指责对方道："贵方如果缺乏诚意，可以请便。我们尚有一定的原料库存，并且早就做好了转产的准备，想必我们今后不会再有贸易往来，先生，请吧！"由于已经投入了一定的人力、财力，再加上利益的诱惑，这种冲击式的表达技巧，产生了应有的效果，促使对方终于坐下来开始了真诚的谈判。

（资料来源：夏圣亭. 商务谈判. 北京：高等教育出版社，2006.）

值得指出的是，在谈判中，这种策略不在万不得已的情况下不可随意采用，即使采用，也不要给对方的行为定性或批评其动机，更不能有失礼节，进行人身攻击，来伤害对方的感情。因为这样于事无补，也无法扭转对立局面。一旦问题表达清楚，对方也有所改观，就应及时调节一下气氛，使双方重新建立起一种友好、轻松的谈判气氛。

（1）进攻式开局策略的适用条件

谈判中当发现谈判对手居高临下，以某种气势压人，有某种不尊重己方的倾向，如果任其发展下去，对己方不利时，要及时变被动为主动，不能被对方的气势压倒。采取以攻为守的策略，捍卫己方的尊严和正当权益，使双方站在平等的地位上进行谈判。

（2）采用进攻式开局策略的注意事项

进攻式策略要运用得好，必须注意有理、有利、有节，不能使谈判一开始就陷入僵局。要切中问题要害，对事不对人，既表现出己方的自尊、自信和认真的态度，又不能过于咄咄逼人，使谈判气氛过于紧张。

5.6 谈判的开局技巧

谈判双方在进行有效的意图沟通之后，提出各自的交易条件是谈判开局时的主要任务。通过各自交易条件的提出，以了解对方的具体立场和原则，了解双方存在的差距和分歧，为下一步进行正式的磋商奠定基础。

在此阶段，掌握了开局的谈判技巧，就能在对话中掌握主动，获得满意的结果。

1. 先行试探

先行试探，即探测对方情况，了解对方虚实。

在谈判的开局阶段，谈判双方都会利用这一短暂的时间，进行事前的相互探测，以了解对方的虚实。

在这期间，谈判人员接收对方通过行为、语言传递来的信息，并对其进行分析、推理，对对方的实力、风格、态度、经验、策略以及各自所处的地位等形成一些感性认识，为及时调整己方的谈判方案与策略提供依据。当然，这时的感性认识还仅仅是初步的，还需在以后的磋商阶段不断地加深认识。

有经验的谈判者一般都以静制动，用心观察对手的一举一动，即使发言也是诱导对方先说，而缺乏谈判经验的人，才抢先发表己见，主张观点。实际上，这正是对方求之不得的。如果谈判者不想在谈判之初，过早、过多地暴露弱点，就不要急于发表观点或看法。正确的策略是，在谈判之初最好启示对方先说，然后再察言观色，把握动向；对尚不能确定，或需进一步了解的情况应进行进一步探测。

谈判专家麦科·马克认为："如果你想给对方一个丝毫无损的让步，你只要注意倾听他的说话就成了，倾听就是你能做的一个最省钱的让步。"

案例5-14

"不明白"的奥妙

日本一家公司与美国某公司进行许可证贸易谈判，谈判之初，美方代表便滔滔不绝地向日方介绍情况，日方代表则一言不发，认真倾听，埋头记录。当美方代表讲完后，征求日方代表的意见时，日方代表却表示"听不明白"，只是要求"回去研究一下"。几个星期以后，日方出现在第二轮谈判桌前的已是全新的阵容，由于他们声称"不了解情况"，美方代表只好重复说明一次。此时的日本代表仍是埋头记录，以"还是不明白"为由使谈判不得不暂时休会。到了第三轮谈判，日本代表团故伎重演。转眼半年过去了，正当美国代表团得不到日方任何回音，而埋怨日方没有诚意时，日方突然派来了一名董事长亲自率领的代表团飞抵美国，在美国毫无准备的情况下要求立即谈判，并抛出最后方案，逼美国人讨论全部细节。准备不充分的美方代表终于同日本人达成了一个明显有利于日方的协议。

（资料来源：樊建廷. 商务谈判. 大连：东北财经大学出版社，2007.）

从案例5-14可以看出，日方之所以谈判成功，正如维克多·金姆在《大胆下注》一书中说的："你应该少说为妙。我确信，如果你说得愈少，而对方说得愈多，那么你在谈判中就愈容易成功。"

2．高起点

高起点，即开局时提出的交易条件（目标）一定要高于你的期望值。

（1）高起点的效果。这种开局的谈判技巧是符合常理的，从对策论的角度来看，谈判双方在提出各自的利益要求时，一般都含有策略性的虚报部分。同时，从心理学的角度来看，谈判者都有这样一种心理倾向，就是希望实际得到的比预期的要多。并且研究结果表明，期望较高的人总是能以高价成交；而期望较低的人则往往以较低的价格成交。

美国前国务卿、谈判大师亨利·基辛格曾经说过："谈判桌前的结果完全取决于你能在多大程度上抬高自己的要求。"

（2）高起点的合理性。强调谈判的开局要有一个高目标，但高目标不是无限度地高，更不能把己方的高目标建立在损害对方利益的基础之上。如果谈判一方单纯考虑自己的利益，要求过高时，则会出现两种不利的局面：一是对方会认为己方没有诚意以至怀疑了谈判的必要性；二是对方为了抵制过高的要求，也会"漫天要价"，使谈判脱离现实，导致徒劳无功、浪费时间。

所以，在开始和对手谈判时，己方所开出的条件一定要高，但高的要有依据，要有其合理性。同时，也一定要让对方感觉到己方所提出的条件是可以商量的，这样，才可以鼓励对方，使其愿意继续展开谈判。

3. 不要动摇

不要动摇，即确定一个立场之后就要明确表示不会再让步。

由于人们在陌生的环境中与他人发生联系时，处事往往是较为谨慎小心的。所以，谈判的开局阶段，谈判者们通常是竞争不足，合作有余，更易保守，唯恐失去一个合作的伙伴或一个谈判的机会。如果因此一味迁就对方，不敢大胆坚持己方的主张，结果必然会被对方牵着鼻子走。

开局阶段的动摇，将会导致两种局面：一是一拍即合，轻易答应对方的要求，失去己方原来应该得到的利益；二是过分的迁就、忍让，会使对方以为己方的利益要求仍有水分，迫使己方做出更多的让步。

所以，在谈判的开局阶段，应尽早在重大问题上站稳脚跟。坚持自己的立场，无论遇到多大的压力或诱惑，绝不轻易动摇或妥协。这样做会改变对方对最终目标的期望，更有可能成交。己方在提出利益要求，确定一个立场之后就要明确地表示不会再让步。即使要让步，也不会单方面地做出无谓的让步；即使己方做出让步也是以对方做出相应的让步为前提的。

反之，在开局谈判中，当遇到对方固守立场，毫不松动，己方似乎无计可施之时，为了获得谈判的主动权和了解对方的情况，此时不妨采用"投石问路"策略，即通过假设己方采取某一步骤，询问对方有何反应，来进行试探。例如，如果订货的数量加倍，那么价格能否优惠；如果我们减少保证金，会不会影响交货时间等。

4. 权力有限

权力有限，即谈判者故意强调上司或者委托人给予自己的权利是有限的，从而达到降低对方条件、迫使对方让步或修改承诺条文的目的。

从某种意义上说，受了限制的权力才会成为真正的力量，一个受了限制的谈判者要比大权独揽的谈判者处于更有利的状态。例如，可以优雅地向对方说"不"，因为未经授权，这往往使对方大伤脑筋，迫使对方只能根据他们所拥有的权限来考虑问题。如果对方急于求成，虽然明知会有某种损失，也不得不妥协拍板。否则，就会冒谈判失败的风险。

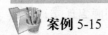

案例 5-15

有限的权利

尼尔伦伯格在《谈判的艺术》一书中讲了这么一件事，他的委托人安排了一次会谈，当尼尔伦伯格到达时，对方及其律师也都到场了，等了半天，也没见到委托人，于是三位到场的人就开始谈判了。随着谈判的展开，尼尔伦伯格发现自己正顺利地迫使对方做出一个又一个的让步和承诺，每当对方要求他做出相应的让步时，他都以委托人未到，他的权力有限为理由委婉地拒绝了。结果，他以一个代理人的身份，为他的委托人争得了对方许多的让步。

（资料来源：何元茂，王军旗，叶萊. 商务谈判技巧. 西安：陕西旅游出版社，2005.）

权力有限的谈判技巧可以在谈判中发挥以下几个方面的作用。

（1）权力有限可以起到有效地保护自己的作用。谈判者的权利受到限制，也就是给谈判者规定了一个由有限权力制约的最低限度的目标。例如，买方"成交价格超过每件 100 元，须请示上级"，这种权力限制实际上是给对方的谈判者规定了一个最低限度目标——成交价格最多不能超过每件 100 元。所以，这种由有限权力制约的最低限度目标，可以对己方谈判者起到保护作用。

（2）权力有限可使谈判者立场更加坚定。由于权利受限，上级为交易条件设限，超过这个范围，可以坚决拒绝，没有任何回旋余地，使谈判者在谈判桌上表现得更加从容而坚定。

（3）权力有限，可以作为对抗对方的盾牌。权力有限作为一种策略，有些是真正的权力有限，有些则不完全属实。有时谈判者本来有做出让步的权力，反而宣称没有被授予做出这种让步的权力，这实际上是一种对抗对方的盾牌。在一般情况下，这个"盾牌"使对方难以辨别真伪，只好凭自己的"底牌"来决定是否改变要求，做出让步。

如果必须敲定某项规则或者价格时，即使谈判人员有权力做出最后的决定，也可以先说还需要得到上司的批准之后方可答复，从而为自己赢得主动。

5. 沉着应对

谈判之初，谈判双方在提出各自的交易条件之后，往往会由于观点上的分歧、利益上的冲突导致谈判人员之间的情绪对立，进而破坏和谐的谈判气氛，使问题的解决难上加难。

因为，谈判各方人员的情绪、态度的恶化，是各方意见分歧的放大器，怀疑、戒备、不安的情绪往往导致谈判陷入僵局，最终葬送谈判。

所以，谈判人员无论是在表明己方意图，提出交易条件，还是在倾听对方发表意见、提出利益要求时，要恰如其分地表明己方的感情倾向，沉着应对。要努力达到以下几方面境界。

（1）要"饥而不急"。它是指在谈判中得到的条件离己方要求差得很远时，不能急躁，鲁莽行事。

（2）要"荒而不慌"。它是指当谈判出现毫无进展，己方一无所获时，不要慌乱，要根据交易的必要性、交易条件的实际差异以及对方的言谈、态度、沉着冷静，思考对策。

（3）要"争之不松"。它是指在对手对谈判产生更大的欲望，谈判难以进展时，要尽量遏制对方的贪欲，要控制让步条件的时机，使对方感到得到的条件来之不易。

（4）要"望之有望"。它是指在对手久攻不下，失去信心时，应设法使之有某种希望支持谈判继续下去。在谈判中，做到不讲"绝话"，节奏掌握适当，适时掌握坚持立场与做出让步的时间，并做到让步幅度适中。

（5）要注意控制和调节情绪。一个成熟的谈判人员，要能够控制和调节自己的情绪。不要用带有感情色彩的词汇回答对手；不要回应对方的压力。谈判人员应以理智和自然的情绪、态度影响对手，要根据谈判的进展情况，适度的表现自己或喜或忧的情绪，让对手感到己方的"诚实与实在"，使对手重视这种情绪的后果，从而作出有利的积极响应。

6. 富有感染力

案例 5-16

买卖不成仁义在

在 20 世纪 80 年代的一次中日钢材贸易谈判中，我方尽管提出了合理报价，并做出了巨大让步，但经过反复磋商仍未达成协议。我方代表虽然感到恼火，但并没有责怪对方，而是用一种委婉谦逊的口气对日方代表说道："你们这次来中国，我们照顾不周，请多包涵。虽然这次谈判没有取得成功，但在这十几天里，我们却建立了深厚的友谊。协议没达成，我们不怪你们，你们的权限毕竟有限。希望你们回去能及时把情况反映给你们总经理，重开谈判的大门随时向你们敞开。"一席话令日方代表感动不已。后来他们主动向我方发出邀请并重开谈判，两方终于达成协议，谈判获得圆满成功。

（资料来源：维普资讯网）

在谈判中，谈判能手不会一味硬拼。优秀的谈判人员可以通过委婉的语言、恰当的举止、乐观的态度来表现己方的信心和决心，提升己方的可信度，使对手解除疑虑，使双方建立起情感上的认同关系，从心理上开启对方接纳自己之门。谈判虽为论理之"战"，然而谈判桌上能感动对方的是"情"，常常是"情"先于"理"。

感染力是建立在真诚的基础之上的，俗话说"精诚所至，金石为开"，在谈判中只要能做到从谈判实际出发，本着"双赢"的原则，让对方感觉到你确实也在为对方着想，再加上艺术性的语言与激情，就一定会打动对方，取得谈判的胜利。

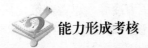
能力形成考核

一、复习思考题

1. 如何建立良好的商务谈判气氛？
2. 表明己方意图时应注意哪些问题？
3. 运用开局策略时应考虑的因素有哪些？

二、实训题

1. 你认为什么样的时空条件对谈判是有利的？结合实例说明。
2. 根据所学专业知识，结合本章内容，由 4～5 名同学组成一个谈判小组，设计商务谈判的开局方案，并进行情景模拟。

三、案例分析

案例

澳大利亚一家著名的汽车公司在美国刚刚"登陆"时，急需找一家美国代理商为其销售产品，以弥补他们不了解美国市场的不足。当澳大利亚汽车公司准备与美国的一家公司就此问题进行谈判时，澳大利亚公司的谈判代表却因为路上塞车迟到了。美国公司的代表紧紧抓住这件事不放，想要以此为手段获取更多的优惠条件。澳大利亚公司的代表发现无路可退，于是站起来说："我们十分抱歉耽误了你的时间，但是这绝非我们的本意，我们对美国的交通状况了解不足，所以导致了这个不愉快的结果，我希望我们不要再为这个无谓的问题耽误宝贵的时间，如果因为这件事怀疑到我们合作的诚意，那么，我们只好结束这次谈判。我认为，我们所提出的优惠代理条件是不会在美国找不到合作伙伴的。"

　　澳大利亚代表的一席话说得美国代理商哑口无言，美国人也不想失去这次赚钱的机会，于是谈判得以顺利地进行下去。

　　分析：在本案例中，美国公司的谈判代表在谈判开始时试图营造何种开局气氛？澳大利亚谈判代表采取了什么样的开局策略？

第6章 商务谈判磋商内容

 学习目标

- 掌握商品贸易谈判的主要内容
- 熟悉劳务贸易谈判的主要内容
- 了解技术贸易谈判的主要内容
- 了解房地产交易谈判的主要内容
- 熟悉借贷款谈判的主要内容

 案例导入

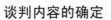
谈判内容的确定

某加工厂,专门从事农副产品的收购、加工、销售等经营活动,由于该企业的经营人员素质不高,开拓创新能力欠佳,终因经营效益不好,决定对外招商承包。而另一家公司专门从事这类产品的销售工作,他们认为这类产品极具市场潜力,计划以其销售的优势扩大这类产品市场份额,减少进货成本,并且实现生产和销售一条龙。

思考:该公司的谈判首席代表将如何选择适当的谈判内容?

商务谈判是为实现商品交易目标而就交易条件进行相互协商的活动,不同的交易类型包括了不同的谈判内容,只有详细了解各种谈判内容,才能做到在谈判磋商中胸有成竹,不出现疏漏。

6.1 普通商品贸易谈判的主要内容

普通商品贸易谈判是交易各方就与商品贸易有关的各项交易条件所进行的洽谈。它主要是就商品的品质、数量、包装、价格、支付、装运、保险、商品检验、索赔、仲裁等进行贸易谈判,一般应重点掌握以下几个方面的谈判内容。

6.1.1 商品品质

商品品质是指商品的内在质量和外观形态,它们由商品的自然属性决定,具体表现为商品的化学成分、物理性能和造型、结构、色泽、味觉等特征。不同种类的商品,有不同的表示方法,常用的表示方法有以下几种。

(1)规格。商品的规格是反映商品品质的技术指标,如成分、含量、纯度、大小、长短、粗细等方面的指标。

【阅读资料6-1】
商品规格及如何设置商品规格

商品规格是对产品名称中不能体现的产品参数信息的补充,一般需要含有关于颜色、尺寸、款式、型号等的关键字,以方便买家清楚了解各种规格的商品价格。

不同商品规格可以添加不同的采购量和价格,最多能添加 5 段商品规格。同一商品规格可以添加不同采购量的不同价格段,最多能添加 5 段。比如添加一款 MP3 规格如下:

商品规格	起始采购量	截止采购量	价格(USD)
Green,1GB	1	10	9.99
	11	30	8.88
Red,2GB	1	10	11.99
	11	30	10.88

(资料来源:环球卖易网.2008-09.)

(2)等级。商品的等级,是同类商品规格差异的分类。商品的等级根据生产和商务的实践,通常用一、二、三或甲、乙、丙或大、中、小等数码、文字或符号来表示,以反映同类商品中的品质差异。在制定了商品等级的情况下,买卖商品只要说明商品的级别,就可以表达买卖双方对商品品质提出的要求。

(3)标准。商品的标准,是指经政府机关或商业团体统一制定并公布的规格或等级。不同的标准反映了商品品质的差异。商品标准在我国主要分为"国家标准"和"部颁标准",此外还有供需双方洽商的"协议标准"。在国外,商品标准有的是由国家规定的,有的是由商业团体(如同业公会、贸易协会、商品交易所等)制定的。在有商品标准的条件下,买卖商品时只需要说明商品的标准,就可以表达买卖双方对商品品质提出的要求。

（4）样品。商品的样品是最初设计加工出来或者从一批商品中抽取出来的，能够代表交货商品品质的少量实物。由于抽取样品的方法容易引起日后交货时的纠纷，所以实践中单凭样品成交的情况不多，一般是规定商品的某几个方面的品质指标作为样品的依据，例如，色彩样品、形式样品等。

（5）牌名或商标。牌名是商品的名称。商标是商品的标记。牌名和商标之所以能被用来表示商品的品质，是因为它们所表示的商品在品质上稳定，规格上统一，并在市场上树立了较为固定的信誉。为广大购买者所熟悉，在商品贸易谈判中只要说明牌名或商标，买卖双方就能明确商品的品质情况，不必再说明标准或提出样品。但是，在采用这种方法进行交易时，要注意这些商品是否因其他原因造成损坏或变质，还要注意同一牌名或商标的商品是否来自不同的工厂，以防止商品品质与牌名或商标所代表的品质不一致。

总之，在实际交易中，上述表示商品品质的方法可以结合在一起运用。比如，有的交易既使用牌名，又使用规格；有的交易既以规格为准，又以样品作为参考。需要强调的是，商品品质条款是商品贸易谈判的主要内容，在法律上规定为合同的主要条款之一。不论采用哪一种表示品质的方法，卖方所交货物的品质如果不符合合同规定，买方有权撤销合同并要求损害赔偿。因此，我们在谈判时，必须注意商品品质有可能出现的争议，避免被动，争取主动。

6.1.2 商品数量

商品数量的谈判，既关系到买卖双方经营计划的实现又影响到商品价格的高低，如果谈得不好，还会引起纠纷，进而影响买卖双方的经济利益。所以，关于商品数量的谈判，应注意以下一些相关问题。

（1）对方的供货及购买能力。在有关商品数量的谈判中，要了解对方对交易商品在供需上的能力和要求，以防止被对方诈骗或被对方所利用。

（2）价格与数量的关系。在商品数量的谈判中，要试探同类商品因成交数量不同而对其成交价格的影响，以确定最佳采购（或销售）数量。

（3）要根据商品的性质，明确所采用的计量单位。商品的性质不同，采用的计量单位也不同。例如，有表示重量单位的吨、公斤、磅、盎司等；有表示个数的件、双、套、打等；有表示长度的公尺、码、英尺等；有表示面积的平方米、平方英尺等；还有表示体积单位的立方米、立方英尺等。在谈判时要明确计量单位，特别是在合约里计量单位一定要表达清楚，以免引起纠纷。

（4）溢短量的幅度。根据惯例，还要规定"溢短量条款"，它是指对有关商品的溢短量规定一个合理的上下浮动幅度，比如 125 克±2%，表示在原来 125 克的基础上，增加 2%

或者减少 2%都在合理的范围，买方不应该追究责任。这样做的目的是为了防止日后的随意解释和纠纷的产生。

6.1.3 商品包装

商品包装是指在流通过程中为了保护商品，方便储运，促进销售，按一定的技术方法而采用的容器、材料及辅助等的总体名称。根据包装作用的不同包装可分为：运输包装和销售包装。进行商品包装谈判时，应注意以下几个方面的内容。

（1）包装材料和形式。在进行商品包装谈判时，谈判人员首先要了解国内外市场上同类商品包装的种类、性质、材料、规格（或尺寸）、费用乃至运输标志等方面的习惯或通用做法，然后再根据商品的特点，结合商品运往地区的气候、港口设施等，特别是对运输包装材料和形式进行合理选择，力求做到商品不受损失，对方满意。

（2）分析商品包装对销售价格的影响程度。商品包装直接涉及包装费用的大小，但有的商品包装却可以提高商品的身价，进而影响销售价格，吸引客户和消费者。这就要求谈判人员必须准确地核算包装成本、运费特别是销售包装能否提高商品的销售价格。

（3）客户对包装的需求。在商品包装的谈判中，应注意满足市场与客户对销售包装的特殊要求与喜好，使销售包装向多样化方向发展。例如，可相应地采用便于陈列展销的挂式、堆叠式包装；便于识别的透明、开窗包装；便于消费的易开、喷雾、配套等包装。

【阅读资料 6-2】

过度包装的"三宗罪"

（1）过度包装的"第一宗罪"是造成大量资源的浪费，危及日益严峻的生存环境和紧张的资源，与我国倡导的建设节约型社会的主旨背道而驰。

（2）过度包装的"第二宗罪"是由于目前我国对包装废弃物的回收率很低，使其成为城市垃圾的主要来源。

（3）过度包装的"第三宗罪"是助长了消费者的送礼之风，使贪污腐败滋生，污染了社会风气。

（资料来源：新华网）

（4）要了解国内外对包装装潢的要求以及图案和色彩等方面的习俗和禁忌。在商品包装的谈判中，谈判人员要注意不同国家对包装的特殊要求，世界各国、各地区通常对一些商品的标签、贴头、印记、文字、图案、色彩都有不同的规定，例如，加拿大规定：凡进口到加拿大的食品必须以英文和法文标明品名，并标明商品的重量、用法、保质期以及外国生产者或加拿大进口商的名称与地址，否则，不准进口。香港对食品的包装要求是：包装需准确反映商品形象，构图要层次分明，突出重点以及有恰当的色彩和文字说明等。非洲大多数国家喜欢艳丽的色彩，特别是本国国旗的颜色，但忌讳红色。而中国、东南亚的华侨以及丹麦、挪威、叙利亚、捷克、斯洛伐克、印度等国则认为红色是受人欢迎的颜色。英国忌用大象和山羊的图案，日本人认为荷花不吉利，意大利忌用菊花图案。而这些图案和商标在中国却受到喜爱。因此，商品的包装装潢必须符合商品输入国和地区的喜好，避开禁忌，以消除不必要的麻烦，纠纷或索赔事件。

【阅读资料6-3】

进口商品包装用料禁忌

（1）美国严禁稻草类包装物进口；英国、澳大利亚、新西兰、菲律宾、塞浦路斯等国也有相应规定。

（2）埃及等产棉国禁止棉花类包装进入本国境内。

（3）日本拒绝竹片类包装入境；美国、加拿大、澳大利亚要求木制包装必须经过熏蒸、防腐等处理才能入境，否则将按要求对其进行销毁处理。

（4）德国要求纸箱表面不能上蜡、上油，也不能涂塑料，纸箱上的印刷必须用水溶性颜料，不能用油溶性油墨。

（5）澳大利亚、新西兰禁止二手袋入境，菲律宾要求麻袋入境前必须经过熏蒸处理。

（资料来源：孙学琴，梁军．物流中心运作与管理．北京：清华大学出版社，2004．）

6.1.4 商品价格

商品的价格通常是指以一定货币表示的每一计量单位的金额，即商品的单价。在其他条件一定的情况下，商品价格的高低直接关系到买卖双方的经营成本以及经济利益。因此，价格谈判是商品谈判的核心内容。一般来说，商品价格的谈判应注意考虑以下几个方面内容。

（1）正确掌握价格水平。在确定成交价格时要根据平等互利的原则，参照国际市场价格，按照国别政策，并结合购销意图确定适当的成交价格。还应注意体现品质差价、季节差价、地区差价和数量差价。

（2）考虑汇率变动的因素。在国际贸易中，要争取采用对自己有利的货币成交，即出口选用币值稳定、有升值趋势的货币，进口选用币值不稳、容易贬值的货币，即出口选用

硬币，进口选用软币。当不得不采用对自己不利的货币成交时，应将汇率变动的风险考虑到货价中去，或者在合同中订立保证条款，这样一旦汇率发生变动，即按约定比例调整价格。

（3）正确处理佣金与折扣问题。佣金是由卖方或者买方支付中间商的一种报酬；折扣是指卖方按照原价给予买方某些价格折让，以鼓励买方购买的积极性。佣金和折扣影响到商品的价格，凡商品价格中包含佣金的，叫含佣价。由于国际上对佣金与折扣的运用不尽相同，故佣金与折扣有时不一定在商品单价中表示出来，而由双方当事人另行暗中约定。针对这种情况，有些合同特意定名为"净价"，以表示成交价格中没有包括佣金和折扣。

（4）灵活运用各种不同的作价方法。作价方法多种多样，可以根据不同情况采用。例如，近期交货，可以按固定价格成交；远期交货，若对价格变动趋势一时难以确定，可以暂不固定价格，只规定确定价格的时间和办法，或者先确定一个参考价格，将来按约定时间和办法确定正式价格；对某些易受原材料价格涨落影响的机械设备等商品，可先约定基础价格，等交货时或交货前一定时期，再根据工资、原材料价格上涨或下落指数加以调整，以确定最后价格。

6.1.5 支付方式

支付方式是商品贸易中，买卖双方均十分关心的重要问题，因为卖方交货与买方付款是对等的条件，它直接关系到双方的利益。贷款的支付，涉及货款的结算方式以及结算使用的货币、结算的时间、地点等具体内容。

无论是国内还是国际货物买卖，经常采用的支付方式主要有以下3种。

（1）托收承付。托收承付是卖方根据交易合同发货后，委托开户银行向买方收取款项，买方承付后，由银行办理划拨转账的一种结算方式。在这种方式中，卖方由银行办理托收时，应提供货物已发的证件及交易凭证，买方接到由开户银行转来的托收凭证后，应在规定的承付期内进行审查，当不同意付款时可书面通知银行，若无书面通知即默认付款。

（2）汇兑。汇兑是买方委托开户银行将款项以信汇、电汇、票汇方式汇给卖方的一种结算方式。票汇与信汇、电汇不同，它是由汇款人把银行开立的即期汇票自带或寄给收款人，收款人凭票向汇入行取款的一种汇款方式。汇票经收款人背书后，可以转让流通。

目前在国内贸易中，普遍采用的支付方式是托收承付和汇兑。

（3）信用证。信用证是银行应进口商的要求，开出给出口商的一种保证承担付款责任的凭证。信用证结算方式是指买方开户银行为保证按交易合同所商定的范围代付货款，向卖方开户银行签发信用证，据以办理货款结算的方式。在这种方式中，买方应先把开证保证金交付银行，委托银行开出信用证，一般由开证行通知异地卖方开户银行，再由卖方开户银行通知卖方，卖方按合同和信用证规定发货，并委托银行办理货款结算。

信用证方式手续比较复杂，但银行以第三者身份对交易双方进行保证，信用非常高。因此，它是国际贸易中的主要支付方式。在国际贸易结算中，卖方只要向银行提供与信用条款相符的货运单据，收取货款就有保障，买方只要先付给银行开证保证金，在支付货款后可以取得代表货物的单据。在国际贸易金额不大的情况下，也可用托收和汇兑方式。

6.1.6　商品装运与运输保险

商品的装运是卖方履行交货和买方履行接货手续中不可缺少的环节。它涉及买卖双方的责任与风险以及有关费用的问题。在商品装运的谈判中，要注意以下几个方面的问题。

（1）正确确定交易商品的运输方式。常见的运输方式有铁路运输、公路运输、水上运输、航空运输、邮政运输、管道运输等。水上运输具有运输能力大、成本低等优点，但其时间长，受自然条件影响大，风险较大。目前，海洋运输是国际货物买卖中最主要的运输方式。铁路运输则不受气候条件的影响，可保持货运的连续性，货运过程风险小，但成本高于水运。公路运输机动灵活，适合短距离运输，不适合大宗货物的运输，运费亦高于水运和铁路运输。航空运输的特点是交货速度快、运输安全、不受地面条件限制，特别适合于鲜活商品和交货期短的商品，但其运价高。邮政运输的优点是手续简单，但成本高，且重量和长度均受到限制。对于路途特别遥远的情况，还可以选择以上运输方式联合使用。在谈判过程中，谈判双方可以依据实际的情况选择适合自己的运输方式。

（2）熟悉运输状况。在商品装运的谈判中，谈判人要了解装运地的营运情况、运输线路的运行情况以及交货手续、装卸费、仓储费、搬运费等有关规定，以正确估算运输时间和运输成本。

（3）划清费用界限与相关责任。在商品装运的谈判中，谈判人要注意划清买卖双方的费用界线及其责任，并掌握相应的结算方法，具体包括运输费、保险费分别由谁来承担；当货物发生毁损时，责任人是谁；费用的支付选择什么样的结算方式等相关事宜必须在合约里规定清楚。

（4）明确规定装运期和交货期。在商品装运的谈判中，双方要根据商品的需求情况、商品的自然属性、气候条件、运输情况等因素，明确规定商品的装运期和交货期，以使卖方有一定的时间备货和安排运输，也使买方做好接货和支付的准备，避免日后产生纠纷。

商品的运输保险是指以集中起来的保险费建立保险基金，用于补偿因自然灾害或意外事故所造成的经济损失。它是投保人（或称被保险人）在货物装运前估计一定的投保金额，向承保人（或称保险人）即保险公司投保运输险。

在商务谈判中，谈判人员应当根据实际情况，把保险条件与交货地点联系起来考虑。

即如果在卖方所在地交货，可由买方办理商品运输保险。如果在买方所在地交货，可由卖方办理商品运输保险。无论是何方办理保险，都应将保险费用计入经营成本。

6.1.7 商品检验

商品检验是指对商品的品质、数量和包装所进行的检验，以确定其是否符合合同规定以及违约的责任归属。商品检验的洽谈应注意以下几个方面的问题。

（1）商品检验的内容和方法。商品检验的内容一般是商品的品质、数量等。商品检验的方法有视觉、味觉、嗅觉、触觉及科学仪器的检验。在有关商品检验的谈判中，还应明确规定是抽样检验，还是全部检验。

（2）商品检验的地点和时间。商品检验的地点可根据商品的性质和港口、车站、码头的情况来确定，检验的时间可以确定为收到货物一星期（或 3 天）之内，尽量争取对己方有利的时间。

（3）商品检验的机构、检验标准和检验证明。应根据我国及国际上的有关规定以及检验机构的权限、信誉、检验设施等确定合法、合格的检验机构。要结合各方所商定的检验标准、方法、时间、地点等条件，向有关检验部门提出申请，并从指定的检验机构取得检验证明，作为办理商品交换、结算、计费、处理争议的依据。我国对外贸易的商品检验，均由国家进出口商品检验局和其委托的检验部门进行。

案例 6-1

合同中的技术条款

1986 年初，我国大庆油田为了试验采油新技术，向美国 H 公司购进一批采油设备。货到之后，经检验发现，其中价值 48.82 万美元的玻璃油管在实验压力时尚未达到合同规定要求时即出现渗漏，无法正常使用。H 公司两次派专家前来复验，亦承认产品确实不符合合同要求，大庆油田提出索赔。不料，H 公司却在 1987 年 2 月向美国达拉斯地方法院提出诉讼，指控大庆油田石油管理局将其所售合格产品判为不合格，损害公司名誉，倒打一耙，要求大庆油田向他们赔偿损失。大庆油田管理局局长决定应诉，并电告美国法庭。

1987 年 2 月 25 日晚，由大庆标准计量局副局长、高级工程师刘紫阳，大庆油田引进办副主任、高级工程师许柯和大庆油田物质处长、经济工程师王虎群组成的大庆诉讼谈判小组飞抵美国休斯敦，准备出庭辩论。

3 月 2 日，双方首次见面交锋，H 公司的谈判代表 Z 律师一出场，就摆出盛气凌人的架势，想尽办法刁难我方。他要求我方代表回答合同中关于玻璃油管的全部技术要求并且不让看资料。刘紫阳镇定自若，略加思索便报出一连串的数据，17条技术条款无一差错，这为以后的谈判胜利奠定了基础。

从以上案例不难发现商品检验以及技术条款在谈判中的重要性。

（资料来源：王正挺. 中外谈判谋略撷趣. 上海:东方出版社，2004.）

6.2 劳务贸易谈判的主要内容

随着经济的不断发展和人们生活水平的提高，劳务贸易作为一种新兴的产业得到了迅猛的发展。为了保证劳务贸易的安全性，就应对劳务贸易谈判包括的内容引起足够的重视。

1. 标的

劳务贸易的内容十分广泛，具体项目有运输、旅游、金融服务、保险、信息、咨询、建筑和工程承包等劳务输出、电讯服务、广告、设计、会计管理、租赁、维修和保养以及技术指导等售后服务。正是由于劳务活动类型多样，内容广泛，且都有特定的目的、特殊的服务对象和特殊的活动主体，所以针对标的物的谈判，除按行业习惯和标准外，一般都要明确标的物的性质、类型、项目、质量标准、时间、地点等。

2. 价格

每项劳务贸易由于类型和项目不同，都有不同的定价方法。除一些行业习惯定价外，大多数的劳务产品都是以供方的成本作为基本价格，其价格构成因素通常包括：材料费、折旧、设计费、人工费、间接费和该行业的平均利润等。在劳务产品的价格谈判中，容易产生分歧的往往是价格构成的主要因素，特别是材料和人工的耗费往往是各方争议的焦点。不同的供方由于其技术力量，采用的工艺以及管理水平的差异，其材料和人工的耗费往往有很大的差别。对此，接受方是很难一一了解清楚的。因此，在诸如工程、设备、安装以及各种劳务合同的谈判中，接受方通常先采用招标的方式，让潜在的供方之间进行技术、工艺和成本竞争，在各种投标方案中选择比较适宜的供方，然后再进行谈判，这样往往会使价格等其他交易条件变得较为合理，简单。

3. 支付

劳务贸易的支付一般包括支付的时间和支付的方式，在对外劳务贸易中还包括支付的货币等。

劳务贸易的各方一般是根据交易的具体内容确定支付时间和支付方式。例如，一般性的劳务贸易，既可提前一次性支付，也可以最后一次性支付；还可先预交一部分定金，最后清算。工程价款的支付方法，一般都是按工程进度分阶段通过银行支付，支付的时间应根据工程进度表确定。在对外劳务贸易中，应根据我国的有关法规、国际通行的规则以及交易的具体情况来确定支付方式和时间。例如，来料加工的加工费和原材料费的支付问题，可以采取对开信用证的支付方式。即外商提供的原材料价款由我方开出信用证支付，而我方出口的成品价款由外商开出信用证，最后把相关的票据和合同提供有关银行结算原材料费和加工费。

4. 劳务过程与人员的控制

供需双方根据劳务项目的工作性质、规格、特点以及劳务项目的具体进度，来确定所派人员的类型、人数以及派出时间；还要详细规定接受方为供方人员所提供的生活和劳动条件；同时，还应规定供方人员的工作时间，节假日休息时间、加班的时间及相应的报酬标准。

5. 保险

较大的劳务贸易项目，尤其是对外劳务承包工程等，一般都要考虑保险问题。例如，人身保险、工伤事故保险、设备材料和产品的运输保险等。尤其是在建筑工程承包中，在工程完工并移交给业主以前，工程的一切风险一般应由承包单位负责。因此，承包人必须向保险公司办理投保手续，以便在发生投保险别责任范围内的损失时，由保险公司负责赔偿。有关保险的险别，保险金额和保险的种类，应根据需要由当事人各方商定，并在合同中加以明确规定。

此外，劳务贸易谈判还涉及供方对完成服务项目的保证和担保、验收、争议的解决办法等内容，谈判人员在谈判时应全面掌握。

案例 6-2

一场劳务纠纷

马某是一位资深的法语翻译工作者，曾出版十多部法语翻译著作，在全国范围内颇有名望。2002 年 7 月 12 日，马某受聘于青岛某集团公司海外经理部，赴阿尔及利亚某市从事法语翻译工作。双方签订了为期两年的聘用合同。到阿尔及利亚后，马某工作十分努力，口笔译水平很高，深受中外双方好评，很快就成为青岛某集团公司十来名翻译中水平最高的一位。马某除频繁的口译外，还翻译了大量资料，工作量是一般人的几倍，水平也最高。然而，他却受到了不公正的待遇，不仅工资特别低，而且青岛某集团单方面撕毁了合同，青岛某集团公司驻阿尔及利亚外事部总经理刘某解聘了马某,让马某在阿尔及利亚自谋职业,并停发了马某的工资。

马某请的律师看过双方签订的劳务合同之后,对合同提出了以下疑问。

(1)马某与青岛某集团公司海外部签订的《聘用合同》第二条聘任职务与待遇部分规定"月工资 900~1000 美元(不含伙食费)",这明显是个模糊的概念,需要与用人单位澄清,但原告在签订合同时却没有这样做,而实际领取工资时就领取了最低标准 900 美元的工资。

(2)马某与青岛某集团公司海外部签订的《聘用合同》根本没有规定扣除 20%的风险金,而实际操作中,却在马某的工资中扣除了该部分,而马某在领工资时却从没提出过异议。

(3)马某与青岛某集团公司海外部签订的《聘用合同》的第三条第二款明确规定"出国机票、回国机票、机场费由甲方(青岛某集团公司)承担",可实际上却由马某支付了该笔费用。

从以上案例可以发现劳务合同谈判好多的相关条款非常重要,需要慎重对待。

(资料来源:维普资讯网)

6.3 技术贸易合同谈判的主要内容

1. 标的及其使用权和所有权

技术贸易合同的标的内容主要有专利、商标和专有技术。

专利贸易是指拥有专利的一方将专利技术通过签订专利许可协议或合同方式转让给另一方使用。专利是受专利法保护的发明技术,必须依法申请登记,获批准后,在有效期内有效。未经专利人的许可,别人不得使用其专利技术。

商标贸易是商标所有人通过商标许可协议或合同方式将商标转让给另一方使用。商标注册人必须依法向国家商标主管部门申请注册后,才能取得商标权。它也是一种工业产权,受到法律保护,未经商标注册人的许可,任何人不得假冒他人注册商标,包括擅自制造或销售他人注册商标标志。

专有技术贸易是指拥有生产某种产品所需的、不公开的技术秘密和经验的一方,通过签订专有技术许可协议或合同方式转让给另一方使用。专有技术是不具备申请专利条件,或者虽具备申请条件但发明人认为通过保守秘密可以获得更长的有效期而不愿将其公开的技术。因此,专有技术不存在保护期问题。但在此类谈判中,技术供方往往要求受方对第三者保守秘密,承担法律义务。在进行以上技术贸易的谈判中,主要是根据具体情况通过以下方式进行的。

（1）许可证贸易。在许可证贸易中，根据许可证协议的类型不同，许可方所索取的技术使用费就有所不同。一般来说，对独占许可证协议要价最高，排他性许可证协议次之，普遍许可证或分许可证要价通常较低。在谈判中，具体采用何种许可证协议，主要取决于潜在的市场容量，技术的性质和双方当事人的意图等。

（2）咨询服务和技术协助。咨询服务和技术协助是指由技术供应方就某项工程技术课题、人员培训、企业管理和产品销售等向技术接受方提供咨询，传授经验的一种盈利性的服务。具体价格可根据咨询、协议的范围，由双方商定。

（3）合作生产。合作生产所采用的技术既可以由一方提供也可以由双方相互提供有时还可以共同研究共同设计共同确定零部件的规格共同销售等，但必须明确合作的具体方式、范围以及相应的权利和义务。

技术贸易不同于商品贸易，原则上是标的所有权和使用权相分离的技术供应方在一定条件下只是将标的使用权转让给接受方使用，而不是所有权的转让。在技术使用权的谈判中，接受方要明确该技术是属于专利，还是商标，技术诀窍以及供方技术目前的应用状况及潜在效益；供方则需要了解接受方拟将该项技术应用的范围与领域，以及对供方所提供技术的利益影响。在此基础上，双方必须明确该项技术转让的使用目的和应用领域以及销售权等事项，进而为确定技术转让价格提供讨价还价的基本依据。

2. 交易当事人的关系

技术贸易当事人签订技术合同的履约期限通常较长，有的国家规定 5~10 年，甚至可达到 10 年以上。由于在合同有效期内，双方当事人在传授和使用技术方面，构成长期的技术合作和技术限制、反限制的关系，所以在谈判中，双方应根据技术转让项目的范围、所需的时间，甚至是有关市场的变化情况，明确规定相应的时间以及有关合作的具体事项和技术限制与反限制的措施与责任。

3. 价格与支付

技术贸易接受方通常采用一种利润分成原则作为技术贸易标的的做价原则，即技术接受方在使用该项技术后的经济效益高、利润大，则技术使用费也高；反之，则技术使用费低。当然，在具体确定技术使用费时，还应考虑到技术的先进性、生命力、未来的潜力、转让使用权的年限、范围、支付使用费的方式等因素，也可确定一次性价格。

技术使用费的支付方式一般有 3 种，即总算偿付，按年产量、销售额或利润提成支付和入门费加提成支付。总算偿付包括技术转让的一切费用如技术使用费、资料费、专家费、培训费等，既可以一次支付，也可以分批支付；提成支付的关键是确定提成的比例；入门费加提成则可以先总算一笔入门费,以后再按规定年限支付提成费。

4. 技术改进

在技术贸易合同有效期内,常常会由于技术的更新和发展,产生一些新的问题。因此,交易各方在进行洽商时,必须规定在技术改进中买卖双方的权利与义务。因为买卖双方均有技术改进的权利与条件,以及对改进和发展后的技术处理,所以要明确由谁来进行技术改造,以及技术改进后的专利申请权问题、利益调整问题。

5. 对等担保

技术贸易具有保密性的特点。对等担保条款是确保交易双方权益的重要保证。因此,在谈判中,应就对等担保问题做出相应的规定,供方有权提出专有技术的保密责任和期限,受方也有权要求供方明确所提供的技术是合法有效的,供方如果发生侵权行为或与其他与合同不符的行为,应承担相应责任。

6. 技术服务与人员培训

为了保证转让技术取得预期成果,在谈判中,双方应就供方向受方提供技术服务和人员培训进行洽商,如技术培训的内容、培训的对象、人数、时间、学习的专业及有关费用。这样就能确保转让技术发挥作用和效益,避免日后执行过程中引起不必要的纠纷。

7. 合同期满后的处理

技术贸易谈判还应根据有关法律、法规,就合同期满后的技术使用权问题,做出明确规定。例如,接受方在合同期满后继续使用,要详细规定原合同终止或者延期的方法。

案例 6-3

一场技术贸易谈判的价格解释

1983年日本某电机公司向中方企业出口其高压硅堆的全套生产线,其中技术转让费报价2.4亿日元,设备费12.5亿日元,备件、技术服务(培训与技术指导)费0.09亿日元。中方企业觉得报价太高,日方作了如下的价格解释。

谈判开始后,日方营业部长松本先生提出技术费是按中方工厂获得技术后,产品的获利提成计算出来的。如果企业一年生产3 000万支产品,平均每支产品销价8日元,按10%提成,10年的生产提成是2.4亿日元。设备费按工序报价,清洗工序1.9亿日元;烧结工序3.5亿日元;切割分选工序3.7亿日元;封装工序2.1亿日元;打印包装工序0.8亿日元;技术服务费包括培训费,12个人一个月在日本的培训费用为250万日元;技术指导人员费用10人一个月为650万日元。

技术贸易谈判比普通的商品贸易谈判要复杂,经常会涉及技术的培训、付款的方式,需要引起重视。

(资料来源:新浪财经)

6.4 商品房买卖谈判的主要内容

随着最近几年商品房交易的活跃,商品房买卖的谈判很常见,而由此产生的纠纷也是屡见不鲜,所以商品房买卖的谈判也应该引起足够的重视。商品房买卖谈判主要包括以下几个方面的内容。

1. 房屋的性质

在房屋买卖谈判中,应该明确房屋的地点,包括方位、朝向、门牌号等。房屋的用途或使用性质、建筑面积、使用面积等。以上信息是整个房屋买卖谈判的基础,需要重点关注。

2. 违约责任

房屋买卖谈判非常关键的一个问题就是违约责任。卖方不履行合同主要表现在:逾期交割房屋、交割的房屋存在严重的质量问题;卖方出卖的房产,在产权上存在问题等。买方不履行合同主要表现在:不按规定期限支付价款,无正当理由不受领卖方支付的房屋等。谈判时必须确定违约金的数额或计算违约金的办法,没有约定的,按相关法律规定支付违约金。

3. 产权登记

产权登记既是买卖双方的义务,同时也是他们的权利,如果不办理产权登记,房产转移在法律上就没有效力,日后如发生纠纷,将对房屋所有权人产生不利。因此,在谈判中应明确双方的职责分工、产权登记的时间及有关费用等。

4. 税费负担

买卖双方要根据法律的规定,确定双方应负担的税费。产权过户登记费、印花税、契税及其他费用应由谁来承担。

5. 其他事项

谈判双方必须明确房屋在使用过程中的有关事项（如物业管理单位的选择方式、保修条款、有关税费交纳以及办理房屋买卖登记手续等事项）。根据任何一方当事人的请求，可以增加必要的补充条款，对特殊事项加以约定。

6. 有关附件

购房合同多是房地产主管部门印制的统一合同文本，也有的采用开发商提供的格式合同。统一印刷的合同是根据公平保护双方权益设置合同条款的，但难以体现购房者对所购住宅的特定事项的要求。开发商所提供的格式合同，是从其单方面利益出发规定合同条款的，很难做到公平，难以保护购房者的权益。因此，购房者有权提出合同的补充条款。

购房者拿到合同文本后，应花一定时间，去研究各项条款。然后用一定时间，去设计补充条款。待开发商接受了所有条款后，再与其签订合同并交纳首付房款。一般情况下，购房者设计的补充条款应包括如下内容。

（1）强调开发商必须保证交房时各种手续齐全。开发商在合同文本中对于其开发项目的合法性，即其应履行的手续，往往一带而过。所以，在补充条款中应首先强调，开发商交房时必须"5证齐全"否则购房者有权要求赔偿直至解约退房，并详细规定退房赔偿的内容及履行时限，最大限度地保护自己的利益。

（2）对逾期交房做出明确的处理规定。通常在合同中开发商仅规定逾期交房购房者可以索赔，但却未明确规定如何赔偿。对此，可做量化的规定。例如，规定迟交房 3 个月，开发商应按每月 1 万元人民币赔偿；3 个月后仍不能交房，买方有权退房，并可获得所付房款的利息，利率按贷款利率计算，时间从付款日起至退房款日止。

（3）合同约定面积与实测面积的误差计算及处理。购房合同中一般规定依实测面积计算，但实测面积与约定面积相比常常误差很大。对实测面积不足部分开发商会做出规定以保护其利益，对超出部分如何处理不做规定。对此，购房者可以参照有关规定做出严格限定，如规定误差比例不得超过±3%，否则买方不再支付超出部分的款项。

（4）办理房产证的时限。开发商在合同中只提到其协助买方办理房产证，却不提办理的时限和逾期的责任。对此，购房者可以规定开发商办理房产证的时限。并规定如果开发商无法协助买方取得房产证，买方可要求解约、退房或索取赔偿。

（5）配套设施使用的保证。开发商在前期宣传、谈判签约时总是对配套设施的完整可用做十足的保证，而交房时却不履行承诺，给购房者带来诸多不便。对此，在签订购房合同时，可以在补充条款中规定，开发商必须保证水、电、气、取暖等各项配套设施在交房

时能够正常使用,如不能交付使用,开发商免费提供辅助设施,对提供的时间也要做出明确规定。

(6)装修标准和户型图。买房人应将售房时开发商许诺的装修标准和户型图附在合同中,并规定所有材料必须是合格、全新的,否则买房人有权索赔。

(7)要求开发商提供《房屋质量保证书》、《房屋使用说明书》和《房屋验收报告》。这其中前两种文件是有关政府部门规定要求必须提供的,后者是纠纷解决和索赔的重要证据。

(8)文字定义。有些开发商利用文字游戏设置陷阱,对此购房者不可忽视。应当在合同或补充协议中明确重要而又有歧义的概念。如对某些文字有疑虑,应向专业人士请教,杜绝后患。

6.5 借贷款合同谈判的主要内容

随着经济的逐渐发展,中小型民营企业逐渐增多,国有企业的规模也逐渐扩大,导致个人、企业资金的紧张,引发了个人、企业与银行之间的借贷行为,借贷款谈判也越来越频繁。借贷款谈判主要包括以下几个方面的内容。

1. 借款种类

借款种类是借贷款谈判中不可缺少的重要内容,必须明确清晰。借款种类是根据借款人的行业属性,借款用途以及资金的来源和运用方式等进行划分的。根据借款人的行业属性,借款种类分为固定资产借款、流动资金借款或者生产性借款、消费性借款等。根据资金的来源和运用方式,借款种类分为自营借款、委托贷款、特定贷款等。这样划分的目的在于,对不同种类的贷款发放所掌握的政策界限和原则有所不同。比如,固定资产借款期限要长一些,而流动资金借款规定期限要短一些,期限长短不同相应的利率也不同。

2. 借款币种

借款币种也是借贷款谈判中一项非常重要的内容,需要慎重对待,因为外币币值经常发生变化。借款币种,是指是人民币借款还是外币借款。如果为外币借款,要写明是何种外币,如美元、欧元、日元等。

3. 借款用途

借款用途是指借款人使用借款的特定范围,是贷款方决定是否贷款、贷款数额、期限长短、利率高低的重要依据。借贷双方一旦确定借款用途,就只能按照双方约定的借款用途使用借款，不能移作他用。

4. 借款数额

借款数额是指借款货币的数量。它是指借款人可以取得的最高借款限额，依照双方谈判的约定，借款由贷款人一次或分次发放。

5. 借款利率

借款利率是指借款人在一定时期内应收利息的数额与所贷资金的比例，是借贷当事人双方计算利息的主要依据，是借贷款谈判的必备条款。借款利率从结构上划分，可以分为基准利率、法定利率、优惠利率、差别利率、加息、贴息借款利率等几种主要形式。

我国现行的借款利率管理体制实行借款基准利率和法定利率由中国人民银行统一规定和管理。中国人民银行依据国家有关贷款政策，对各类金融机构的借款利率进行管理。各金融机构可以在中国人民银行规定的贷款利率浮动范围内以法定利率为浮动基础，自动确定各类，各档次的借款利率。因此，借贷双方究竟采用何种利率，应根据具体贷款的种类、用途、期限的不同来确定。

我国的法律、法规对民间借款利率没有硬性规定，目前执行的是最高人民法院于 1991 年 8 月发布的《关于人民法院审理借贷案件的若干意见》的有关规定，该意见规定，民间贷款的利率可以适当高于银行的利率，但最高不得超过银行同类贷款利率的 4 倍，超出此限度的超出部分的利息不予保护，因此民间借贷款谈判时采用利率应根据上述意见规定及具体贷款种类、期限的不同来确定。

6. 借款期限

借款期限是指借贷款双方依照有关规定，在谈判时约定的借款使用期限。借款期限应根据借款种类、借款性质、借款用途来确定。在借贷款谈判中，当事人订立借款期限条款必须详细、具体、全面、明确，以确保借贷款合同的顺利履行，防止产生合同纠纷。

7. 还款的资金来源和还款方式

还款的资金来源是指借款方可以用于归还贷款的资金取得渠道，按照有关信贷管理办法的规定，固定资产投资贷款还款的资金来源主要有：项目投产后所得税前的新增利润、新增折旧基金、基本建设收入、基建投资包干结余分成和经税务机关批准减免的税收以及其他自有资金。在借贷款谈判中，借贷双方要按照有关贷款管理办法对不同种类的借款写明其还款的资金来源。

还款方式是指借款方采用什么结算方式将借款归还给贷款方，还款人是一次还是分次还清借款；是采用电汇还是信汇或者其他方式还清借款必须在谈判中明确。并且应写明每次履行的具体时间，如果有法律规定的还款方式，应依法定方式还款。

8. 保证条款

保证条款是保障贷款人实现债权的重要约定，对借款合同担保的方式有保证、抵押、质押。因此，担保贷款的种类有保证贷款、抵押贷款和质押贷款。对借款合同担保的谈判，当事人既可以采用由借、贷、担保三方当事人共同协商签订担保借款合同的形式，也可采用由担保人在借款合同中签字，并同时向贷款方出具书面还款保证书的形式，由借贷双方协商解决。

9. 当事人双方的权利与义务

根据实际需要，可在借贷款谈判中约定当事人双方的权利和义务。

（1）贷款人的主要权利

贷款人有权按照国家规定的利率或者按照与借款人约定的利率收取利息；有权按照约定检查、监督借款的使用情况，要求借款人定期提供有关财务会计报表等资料，但公民之间借款另有约定的除外。借款人无力归还贷款时，贷款人有权依法处理贷款人作为贷款担保的抵押物或者质押物，并优先受偿。

（2）贷款人的主要义务

贷款人应按合同约定的日期、数额提供借款；对政策性贷款的使用情况进行监督检查。

（3）借款人的主要权利

借款人有权按照约定的日期、数额取得贷款；有权按照约定的借款用途使用借款，并依法取得收益。

（4）借款人的主要义务

借款人应按照贷款人的要求提供与借款有关的业务活动和财务状况的真实情况；按照约定的日期、数额提取借款。借款人未按时提款，应当支付逾期提款的利息。借款人应按照约定的借款用途使用借款。借款人如将借款挪作他用，贷款人可以停止发放借款，提前收回借款或者解除合同。借款人应向贷款人支付利息，但公民之间借款另有约定的除外。借款人应按照约定的期限返还借款、支付利息。

10. 违约责任

违约责任也是借贷款谈判中非常重要的一个环节。借款合同一经确立便具有法律约束力，违反合同者应当承担一定的法律责任，因此，借贷款谈判中必须明确规定违约责任条款。

除上述主要的谈判内容外，借贷款当事人还可以约定合同的变更与解除条款，争议的解决方式以及当事人双方商订的其他条款等。

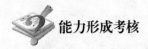 **能力形成考核**

一、复习思考题

1. 随着商品贸易谈判的内容有哪些？
2. 商品房买卖谈判的内容有哪些？
3. 借贷款谈判需要注意的问题有哪些？

二、实训题

某旅行社违反合同规定，在旅游过程中未能租赁到交通工具，致使旅客被迫在途中滞留一天，而合同中规定，"除不可抗力造成旅客人生及财产安全受到损害外，旅行社有责任进行理赔"。请你扮演旅客代表与旅行社进行谈判。谈判中，对你来说最重要的是保证每个旅客得到公正合理的赔偿，而旅行社代表与你的想法正好相反，他很可能采用疲惫战术及文字游戏来进行谈判，以保证最低数额的赔偿，还可能借口无此先例来拒绝旅客的要求。

请试着模拟谈判的过程。

三、案例分析

案例

A 君奉单位领导指示到南宁市某旅行社（简称 B 方）洽谈组团 50 人到昆明世博园 3 日游一事，要求 3 日内出发。事前他经了解得知，昆明世博园 3 日游的价格为 1 150～1 500 元每人。于是他找到了该旅游社经理（简称 B 方），谈判结果是 A 君最终以 1 300 元每人签约并预交了 80%的定金。谈判过程如下：

B："欢迎先生光临，能为您提供服务是我们旅行社的荣幸。"
A："谢谢。我单位计划组织职工 50 人 3 天内去昆明世博园旅游，贵公司能否组织？"
B："我们一定尽力而为，不过请问时间必须在 3 天内吗？"
A："对。我单位领导已做好了计划，怎么样？难道你们不愿意安排吗？"
B："您完全误会了。因为现在正是旅游旺季，昆明 3 日游的组团计划已满，我认为您把情况告诉您单位领导，把时间稍稍推迟，工作会更好做些。"
A："贵公司这样说，难道是不想为我们服务吗？"
B："不是的，恰恰相反，我们一定尽力为你们服务，那么，现在我们来谈谈具体细节如何？"

A："好吧，您先开价如何？"

B："按规定昆明3日游组团人数最低为60人，价格为1 500元每人，请你过目。"

A："价格太高了。这样吧，我第一次开价1 150元每人，绝不讲价。"

B："我知道，您也很了解市场价格行情，不错，在此之前，我们也曾以此价格优惠组团，但现在时间太急，办理临时手续需要花费更多的费用，没有这个价，我们必定会亏本。"

A："谢谢你解释得如此清楚。这样吧，为了表示诚意，一口价1 200元每人，如何？"

B："请你原谅。除非组团人数达到最低要求，否则，最低价为1 300元每人。"

结果，A君以1 300元每人的价格与B方达成了协议，并按B方的要求预交了80%的价款。

分析：说明谁的谈判比较成功？成功的原因是什么？失败方失败的原因又是什么？

第 7 章 商务谈判磋商过程

- 熟练掌握、运用商务谈判的报价技巧、还价技巧、让步技巧
- 了解谈判中产生僵局的原因,掌握打破僵局的技巧

小贩的圈套

美国著名的谈判专家荷伯·科思与妻子到墨西哥旅游,妻子想到商业区观光,荷伯不太想去就独自向旅馆走去。当他穿过马路时,看到在相距很远的地方站着一个当地的土著居民,荷伯走近他,看见这人在大热的天气里身披几件当地的披肩毛毯独自叫卖:"1 200 比索!"

"他在和谁说话呢?"荷伯问自己,"绝对不是对我说!首先,他怎么知道我是一个旅游者呢?其次,他不知道我在暗中注意他。"

于是荷伯加快了脚步,装出一副没有看见的样子,甚至对小贩说:"朋友,我不想买披肩毛毯,请你到别处卖吧。你听懂我说的话了吗?"

"是的。"小贩答道,这说明他听懂了。

荷伯继续往前走,却听到身后仍然有脚步声,原来,小贩一直跟着他,就像两人系上了链条一样,他一次又一次地叫道:"800 比索!"

荷伯有点生气了,开始小跑,但是小贩紧跟着一步不落,这时,他的要价已经降到 600 比索了,到了十字路口,因车辆堵住了马路,荷伯不得不停住了脚步,小贩却仍然在唱他的独角戏:"600 比索,500 比索,好吧,400 比索!"

这时候,荷伯又热又累,身上直冒汗。小贩紧跟着他使他很生气,荷伯气呼呼地说:"我告诉你我不买!别跟着我了!"

小贩从荷伯的神态和声调中听懂了他的话。"好吧,你胜利了。"他回答说:"只对你,

200 比索！"

"你说什么？"荷伯叫道。此时，他对自己说的话也吃了一惊，因为他压根没有打算买披肩毛毯。

"200 比索！"小贩又重复了一遍。

"给我一件，让我看看。"

于是又经过一番讨价还价，小贩的最终要价是 170 比索，荷伯从小贩口中得知，在墨西哥的历史上以最低价格买到一件披肩毛毯的是一个来自加拿大温尼培格的人，他花了 175 比索，但他的父母出生在墨西哥的瓜达拉贾拉。而荷伯买的这件只花了 170 比索，使他在墨西哥历史上创造了买披肩毛毯的新纪录。

那天的天气很热，荷伯一直在冒汗。尽管如此，他还是把披肩毛毯披在了肩上，感觉十分不错。

当荷伯回到旅馆的时候，妻子正躺在床上翻阅杂志。

"嗨！看我买的什么？"荷伯得意地对妻子说。

"一条漂亮的披肩毛毯！"

"你花了多少钱？"妻子漫不经心地问道。

"是这么一回事"，荷伯充满信心地解释说："一个土著小贩要价 1 200 比索，而一个国际谈判家，就是周末有时间跟你住在同一间屋里的这个人，花 170 比索就买到了。"

妻子听了讪笑道："真有趣，我也买了同样的一件，在壁橱里，花了 150 比索。"

（资料来源：刘刚. 谈判家. 北京：中国经济出版社，1995.）

思考：小贩成功的秘诀是什么？

7.1　商务谈判的报价

商务谈判中的报价，通常是谈判者要求的总称，包括价格、交货期、付款方式、数量、质量、保证条件等。商务谈判中的报价直接影响到谈判结果，事关谈判者最终获利的大小，是关系谈判能否成功的关键因素。

7.1.1　报价的基本原则

1. 合理性

合理的报价由底价加上备调幅度构成，谈判中要求谈判人员反复核算、验证己方标的物的价格构成要素，如产品成本、市场需求状况、产品品质、市场竞争力等因素来确定合理的报价。

"底价"一般是指成本加上最低的预期利润，它是确保己方最基本利益的界线，并可以使谈判人员在报价时心中有数。备调幅度是底价至最高报价之间的弹性区间，是讨价还价的基本依据和客观要求。它应在"底价"的基础上根据市场供求量、需求价格弹性系数、商品的使用价值和品质、满足客户需要程度、同类产品竞争对手的价格、有关法规和政策的规定以及谈判对手的谈判策略等来合理确定。

如果报价太低，势必丧失属于自己的利润；如果所报的期望价过高或可调幅度不实际，势必在对方提出异议后，讲不清依据和道理，就会使己方处于不利的地位，甚至丧失信誉，动摇对方的谈判信心，影响谈判顺利进行。

2. 策略性

一般认为，在正常情况下，最初的开盘期望价应当是最高的，或是较高的。这不仅是因为谈判的惯例如此，更重要的是，这是报价策略的要求，因为开盘报价传递给对方的信息是：它是我方要价的最上限。在这种情况下，较高的报价显然对报价方有利，它为报价方维护自己的经济利益首先筑起了一道防线，也为以后的讨价还价提供回旋余地。对方要突破这道防线，或多或少总要付出一定的代价。当然，报高价的同时，要考虑到今后的让步策略，也要清醒地认识到，高价会扩大交易双方的差距。如果这样的话，谈判就有可能在近期内不会有结果，也不能指望对方会给予早期的让步，这就有一个运用策略的通盘考虑问题。

3. 综合性

有效的报价应当是一个综合性的报价方案。这个方案既要考虑价格，也要考虑对价格有影响作用的其他交易条件，如数量、交货条件、支付方式、服务要求等。单纯报价高，综合算下来不一定预期利润高，还必须考虑其他的相关交易条件。比如，在销售旺季时，对方可以一次性交货；在资金短缺时，对方可以一次性付款都是对己方比较有利的交易条件，这样的有利条件比单纯的报价高对己方更有利。

4. 技巧性

（1）报价要坚定、果断。谈判中的价格是可以商谈的，但这并不影响初始报价的信心。设想一下，如果一方报价时扭扭捏捏，犹豫不决，对自己报的价格都没信心，又如何说服对方，难免会给人留下不诚实、不严肃的印象。

（2）报价要简明。报价的目的是使对方准确地了解己方的期望价格。因此，报价时所用概念、术语、言语以及条件务必严谨，不能使对方有任何误解。有时为谨慎起见，可以通过分发书面价格表、资料来配合报价。

（3）报价的次序。报价的先后次序应根据谈判策略与具体情况来选择。其实报价的先后各有利弊，不可一概而论。先报价可以对谈判的范围与框架首先施加影响，甚至可以对今后的讨价还价起到持续的影响作用，但这样也可能会给对方了解己方的初始想法以及确定他们的应对策略提供便利条件，如果报价失当，也会引起对方的猛烈攻击。因此，是"先入为主"还是"后发制人"不是由先后次序决定的，而是由己方的报价准备状况及所拟定策略决定的。效果如何，最终取决于谈判者的地位、经济实力与谈判能力。

7.1.2 报价的技巧

1. 高价与低价的技巧

报高价还是报低价，最终取决于产品的特点以及由此而决定的市场需求状况。

报高价可以赚取较大的利润，在有可能的情况下，任何厂商都愿意报高价。但报高价的产品必须具有新、奇、稀、缺等特点，且市场无有力的竞争对手，产品供不应求，需求弹性小。例如，某些新兴的化妆品、电子产品、保健产品、流行款式的服装、具有高技术的劳务工程、新型和特殊的服务项目等均可运用高价技巧。

报低价可以吸引客户，迅速占领市场，排斥竞争对手的加入，但产品报低价大多数是属于客观情况所迫，比如，市场上竞争激烈，竞争品或替代用品多，产品进入成熟期，客户接受的可能性较小等。在这种情况下，许多劳动成本很低的经营组织，只能报低价，例如，生产日用品的乡镇企业。但是，报低价未必不能赚钱，报价低可以薄利多销。另外，高价与低价是一个相对的、发展的概念，不是永恒的、一成不变的，报价人更应掌握其转化过程中的尺度与技巧。

案例 7-1

圆珠笔的报价

1945 年在美国问世的圆珠笔，生产成本只有 0.5 美元。但由于其特有的魅力，引起了人们高度的关注。那时厂商运用高价法，把出厂价定为 10 美元一支市场零售价则高达 20 美元一支。随着圆珠笔进入成熟期，成本降低，加上其生产经营竞争激烈，圆珠笔的价格不断调整，直到现在市场零售价格调低到 0.7 美元左右一支。

（资料来源：杜明汉. 市场营销学. 北京：中国财政经济出版社，2005.）

2. 综合报价技巧

常见的综合报价技巧有以下几种。

（1）附带数量条件的报价技巧。卖方为了鼓励买方大量或集中购买，而根据购买数量或金额来确定报价水平。如果购买量小，价格可适当报高一点；如果购买量大，价格可适当报低一些。购买数量愈大，价格折扣也愈大。例如，一箱水果的价格是40元，10箱可能就是380元，20箱只要740元；制造商为了鼓励客户大量的购买成套设备，在优惠报价的同时，也会以免费赠送一些零配件、易损件的方法促使交易达成。

（2）附带支付条件的报价技巧。卖方视对方的支付方式与时间的情况来确定报价水平，因为不同的支付方式包含的经济含义、风险不同。例如，在国际贸易中，信用证的收汇风险极小，而托收相比之下风险就大。报价时，前者肯定会低于后者。再如，即期付款，分期付款和延期付款不仅涉及风险问题，还涉及利息损失，所以在报价时，它们各有不同的价格也是自然的。

（3）附带供货时间的报价技巧。买卖双方根据供货期间的产品供求状况及季节性来确定报价水平。显然，供不应求处于旺季的产品，价格要高一些；而供过于求，对于淡季或过季的产品，价格就要低一些。

（4）附带成交时间的报价技巧。卖方为了鼓励买方立即或在规定的时间内按既定的报价成交，而提出一定比例的货款回扣或附赠一些现货等优惠条件。该种技巧在商务谈判中是经常被采用的，而且对买方接受既定的报价或立即成交有较大的促进作用。

【阅读资料7-1】

商 业 折 扣

商业折扣（税法中又称"折扣销售"）指实际销售商品或提供劳务时，将价目单中的报价打一个折扣后提供给客户，这个折扣就叫商业折扣。商业折扣通常明列出来，以百分数如5%、10%的形式表示，买方只需按照标明价格的百分比付款即可。

现金折扣是指销货方为鼓励购货方在规定的期限内尽快付款，而协议许诺给予购货方的一种折扣优待，即从应支付的货款总额中扣除一定比例的金额。现金折扣通常以分数形式反映，如2/10（说明10天内付款可得到2%的折扣）、1/20等。

（资料来源：http://zhidao.baidu.com）

3. 心理报价技巧

根据客户的心理因素，采用不同的报价技巧会有积极的效果。

（1）尾数报价技巧。尾数报价是指对日用品或低档商品在报价时报一个价格尾数，以零头数来报价。例如，报价 9.95 元，而不是 10 元，以满足消费者求实求廉的心理。尾数报价在谈判中有以下几个方面的作用。

① 在产品质量以及其他条件一定的情况下，小于整数的带尾数的价格，总是使人感到便宜，如 29 元要比 30 元使人感到便宜得多。

② 价格一般是按实际成本加上适当的利润计算出来的，计算后的价格是整数的情况通常属于巧合，往往会给一种不真实的感觉。所以 9.95 元比 10 元的报价更让人觉得符合实际情况，更客观、更严谨。

③ 带尾数的价格容易使人产生"去尾数，凑整数，便于计算"等心理，有利于讨价还价，尽快成交。

④ 在特殊情况下价格尾数的选择对促成交易也有一定的作用，某些价格尾数可以使价格变得容易接受一些。例如，利用某些民族、地区以及商人对某些数字的偏好心理，在价格尾数中加入或避讳某些数字，比如，香港市民对 6、8、9 很喜欢，因为它是"禄、发、久"的谐音。日本人对 4 和 5 很忌讳，因为它是"死"与"苦"的谐音。

【阅读资料 7-2】

社交礼仪的数字禁忌

商务社交礼仪中，数字的忌讳在很多国家都存在。西方人极端厌恶"13"这个数字，在任何场合都尽量避开它，如高楼的 12 层之上便是 14 层楼，宴会厅的餐桌 14 号紧接着 12 号等。有些人甚至对每个月的 13 日这一天也感到惴惴不安。这是因为西方人认为"13"是个不幸的、凶险的数字。原因来自意大利著名画家达·芬奇创作的名画"最后的晚餐"，基督耶稣和弟子们一起吃饭，参加晚餐的第 13 个人是犹大。犹大为了贪图 30 枚银币，将耶稣出卖给犹太教当权者，并为捉拿耶稣的人带路，使耶稣于 13 号星期五被钉在十字架上。西方人憎恨犹大，也把"13"这个数字当做不幸的象征。在日本，忌讳"4"和"9"字，因为在日语中，"4"与"死"同音，所以日本的医院，都没有 4 号病房和 4 号病床。"9"的发音与"苦"相近，因此也在忌讳之列。韩国人对"4"字也反感，许多楼房的编号严禁出现"4"楼、"4"字编号，在饮茶饮酒时，主人以 1、3、5、7 的单数来敬酒献茶。一些西方人还忌讳"3"。新加坡人忌讳"7"、"8"、"37"。加纳人忌讳"17"、"71"。在非洲，大多数国家认为奇数带有消极色彩，而认为偶数具有积极的象征。

（资料来源：关彤．商务礼仪手册．北京：中国社会出版社，1999.）

（2）整数报价技巧。它是指根据某些特殊商品和特殊消费的特点，利用人们求"高贵"、

"豪华"、"排场"等心理进行整数报价的技巧。例如，对于名贵的西服、豪华的轿车、高档的电器、个性化的服务等，整数报价可能会更迎合有特殊需要和较高消费层次客户的心理需要，便于他们选购，便于消费。

（3）声望报价技巧。它是指利用客户崇拜名牌、讲求优质、显示身价等心理，有意提高报价的技巧。因为有名的企业、名牌产品、高科技产品会给客户带来更好的效益，给人以安全感，它既可以增强报价者的信心，也可以使对方觉得产品质量可靠，刺激购买欲。

（4）招徕报价技巧。它是指以各类特种促销方式，满足客户特种购买心理的报价技巧。为了吸引客户，使客户接受所报价格，可以用特价、拍卖等报价形式；也可以采用为客户免费送货或提供周到舒适的服务的形式；或者有意降低主机价格，然后提高附件和零配件价格等形式达到招徕客户，接受既定价格的目的。

7.2 商务谈判的还价

1. 还价的基本原则

在商务谈判中，还价的基本原则主要包括以下几个方面内容。

（1）做好还价前的各项准备工作。还价不是一种简单的压低价格的行为，它必须建立在市场调查与"货比三家"的基础之上。要求还价者必须掌握标的物市场供应和价格状况及其发展趋势、交易标的物的质量等各项技术指标、市场竞争情况等，以确保还价具有一定的科学依据和资料。

（2）澄清对方报价的确切含义。有经验的谈判人员在接到对方报价后，不是急于要求对方解释为什么如此报价，而是要澄清对方报价的事实，使自己确切明白对方报价究竟是什么含义，而且要准确无误。当情况基本了解后，还应当把自己对对方报价的理解进行归纳总结，并加以复述，以保证还价时的准确性和严肃性。

（3）牢记目标。谈判中的讨价还价是反复进行的，因此要时刻判断讨价还价的幅度与进展离自己的成交价目标还有多远。可以记住对方再降多少数额或百分比，才能进入自己的成交区域。这样，可以使还价者有的放矢，反应迅速，信心十足。

（4）统筹兼顾。还价不能只把目光集中在价格上，应当把价格与技术、商务等各方面的数字、条件和资料联系起来，并把所有的条件作为还价交换的筹码统筹兼顾，这样会适当缓解还价的难度与矛盾。

（5）松紧适宜，尤其是不能过松。还价如果过紧，可能会使对方感到缺乏诚意，愤然退出谈判；如果过松，可能会招致对手的紧逼，使自己毫无退路，处于被动地位。一般来说，应适当从严从紧还价，以掌握谈判的主动权。

2. 还价方式

在商务谈判中,还价方式主要包括以下几个方面内容。

(1) 逐项还价。它是指对主要设备逐台还价,而对安装调试费、员工培训费、技术指导费、工程设计、资料费等分项还价。

(2) 分组还价。它是指根据货物的质量、规格进行分组,按照价格差距档次分别还价。

(3) 总体还价。它是指把货物以及与货物有关的服务项目分别集中还两个不同的价,或仅还一个总价。

总而言之,以上方式采取哪种合适,应具体分析,不能生搬硬套,越适合自己的具体情况,效果越好。

3. 还价的技巧

在商务谈判中,还价的技巧主要包括以下几个方面内容。

(1) 投石问路。它是指在谈判中,针对对方的报价,不急于还价,而是提出与价格有关的假设条件,请对方回答,以便搜集对还价有利的情报和寻找还价的机会。常见的问题有:假如我们订货的数量加倍或减半呢?假如我们与你签订长期订货合同呢?假如我们以现金支付或分期付款呢?假如工程由我们自己提供材料和工具呢?假如我们成套购买或仅购买主机或零部件呢?假如把货物的品质提高标准呢?假如我们自己提货呢?

通过以上的提问和对方的回答。有利于还价方了解其交易物的生产成本,对方设备折旧费的分摊及其生产经营能力,对方价格政策乃至谈判的策略,进而提出有利的还价。

(2) 小处入手。它是指对于大型项目,成套设备和较复杂的交易,还价可采取分批还价的方式,一般可选择差距小的部分先还价。其好处是,还价相对容易被接受,引发谈判的热情,树立谈判的信心,了解对手风格。如果谈判出现僵持局面,不妨可以考虑在"小处"适当作一些让步,然后再在大项目、大金额的部分进行猛攻。比如对方主机价格报价50万元,技术费报价10万元,零配件价格报价5万元,还价可先从零配件或技术费入手。一旦谈判顺利,再谈主机价格,并且还价收紧,这样,有利于向对方施加压力,巩固谈判成果,取得价格谈判的主动权。

(3) 利用竞争。它是指在一些价格构成比较复杂的商品或大型劳务工程项目谈判中,还价一方为了争取最有利的价格和成交条件,可充分利用或制造对手竞争的局面。比如,在工程项目发包中,采用招标的方法,使各承包商为了战胜竞争对手争取中标,除了提高工程质量外,还要尽量压低工程报价。

案例 7-2

饭店招标

某饭店改建，需建造一个标准游泳池。该饭店采用招标方式，初步选定甲、乙、丙三个承包商。饭店负责人在得到三个承包商的标单后，发现每个方案所提供的温水设备、过滤网、抽水设备、设计、装饰材料和价格均不相同。由于技术性强，选择十分困难。饭店负责人最后邀请三个承包商于同一天同一时间到达饭店，并在他们相互认识并了解意图之后，依次进行谈判。谈判中，甲方告诉饭店负责人，他们建造的游泳池质量最好。乙方通常使用陈旧的抽水设备，丙方信誉不好；乙方告诉饭店负责人，甲方和丙方提供的都是塑料管道，而自己提供的是铜管道；丙方则告诉饭店负责人，甲方和乙方使用的过滤网品质低劣，报价太高……饭店负责人通过这种谈判，达到了以下目的：一是了解了有关建造游泳池的知识；二是积累了与承包商还价的经验；最后在要求修改工程预算和施工方案的基础上，选定了价格最低的承包商。

（资料来源：刘文广. 商务谈判. 北京：高等教育出版社，2005.）

（4）灵活应对。它是指在谈判中，还价的方式很多，不要被报价方牵着鼻子走。比如，在谈判中，价格一时降不下来，可根据具体情况，灵活运用其他交易条件，如改变支付方式，要求给予折扣以及免费提供售后服务等。又如，可根据报价方的价格解释、态度及己方资料状况等，采用逐项还价方式、分组还价方式、总体还价等还价方式。

7.3 商务谈判的让步

7.3.1 让步的基本原则

1. 只有在最需要的时候才作让步

让步通常意味着妥协和某种利益的牺牲。对让步一方来说，做出让步承诺无疑是痛苦的。因此，不是迫不得已，绝不要轻易让步。

2. 让步应有明确的利益目标

让步的根本目的是保证和维护己方利益。通过让步从对方那里获得利益补偿，用己方的让步换取对方更大的让步，或者是为了巩固和保持己方在谈判全局中的有利局面和既得

利益等。无谓的让步，或者是以让步作为赢得对方好感的手段都是不可取的。

3. 让步要分轻重缓急

有经验的谈判人员，为了争取主动，保留余地，一般不首先在原则问题、重大问题，或者对方尚未迫切要求的事项上让步。明智的做法是尽量让对方在原则问题、重大问题上先让步，而己方则在对方的强烈要求下，在非原则的、次要的、较小的问题上适当让步。

4. 把握"交换"让步的尺度

谈判中双方"交换"让步是正常的。但应注意，要保证"交换"的现实性，可以在让步后，等待和争取对方让步，在对方做出相应让步前，绝不再让步。"交换"让步，是以利益和必要性为依据的，不能因为对方让步，我方就让步。

5. 让对方感到己方的让步是艰难的

在商务谈判中，千万别让对手轻而易举地得到己方的让步，因为按照心理学的观点，人们对不劳而获或轻易得到的东西通常都不加重视和珍惜。

6. 严格控制让步的次数、频率和幅度

一般来说，让步次数不宜过多，让步过多不仅意味着利益损失大，而且影响谈判信誉、诚意和效率；频率也不可过快，频率过快容易鼓舞对方的斗志和士气；幅度不可太大，幅度太大反映了己方要价太高，太离谱，会使对方展开更猛烈的进攻。

7. 让步要避免失误

在商务谈判中，一旦出现让步失当时，在协议尚未正式签订以前，可采取巧妙策略收回。这种行为从法律角度看，是允许的；从商誉角度看，应尽量避免。如果出现让步失误，要掌握处理技巧加以收回。比如，在某项条款上对方坚持不让步，己方趁机收回原来让步的承诺，重新提出谈判条件，或相应的要求对方做出其他让步，挽回损失。

8. 正确地选择让步时机

让步时机的选择影响让步效果。如果让步过早，会使对方误认为是"顺带"得到的小让步，这将会使对方得寸进尺；如果让步过晚，除非让步价值十分重大（一般少见），否则它将失去应有的作用，对谈判结果影响不大或不发生任何影响。一般而言，让步的主要部分应放在成交期之前，以影响成交条件，而处于次要的、象征性的让步应放在最后时刻，作为最后"甜头"，但必须注意强调这种让步的终局性。

7.3.2 让步的实施步骤

明智的让步是一种非常有力的谈判工具。让步的基本哲理是，"以小换大"。谈判人员必须以局部利益换取整体利益作为让步的出发点，所以，把握让步的实施步骤是必不可少的。

（1）确定谈判的整体利益。谈判人员可从两方面确定整体利益：一是确定此次谈判对谈判各方的重要程度，可以说，谈判对哪一方的重要程度越高，那么，这一方在谈判中的实力就越弱；二是确定己方可接受的最低条件，也就是己方所能做出的最大限度的让步。

（2）确定让步的方式。不同的让步方式可传递不同的信息，产生不同的效果。在现实的商务谈判中，由于交易的性质不同，让步没有固定的模式，通常表现为多种让步方式的组合，并且这种组合还要在谈判过程中依具体情况不断进行调整。

（3）选择让步的时机。让步的时机与谈判的顺利进行有着密切的关系，根据当时的需要，既可我方先于对方让步，也可后于对方让步，甚至双方同时做出让步。让步时机选择的关键，在于应使己方的小让步给对方造成大满足的感受。

（4）衡量让步的结果。让步的结果可以从 3 个方面来衡量：己方在让步后具体的利益得失；做出让步后所取得的谈判地位；让步后讨价还价的力量。

案例 7-3

以理服人　以情动人

20 世纪 80 年代，蛇口招商局负责人袁庚，同美国 PPC 集团签订合资生产浮法玻璃的协议。谈判时，在蛇口方面每年所付给美方的知识产权费用所占销售总额的比率上，双方产生了较大的分歧。美方要价是 6%，而蛇口方面还价是 4%，经过一番讨价还价的争论，美方被迫降下来一个百分点，要价为 5%；而蛇口方面还价是 4.5%。这时，双方都不肯再让步了，于是谈判出现了僵局。怎么办呢？休会期间，袁庚出席美方的午餐会，应邀发表演讲，他故意将话题转向谈论中国古代文化上。他充满激情地说："早在千年以前，我们民族的祖先就将四大发明——指南针、造纸术、印刷术和火药无条件地贡献给了全人类，而他们的后代子孙却从未埋怨过不要专利权是愚蠢的；恰恰相反，他们盛赞祖先具有伟大的风格和远见。"一席激情奔放的讲话，把会场的气氛激活了。接下去，袁庚转到正题上说："我们招商局在同 PPC 集团的合作中，并不是要求你们也无条件地让出专利，我们只要求你们要价合理，只要价格合理，我们一个钱也不会少给！"

这番话虽然是在谈判桌外说的，却深深触动了在座的 PPC 集团的谈判者。回到谈判桌以后，PPC 集团很快做出了让步，同意以 4.75%达成协议，为期 10 年。蛇口的这个协议，比其他城市的同类协议开价低出了一大截。从达成的协议上不难看出，与最初的要价相比，美方让步是 1.25 个百分点，而我方让步仅 0.75 个百分点。

（资料来源：杨群祥. 商务谈判. 大连：东北财经大学出版社，2005.）

7.3.3　让步的方式

谈判的过程实际上也可以理解为是谈判双方不断妥协、让步的过程。不过在具体的让步方式上是隐忍的、因环境而异的。常见的让步方式一般有以下几种。

（1）最后一次到位。这是一种比较坚定的让步方式。它的特点是在谈判的前期阶段，无论对方做何表示，己方始终坚持初始报价，不愿做出丝毫的退让。到了谈判后期或迫不得已的时候，却做出大步的退让。当对方还想要求让步时，己方又拒不让步了。这种让步方式往往让对方觉得己方缺乏诚意，容易使谈判形成僵局，甚至可能因此导致谈判的失败。

（2）均衡。这是一种以相等或近似相等的幅度逐轮让步的方式。这种方式的缺点在于让对方每次的要求和努力都得到满意的结果，因此很可能会刺激对方要求无休止让步的欲望，并坚持不懈地继续努力以取得进一步让步，而一旦让步停止就很难说服对方，从而有可能造成谈判的终止或破裂。但是，如果双方价格谈判轮数比较多、时间比较长，这种"刺激型"的让步方式也可以显出其优越性，每一轮都做出微小的、但又带有刺激性的让步，把谈判时间拖得很长，往往会使谈判对手厌烦不堪、不攻自退。

（3）递增。这是一种让步幅度逐轮增大的方式。在实际的价格谈判中，应尽力避免采取这种让步方式，因为这样做的结果会使对方的期望值越来越大，每次让步之后，对方不但不会感到满足，并且会认为己方软弱可欺，从而助长对方的谈判气势，诱发对方要求更大让步的欲望，使己方很有可能遭受重大损失。

（4）递减。这是一种让步幅度逐轮递减的方式。这种方式的优点在于：一方面让步幅度越来越小，使对方感觉己方是在竭尽全力满足其要求，也显示出己方的立场越来越强硬，同时暗示对方虽然己方仍愿妥协，但让步已经到了极限，不会再轻易做出让步；另一方面让对方看来我方似乎仍留有余地，使对方始终抱着把交易继续进行下去的希望。

（5）有限让步。这是一种开始先做出一次巨大的退让，然后让步幅度逐轮减少。这种方式的优点在于：它一方面向对方显示出己方谈判的诚意和强烈的妥协意愿；另一方面又向对方巧妙地暗示出己方已尽了最大的努力，做出了最大的牺牲，因此进一步的退让已近乎不可能，从而显示出己方的坚定立场。

（6）快速让步。这是一种巧妙而又危险的让步方式。它是指在谈判开始做出的让步幅度巨大，但在接下来的谈判中则坚持己方的立场，丝毫不做让步，使己方的态度由骤软转为骤硬，在谈判快结束时再来一个小小的让步。这种让步方式会使对方由喜变忧，又由忧变喜，具有很强的迷惑性。开始的巨大让步会大幅度地提高买方的期望，不过接下来的毫不退让和最后一轮的小小让步会很快抵消这一效果。这是一种很有技巧的方法，它向对方暗示，即使进一步的讨价还价也是徒劳的。但是，这种方式本身也存在一定的风险性：首先，它把对方的巨大期望在短时间内化为泡影，可能会使对方难以适应，影响谈判顺利进行；其次，开始做出的巨大让步可能会使卖主丧失在高价位成交的机会。

（7）退中有进让步。这种让步方式代表一种更为奇特和巧妙的让步策略，因为它更加有力地、巧妙地操纵了对方的心理。第一轮先做出一个很大的让步，第二轮让步就已经让到了极限，但在第三轮却安排小小的价格回升，比如，卖方会突然提出记错价格了，以这个价格无法成交；或者老板在这时候出现指责销售人员怎么这么低的价格就可以出售等类似情况。对于以上情况，买方在一般情况下当然不会接受。然后在第四轮里卖方再假装被迫做出让步，把价格降到第二轮让步的水平。这样一升一降，实际让步总幅度并未发生变化，却使买方得到一种心理上的满足。

（8）一次性让步。这是一种比较低劣的让步方式。在谈判一开始，就把己方所能做出的让步和盘托出，这不仅会大大提高对方的期望值，而且也没有给己方留出丝毫的余地。接下来的完全拒绝让步显得既缺乏灵活性，又容易使谈判陷入僵局。

7.3.4　让步的技巧

在商务谈判的磋商中，每一次让步，不但是为了追求自己的满足，同时还要充分考虑到对方的最大满足。谈判双方在不同利益问题上相互给予对方让步，以达成谈判的最终目标。这种以己方的让步换取对方在另一问题上让步的技巧，称为互利互惠的让步技巧；在时空上，以未来利益上的让步换取对方近期利益上的让步，称之为予远利、谋近惠的让步技巧；若谈判一方以不作任何让步为条件，而获得对方的让步也是有可能的，称为于己方丝毫无损的让步技巧。

1. 互利互惠的让步技巧

谈判不会是仅仅有利于某一方的洽谈。当一方做出了让步，必然期望对方对此有所补偿，获得更大的让步。

争取互惠式让步，需要谈判者具有开阔的思路和视野。除了某些己方必须得到的利益必须坚持以外，不要太固执于某一个问题的让步，而应统观全局，分清利害关系，避重就轻，灵活地使本方的利益在某方面能够得到补偿。

为了能顺利地争取对方互惠互利的让步，商务谈判人员可采取的技巧有以下两个方面内容。

（1）该承诺与公司指示相悖。当己方谈判人员做出让步时，应向对方表明，做出这个让步是与公司政策或公司主管的指示相悖的。因此，己方如果同意这样一个让步，即贵方也必须在某个问题上有所回报，这样我们回去也好有个交代。

（2）把对方和己方的让步联系起来。表明己方的让步是建立在对方让步的基础上的，只要对方的承诺能够实现，己方的让步是丝毫没有问题的

比较而言，前一种言之有理，易获得成功；后一种则直来直去，比较生硬。

2．予远利谋近惠的让步技巧

在商务谈判中，参加谈判的各方均持有不同的愿望和需要，有的对未来很乐观，有的则很悲观；有的希望马上达成交易，有的却希望能够等上一段时间。因此，谈判者自然也就表现为对谈判的两种满足形式，即对现实谈判交易的满足和对未来谈判交易的满足。现实的满足程度是看得见摸得着的，比如，卖方适当的降价，买方得到了实实在在的好处。而对未来的满足程度，则完全凭借谈判人员自己的感觉，比如，购买了这项技术将来会给企业带来怎样的经济利益。

对于有些谈判人员来说，可以通过给予其期待的满足或未来的满足，而避免给予其现实的满足，即为了避免现实的让步而给予对方以远利。比如，当对方在谈判中要求己方在某一问题上做出让步时，己方可以强调若能保持与己方的业务关系，将能给对方带来长期的利益，而本次交易对是否能够成功地建立和发展双方之间的这种长期业务关系是至关重要的，要向对方说明远利和近利之间的利害关系。如果对方是精明的商人，是会取远利而弃近惠的。其实，对己方来讲，采取予远利谋近惠的让步技巧，并未付出什么现实的东西，却获得近惠，何乐而不为呢！

3．丝毫无损的让步技巧

丝毫无损的让步是指首先认真地倾听对方的诉说，并向对方表示："我方充分地理解您的要求，也认为您的要求是合理的，但就我方目前的条件而言，因受种种因素的限制，实在难以接受您的要求。我们保证在这个问题上我方给予其他客户的条件绝对不比给您的好。希望您能够谅解。"如果不是什么大的问题，对方听了上述一番话以后，往往会自己放弃要求。

谈判是具有一定艺术性的。人们对自己争取某个事物行为的评价，并不完全取决于最终的行为结果，还取决于人们在争取过程中的感受，有时感受比结果还重要。一位谈判专家曾经说过："人们满意时，就会付出高价。"以下每个让步的表现都会提高对方的满意

程度，而于己方又丝毫无损，可以采取如下措施：注意倾听对方所说的话；尽量给他最圆满的解释，使他满意；如果你说了某些话，就证明给他看；即使是相同的理由，也要一再地说给他听；对待他温和而有礼貌；向他保证其他顾客的待遇都没有他好；尽量重复指出这次交易将会提供给他完美的售后服务；向他说明其他有能力及受尊敬的人也作了相同的选择；让他亲自去调查某些事情；如果可能，向他保证未来交易的优待；让公司中高级主管亲自出马，使对方更满意而有信心；让他了解商品的优点及市场的情况。

7.4 谈判僵局

谈判陷入僵局往往是由于双方感到彼此在多方面的期望相差甚远，并且在各个主题上这些差异相互交织在一起，难以出现缓解的迹象。要想打破谈判的僵局，必须对谈判僵局产生的原因作进一步的分析。

7.4.1 僵局产生的原因

1. 施加压力

谈判的一方由于实力强，通过制造僵局来给对方施加压力。这种情况，僵局是作为一种策略来使用的，目的是迫使对手就范。

这种僵局的制造一般是通过强迫手段来实现的，这种僵局对谈判是具有破坏性的，因为强迫意味着不平等、不合理，意味着恃强凌弱。

2. 立场性争执

立场性争执是指谈判双方撇开了双方各自的潜在利益，而过分关注于双方的立场。其实谈判双方在立场上关注越多，就越不能调和双方利益，也就越不可能达成协议。

案例 7-4 就是一个立场性争执的典型案例。

案例 7-4

荷伯·科恩买煤矿

美国著名谈判专家荷伯·科恩有一次代表一家大公司去东俄亥俄购买一座煤矿，矿主开价 2 600 万美元，荷伯还价到 1 500 万美元，但矿主态度十分强硬，拒不让价。最后，当科恩开价上升到 2 150 万美元时，矿主仍不妥协，这使荷伯感到奇怪。按理说，这个开价比较客观、合理,为了找出原因,他邀请矿主共进晚餐,在晚餐中矿主讲出了他不让价的原委。原来矿主有个弟弟,弟弟从小在父母、以及亲戚朋友的眼中都比他优秀,矿主一直不服气。后来两人都开了煤矿,他兄弟的煤矿卖了 2 550 万美元,还有一些附加利益。矿主认为他煤矿的卖价怎么也不能低于弟弟,否则会让别人看不起。"原来如此"荷伯心中顿时豁然开朗。知道了事情的来龙去脉以后,荷伯对他弟弟煤矿销售的情况做了详细的了解。

不久,谈判顺利达成了协议,最后的价格并没有超过公司的预算,但是付款的方式和附加条件使矿主感到跟他兄弟的矿相比,自己的矿卖得更好,为他争回了面子。

可见立场性争执只要找到问题的关键点,就能比较容易得找到双赢的解决方案。

(资料来源:杰勒德. 哈佛谈判学. 西南财经大学出版社, 2000.)

立场性争执产生的僵局只要找到双方共同的潜在利益,一般就可以得到解决。

3. 合理要求的差距

合理要求的差距是指双方都想从一桩交易中获得所期望的好处而不肯做进一步的让步时,这桩交易就陷入了僵局。究其原因,就是双方合理要求差距太大。

 案例 7-5

合理要求的差距

一位顾客走进一家汽车商店,看见一辆标价 10 000 美元的红色敞篷轿车,他情不自禁地想买下来。但他手上只有 8 000 美元,并且最多也只愿付这个数。于是这位顾客与店主开始讨价还价,并运用各种技巧让店主相信他的出价是合理的。可是店主只愿意打 5%的折扣,并表示这是最优惠的条件了,这时谈判陷入僵局。其实谁也没有过错,从各自角度看,双方坚持的成交条件也是合理的。如果双方都想从这桩交易中获得所期望的好处而不肯进一步让步的话,那么这笔交易是没有希望获得成功的。

(资料来源:窦然. 国际商务谈判. 上海:复旦大学出版社, 2008.)

4. 感情对立,沟通困难

谈判双方由于用语不当,双方或者一方感到受到屈辱,自尊心受到伤害,因而不肯作丝毫让步,使谈判陷入僵局,或者是由语言沟通上的障碍,使谈判陷入僵局。造成谈判双方感情对立,沟通困难的具体原因有以下几种。

(1)人员素质。无论是谈判人员作风方面的,还是知识经验、策略技巧方面的不足或失误都有可能造成谈判僵局乃至败局。谈判人员的无知、好自我表现、怕担责任等不仅会给谈判与交易带来风险，而且也是造成谈判僵局的重要原因。在具体谈判的过程当中，谈判人员不适宜地采用隐瞒真相、拖延时间、最后通牒等策略手段也会导致谈判过程受阻、对方感情受损。其实，以上这些谈判中的失误究其原因大多在于谈判人员的素质。

沟通障碍是指谈判双方在交流彼此情况、观点，洽商合作意向、交易的条件等过程中所遇到的由于主观与客观的原因所造成的理解障碍。产生理解障碍的原因有以下几种。

（2）双方文化背景的差异。在国际商务谈判中，由于双方语言表述方面的差异，翻译的误译等会导致双方的沟通障碍。

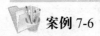

案例 7-6

一个字的代价

某跨国公司总裁访问一家中国著名的制造企业，商讨合作发展事宜。中方总经理很自豪地向客人介绍说："我公司是中国二级企业……"此时，译员很自然地用"Second-Class Enterprise"来表述。不料该跨国公司总裁闻此，原本很有兴致的表情突然冷淡下来，敷衍了几句立即起身告辞。在归途中他抱怨说："我怎么能同一个中国的二流企业合作？"可见一个小小的沟通障碍直接影响到合作的可能与否。

（资料来源：李祖武. 商务谈判. 北京：中国财政经济出版社，2005.）

（3）一方虽已知悉却未能理解另一方所提供的信息内容。由于接收信息者对信息的理解受其职业习惯、受教育的程度以及为某些领域内的专业知识所制约。所以，有时表面上看来，接收信息者似乎已完全理解了信息内容，实际上这种理解常常是主观的、片面的，甚至往往与信息的内容完全相反。

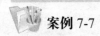

案例 7-7

沟 通 障 碍

一个书生上街买柴，他向一个卖柴者招手说道："荷薪者过来。"

卖柴者听不太明白，但听到"过来"二字，便挑着担子走到他跟前，书生又问："其价几何？"

卖柴者听到"价"字，便告诉他。

书生听了嫌贵,便又说道:"外实而内虚,烟多而焰少,请损之。"

这位卖柴者实在听不懂,便挑起柴担子走人了。

(资料来源:李祖武. 商务谈判. 北京:中国财政经济出版社,2005.)

从案例 7-7 可以看出,这位书生讲话不看对象。致使买卖无法进行。因此,面对不同的谈判对象,谈判者必须细心区别,深入了解。从对方的实际情况出发,寻找适合其特点的谈话方式和语言材料。这样才能保证谈判双方的正常交流,获得理想的沟通效果。

(4)一方虽已理解却不愿接受这种理解。由于谈判一方想坚持自己的观点,所以对对方的解释、说明表示出不理解的态度,因为一旦接受了对方的这种价格解释或者说明,就会对自己原来坚持的观点产生影响。因此,他尽管能理解对方的意图,却不愿接受这种理解。

【阅读资料 7-3】

百闻不如一见

我国曾获得一笔世界银行某国际金融组织的贷款用以建造一条二级公路。按理说,这对于我国现有筑路技术和管理水平来说是一件比较简单的事情,然而负责这个项目的某国际金融组织的官员却坚持要求我方聘请外国专家参与管理,这就意味着在这个项目上的开支会大大增加,于是我方表示不能同意。并且在谈判中向该官员详细介绍了我方的筑路水平,并提供了有关资料,这位官员虽提不出疑义,但由于以往缺乏对中国的了解,或是受偏见支配,他不愿放弃原来的观点,这时谈判陷入了僵局。为此,我方特地邀请他参观了几条我国自行设计的高水准公路,并让有经验的专家作了详细地说明和介绍。正所谓百闻不如一见,心存疑虑的国际金融组织官员总算彻底信服了。

(资料来源:维普资讯网)

7.4.2 打破僵局的技巧

依据上述产生僵局的原因,可以有针对性地采取如下几种打破僵局的技巧。

1. 感情联络法

感情联络法是当商务谈判陷入僵局时,谈判的一方巧妙地利用感情因素和手段,影响和改变对方的观点和立场,使对手让步,从而缓解谈判僵局的方法。

运用感情联络法的前提是：双方原来有过生意往来，彼此有一定的感情基础，在这种情况下，若出现僵局，利用感情因素来打动对方，是最好的方法。对方是注重感情的，易被真挚的情感所打动，若对手生性冷漠、傲慢，认利不认情，那么运用感情联络法可能是一种失策，因为对手很有可能认为你是心虚或软弱，而会变本加厉地剥夺你的利益。

商务谈判双方一旦形成僵局，一般情况下很难沟通，因为双方人员处于戒备甚至对立状态。因此，关键是要把谈判气氛缓和下来。

运用感情联络法的技巧时应注意以下几个问题。

（1）己方态度诚恳。人的理性是受情感所左右的。谈判的成功，不仅有赖于双方利益的互补和均衡，也有赖于双方情感上的融洽与一致。己方态度诚恳，往往能消除对方的疑虑，增进彼此间的信任，削弱彼此间的防御心理，从而得以缓解谈判的僵局。

案例 7-8

以 诚 待 人

乔·吉拉德是一个诚恳的精明人。因为售出 1.3 万多辆汽车，乔·吉拉德创造了商品销售最高纪录而被载入吉尼斯大全。他曾连续 15 年成为世界上售出汽车最多的人，其中 6 年年平均售出汽车 1 300 辆。

乔将诚恳贯穿在自己的整个推销生涯中，贯穿于每一次生意洽谈的始终。乔说："不论你推销的是任何东西，最有效的办法就是让顾客相信，真心相信，你喜欢他、关心他。"如果顾客对你有好感，你成交的希望就增加了。要使顾客相信你，那你就必须了解顾客，收集顾客的各种有关资料，这是诚恳待人的基础。"

乔的诚恳还表现在他的售后服务上。乔有一句名言："我相信推销活动真正的开始在于成交之后，而不是之前。"推销是一个连续的过程，成交既是本次推销活动的结束，又是下次推销活动的开始。推销员在成交之后继续关心顾客，将会赢得老顾客，又能吸引新顾客，使生意越做越大。

（资料来源：杜明汉. 市场营销学. 北京：中国财政经济出版社，2005.）

（2）己方襟怀坦白。直爽坦白容易引起人们的亲切感和信任感，可以获得对方的同情和理解。尤其是当你的对手处于强势时，襟怀坦白，不卑不亢，容易引起对手的尊重和让步。相反，耍小花招或满脸媚态反而会适得其反。

（3）注意累积感情。在洽谈过程中及谈判前后，都应与谈判对手多接触、多交往，注意增进双方的感情，做到以情动人。比如采用短暂的休会，以缓和气氛、联络感情；安排一些活动，如游览、宴会等，以增进感情。

 **案例 7-9**

谈判中的茶道

东南亚某个国家的华人企业要为日本一著名电子公司在当地做代理商。双方几次磋商均未达成协议。在双方又一次坐到谈判桌前时，华人企业的谈判代表发现日方代表喝茶及取放茶杯的动作十分特别，于是他说道："从某君（日方的谈判代表）喝茶的姿势来看，您十分精通茶道，能否为我们介绍一下？"这句话正好点中了日方代表的兴趣所在，于是他滔滔不绝地讲述起来。谈判休息时，又请华人代表到一个很知名的茶屋去喝茶，共同探讨喝茶之道。结果，后面的谈判进行得异常顺利，那个华人代表终于拿到了他所希望的地区代理权。

（资料来源：林逸仙. 商务谈判. 上海：上海财经出版社，2004.）

（4）真诚地表露出对对方的情义。在谈判陷入僵局时，应显示出"生意不成仁义在"的高姿态，这样反而会使对方心里感到对不起你，从而主动地做出让步。

2. 仲裁调解法

仲裁调解法，是指谈判陷入僵局时，谈判的双方因为争执不下而请第三者来仲裁调停，从而缓解谈判僵局的策略与方法。

当谈判双方因严重对峙而陷入僵局时，双方信息沟通就会发生严重障碍，互不信任，互相存在偏见甚至敌意，这时由第三方出面调解可以为双方保全面子，使双方感到公平，信息交流也可以变得畅通起来。中间人在充分听取各方解释、申辩的基础上，能很快找到双方冲突的焦点，分析其背后所隐含的利益分歧，据此寻求弥合这种分歧的途径。

运用仲裁调解法的技巧时应注意以下几个问题。

（1）必须选好仲裁者。仲裁者通常应具备的条件：主持公道；阅历较深；精通业务并有较丰富的社会经验；得到双方的认可与尊重。

（2）对仲裁者的要求。仲裁者能对有关法律、政策、规定的事项做出公正的裁判，并提出实际的解决方法；能使陷入僵局的双方继续谈判；能提出对双方有利的创造性思想；能建议用双方都妥协的方法达成交易。

（3）警惕仲裁者的错误。仲裁者可能由于种种原因，不自觉地形成某种偏见；可能受某一方面言辞的影响而被利用；在调停和解决某项争议时，可能会使问题更加复杂化；可能被一方贿赂收买。

如果有了充分的理由怀疑仲裁者的公正，就应及时而坦率地向对方提出更换仲裁者的要求。如果仲裁结果明显不利于己方，则应找借口否定这种仲裁。

3. 先苦后甜法

先苦后甜法，是指谈判陷入僵局时谈判的一方运用软硬兼施的手段，首先派出持强硬态度的谈判者胁迫对方，从气势上压住对方，当对方被唬住时，再派其他谈判人员以缓和的口气，提出"合情合理"的条件促使对方接受，从而缓解谈判僵局的方法。

运用先苦后甜法技巧时应注意以下几个问题。

（1）先是"强硬派"出场，攻方先由一个人采取强硬的立场，做狮子大开口的要求，从气势上压倒对方，给对方在心理上造成错觉，迫使对方让步，或将对方主谈者激怒，使其在愤怒中失去应有的理智。

（2）若己方已取得预期效果，再派"缓和派"出场，以亲切的态度，提出相对"合情合理的建议"，使对方接受。

（3）运用先苦后甜法，尤其要注意把握时机和分寸，配合默契，否则会弄巧成拙。

在谈判过程中，此法只是在不得已的情况下才使用，切不可滥用。

案例 7-10

先 苦 后 甜

富翁霍华·休斯有一次要大量采购飞机，与飞机制造商的代表进行谈判。由于数额巨大，对飞机制造商来说是一笔好买卖。但休斯提出要在协议上写明他的具体要求，项目多达 34 项。由于他态度跋扈，立场强硬，方式简单，拒不考虑对方的面子，也激起了飞机制造商的愤怒，对方也拒不相让。谈判始终冲突激烈，最后飞机制造商宣布不与他谈判。休斯不得不派他的私人代表出面洽商，条件是只要能获得他要求的 11 项基本条件，就可以达成他认为十分满意的协议。该代表与飞机制造商洽商后，结果出乎意料，除了达到休斯提出的 11 项基本条件外，该代表又额外争取到 19 项条件的达成，当休斯问他的私人代表如何取得这样辉煌的战果时，他的代表说："那很简单，在每次谈不拢时，我就问对方，你到底希望与我一起解决这个问题，还是留待霍华·休斯来跟你解决。"结果对方自然愿意与他协商，条款就这样一项一项地解决了。

（资料来源：窦然. 国际商务谈判. 上海：复旦大学出版社，2008.）

4. 转换议题法

转换议题法，是指谈判双方在某个议题上经双方协商而仍然毫无进展，导致双方的情绪都处于低潮，这时，可避开对该议题的讨论，换一个新的议题与对方磋商，以等待情绪高潮的到来。当其他议题取得成功时，再回过头来重新谈原来陷入僵局的议题，就会比较容易达成协议。

案例 7-11

防 克 菜 篮

某厂家代表向一个公司经理推销自己生产的专利产品：防克菜篮（一种可以防止缺斤短两的菜篮），希望由该公司总经销。其他方面都没有问题，但是双方在价格问题上始终谈不拢，一次、两次、三次，都因价格问题而使谈判失败。第四次，厂家代表改变了策略，双方刚一见面对方就说："价格不降，我们不能接受，即使再谈也没有用。"厂家代表马上回答说："经理先生，今天我不是同您来谈价格的，我是有一个问题要向您请教，您能花一点时间满足我的要求吗？"经理愉快地接受了。厂家代表说："听说您是厂长出身，曾经挽救过两个濒临倒闭的企业。您能不能给我们一点指导？"在对方一阵愉快的谦逊之后，厂家代表接着说："我们的菜篮正如您所说，价格偏高，所以销售第一站就在你们这里受阻了。再这样下去，工厂非倒闭不可。您有这方面的经验，您能不能告诉我，如何才能降低这菜篮子的成本，达到您所要求的价格而我们又略有盈余？"

然后厂家代表与经理逐项算账，从原材料型号、价格、用量、到生产工艺、劳务开支等，进行了详细的核算，并对生产工艺进行了多方改进，结果价格却只是微微降了一些。当然对经理先生所付出的劳动，厂家代表报以真诚的感谢，送上一个礼品以示谢意，同时表示一定接受经理的意见，在工艺上进行改进，以减少生产成本。然后当厂家代表再谈到总经销价格时，对方没有任何犹豫就接受了，并说："看来这个价格的确不能再降，你们做了努力，我们试试吧。"

（资料来源：商务谈判．杨群祥．大连：东北财经大学出版社，2005．）

运用转换议题法的技巧时应注意以下几个问题。

（1）最好先由对方采取主动改变话题打破僵局。这说明对方承受的压力比己方大，使己方既可摸清对方的新思路，又可以少做点让步。

（2）当经过相当多的争执与沉默之后，己方没有把握对方会先改变话题，而僵局的持续给己方带来很大压力时，可采用以下方法打破僵局：说些笑话，缓和气氛；改变付款方式；另选谈判时间；改变售后服务的方式；改变交易形式；改变合同的形式；改变谈判的地点；改变对产品的质量与配套的要求。

其实在谈判陷入僵局时，如果僵持下去只会给双方带来更大的压力。一方主动转换议题另一方私下里是欢迎的，因为许多僵局并不是交易条件差距太大，而是双方谈判人员其他方面的差距，比如害怕丢面子或者心情不好等。所以即使己方的建议没有被对方所用，也会使一个近乎破裂的谈判缓和下来。

5. 转入幕后法

转入幕后法，是指谈判快陷入僵局或已陷入僵局时，谈判的一方不想作较大让步，于是有决策权的人转入幕后指挥，而让代理人替其谈判，以打破僵局的方法。

运用转入幕后法的技巧时应注意以下几个问题。

（1）选用的代理人条件要合适，要根据不同的场合和谈判的内容选用合适的代理人。

（2）有的谈判不适合用这种方法，有些关系全局的重大谈判，必须由有决策权的本人亲自出面。如果委托给代理人，将无法达成协议，也会影响谈判的严肃性。

（3）对代理人应授予有限的权利，这样会使其在谈判中会更机动灵活。

（4）代理人在谈判中的语言可以自如、随便一些，说话更少顾忌，便于提出要求，因为即使有说话不当的地方，最后也有人收场。

6. 多案选择法

由于谈判双方的立场性分歧导致的谈判僵局，可以用多案选择法，它是一种典型的、双赢的打破僵局的方法。谈判者是为了自身的利益坐到一起的，然而在实际谈判中，谈判人员往往把更多的注意力集中在各自所持的立场上，当双方的立场出现矛盾和对立时，僵局就不可避免了。在双方处于僵持状态时，谈判者似乎并不愿再去考虑双方潜在的利益到底是什么，而是一味地希望通过坚持自己的立场来"赢"得谈判。这种偏离谈判的出发点，错误地把谈判看成是"胜负战"的做法，其结果只会加剧僵局本身。

如把注意力集中在立场背后的利益，找一种全新的多案解决方法，可能会给谈判带来新的希望。

有一句俗语"条条大路通罗马"用在谈判上也是恰如其分的。谈判中一般存在多种可以满足双方利益的方案，而当这种方案不能为双方同时接受时，僵局就会形成。在这种情况下，可以再考虑用其他的替代方案去解决，僵局就可缓解。

在运用上述方法时，一定要注意双方谈判陷入僵局的原因是由立场性争执引起的，如果属于双方合理要求的差距使谈判陷入僵局，这种方法是行不通的。

作为一个训练有素的商务谈判者在出现立场性争执时，最好不要把所有的问题都摊开，不要把自己需要什么以及为什么需要都讲出来，也绝对不能把自己承受的压力暴露出来，给对方可乘之机。而应该从容、镇定，给人以信任感，这样打破僵局才有希望。

7. 暂时休会法

暂时休会法，是指在谈判中，双方观点产生差异，情感上出现裂痕，谈判的一方提出休会以缓和情绪，从而化解僵局的一种方法。

运用暂时休会法的技巧时应注意以下几个问题。

（1）休会一般先由一方提出，只有经过双方同意，这种方法才能发挥作用。要取得对方同意，首先，要求提建议的一方把握好时机，看准对方态度的变化。如果对方也有休会的要求，很显然，双方一拍即合；其次，要委婉地讲清需要，一般来说，参加贸易谈判的各种人员都是有涵养的，不会回绝这一要求。

（2）在提出休会建议时，谈判人员不是去休息，而是继续为谈判工作。提出休会时，应讲清休会的时间及休会后再谈的问题，尽量避免谈新的问题，先解决眼前的事情。

（3）休会期间双方应集中考虑的问题。休会期间双方应冷静下来客观地分析形势；缓和紧张气氛，以新的合作气氛进入下一轮的谈判中；调整洽谈策略；提出顺利成交的新方案。

暂时休会法除了在谈判出现僵局时可以使用外，还可以在许多情况下使用。比如，在商务谈判接近尾声时，在谈判出现低潮时都可以使用。

8. 中途换人法

中途换人法是指在谈判过程中，由于谈判人员的偏见与成见，在争论问题时伤害了一方或双方人员的自尊心，使谈判陷入僵局，或者由于谈判双方交情颇深，不想因为谈判把个人关系弄得太僵，采用更换谈判人员的方法，以缓和谈判气氛，打破谈判僵局。

中途换人，可以把自己一方对僵局的责任归咎于原来的谈判人员——不管他们是否应该担负这种责任，这种方法为己方主动回到谈判桌前找到一个借口，缓和了谈判场上对峙的气氛。

案例 7-12

聪明的诸葛亮

看过《三国演义》的人都知道，刘备并吞西川后，孙权打发诸葛亮之兄诸葛瑾到成都，向诸葛亮哭诉全家老小已被监禁，要诸葛亮念同胞之情，找刘备归还当日向孙权所借之荆州。

诸葛亮不愧是位出色的外交活动家、谈判能手，得知诸葛瑾要到成都的消息，便教刘备"只需如此、如此"。

诸葛瑾到达成都后，果然来找诸葛亮哭诉，诸葛亮满口答应道："兄休忧虑，弟自有计还荆州便了。"

随即，诸葛亮引诸葛瑾见刘备。刘备先是不允，诸葛亮为表示手足之情，竟"哭拜于地"。刘备再三不肯，诸葛亮"只是哭求"。

这时候，刘备开始"动摇"了，在诸葛亮的苦苦哀求下，勉强答应道："看军师面，分荆州一半还之，将长沙、零陵、桂阳三郡与他。"这时诸葛亮作了一个小小的点拨："既蒙见允，便可写书与云长，令交割三郡。"刘备心领神会，给关羽修书一封，并叮嘱诸葛瑾："子瑜到彼，需用善言求吾弟，吾弟性如烈火，吾尚惧之，切宜仔细。"

诸葛瑾随书到了荆州，关羽看了后不买账，说："吾与吾兄桃园结义，誓共匡扶汉室。荆州本大汉疆土，岂得妄以尺寸与人！'将在外，君命有所不受'。虽吾兄有书来，我却只不还。"

诸葛瑾碰了一鼻子灰，只好再往西川见诸葛亮，而此时诸葛亮已经开溜，出巡去了。诸葛瑾只好再去见刘备。

刘备仍未破坏其形象，对诸葛瑾说："吾弟性急，极难与合，子瑜可暂回，容吾取了东川、汉中诸郡，调云长往守之，那时方得交付荆州。"

诸葛瑾悻悻而归，终未索回荆州。

在诸葛亮导演的这场谈判中，刘备一方四易其人，化解了一个又一个僵局，既未伤诸葛瑾的面子，又未归还荆州，谈判以刘备一方彻底胜利而告终。

（资料来源：黎淘．双赢谈判．北京：中国纺织出版社，2007.）

运用中途换人法的技巧时应注意以下几个问题。

（1）如果前任做出了于己方不利的允诺，替补者可以否定和抹杀前任已作的让步和允诺要求重新开始。

（2）如果需要打破已形成和即将形成的僵局，替补者则可以避开原来争吵不休的议题，更换议题；也可以继承前任的有利因素，运用自己的新策略，更加有力地控制对方，迫使对方不得不做出让步；还可以以调和者的身份，通过运用有说服力的资料、例子，去强调所谓公平、客观标准和双方共同的利益，使大事化小，小事化了，以赢得对方的好感，为后续谈判的正常化打下基础。

（3）如果对方成交心切，有求于己方时，己方即可通过替补者的出现和谈判的从头开始，给对方造成怕拖、怕变的压力，促使对方接受原来所不同意的让步，从而使己方达到谈判的目的。

（4）换人要向对方作婉转的说明，使对方能够理解。

（5）不要随便换人，即使出于迫不得已而换人，事后也要向换下来的谈判人员做工作，不要挫伤他们的积极性。

9. 上级出面法

上级出面法是指在商务谈判中，由于一方谈判人员得不到对方的信任，或者由于双方的要约条件必须得到上级批准才能成交，以致形成僵局时，可以请其上级出面从而打破僵局的一种方法。

运用上级出面法的技巧时应注意以下几个问题。

（1）如果己方请出上级后，己方主谈人的身份地位变高，既能够说明己方对谈判的重视程度，也会对对方起一定的威慑作用，从而为己方赢得居高临下的优势。

（2）当己方处于劣势且有求于对方时，请出己方的上级，一方面满足了对方的虚荣心，另一方面在情面上又不好意思拒绝，这样我方稍做让步即可打破僵局。

（3）如果双方各自请出自己的上级，能缓和气氛，使原来的僵局不攻自破，有利于达成双方均满意的协议。

10. 有效退让法

谈判过程中由于情绪性的对立，导致谈判双方僵持不下，最后甚至轻易地让谈判破裂，实在是不明智的。其实如果能在一些问题上作有效的退让，说不定还能在其他条件上赢得更多的利益。所以有效退让也是化解僵局的一种非常有效的方法。

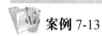

案例 7-13

以 退 为 进

有一次，我国某公司要从国外进口一套设备。一开始双方在价格上就各不相让，并且后来双方由价格的对立转到了情绪上的对立，谈判气氛很不融洽。双方僵持了很久，经过休会以后，也没有得到根本的缓解。最后我方谈判人员主动提出让步，外方代表很高兴，结果在设备功能、交货时间、运输条件、付款方式等方面作了很大的让步，总体算下来我方也没有因为价格上的让步而导致损失。

（资料来源：新浪财经）

11. 场外缓解法

场外缓解法是指借用场外的行动来促使僵局的缓解，从而促使交易的达成。由于情绪型对立僵局加入了更多的感情色彩，出于缓和情绪的考虑，场外缓解可能起得作用更大一些，因为场外的气氛更融洽、和谐，有利于人们平和心态增进感情。

运用场外缓解法的技巧时应注意以下几个问题。

（1）谈判者必须明确，在一场谈判中，用于正式谈判的时间是不多的，大部分时间都是在场外度过的，必须把场外活动看成是谈判的一部分。场外谈判往往能得到正式谈判所得不到的东西。

（2）不要把所有的事情都放在会议桌上讨论，而是要通过一连串的社交活动，讨论和研究问题的细节。

（3）当谈判陷入僵局，就应该离开谈判桌，举办多种娱乐活动，使双方无拘无束地交谈，促进相互了解，沟通感情，建立友谊。

（4）借助社交场合，主动和非谈判代表的有关人员交谈，借以了解对方更多的情况，例如，工程师、会计师、工作人员等，他们往往会使你得到意想不到的收获。

（5）在非正式场合，可由非正式代表提出建议，发表意见，以促使对方思考。因为即使这些建议和意见是很不利对方的，对方也不会追究。毕竟，讲这些话的不是谈判代表。

总而言之，不管采用何种方法，一定要坚持有理有节，然后再以理服人，以礼待人，让对方充分地表现自己，甚至可以适当抬高对方谈判人员的声望，用来缓和谈判气氛。

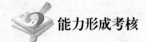

能力形成考核

一、复习思考题

1. 商务谈判的报价应遵循哪些原则？
2. 打破谈判僵局的技巧有哪些？举实例说明。
3. 让步的方式有哪些？它们各自的特点是什么？
4. 僵局产生的原因有哪些？
5. 商务谈判中的僵局非常难化解，所以在谈判中尽量别制造僵局，这句话对吗？

二、实训题

假如你看中了一套房子，地点非常理想，想买下来，对方开价是每平方米 4 000 元，你觉得这房子只值每平方米 3 500 元,而你打算出价每平方米 3 000 元。你会怎么做?

三、案例分析

案例

有一家百货公司,计划在市郊建一个购物中心,百货公司选中了一块土地而该土地的使用权归张桥村所有。百货公司愿意出价 100 万元买下使用权,而张桥村却坚持要价 200 万元。经过几轮谈判,百货公司的出价上升到 120 万元,张桥村的要价降到 180 万元,双方再也不肯让步了,谈判陷入了僵局。

看起来,张桥村坚持的是维护村民利益的立场,因为农民以土地为本,失去了这片耕地的使用权,他们就失去了一部分生活之本。因此,他们想多要一些钱来办一家机械厂,另谋出路;而百货公司站在维护国家利益的立场上,因为百货公司是国有企业,让步到 120 万元已经是多次请示上级才定下来,他们想在购买土地使用权上省一些钱,用于扩大商场规模。然而冷静地审视双方的利益,则可发现双方对立的立场背后存在着共同利益,失去土地的农民要办一家机械厂谈何容易,而百货公司要扩大商场规模,就要招募一大批售货员,这也是迫在眉睫的事。早一些将项目谈成,让购物中心快点建起来,依靠购物中心吸纳大量农村劳动力,既可解决农民谋生问题,又可解决补充售货员的困难,这就是双方共同的利益所在。于是双方重新设定了一个替代方案,很快找到了突破僵局的做法。方案之一,按 120 万成交,但商场建成后必须为张桥村每户提供一个就业名额;方案之二,张桥村以地皮价 120 万入股,待购物中心建成后,划出一部分由农民自己经商,以解决生活出路问题。于是双方的需要得到了满足,谈判顺利突破了僵局。

分析:你还能找出其他的解决方案吗?试试看,帮他们签一份合约。

第8章 商务谈判签约

学习目标

- 掌握商务谈判终结的判定方法
- 熟悉并掌握商务谈判的签约和担保程序
- 熟悉商务谈判结束后的相关事宜

案例导入

日美谈判的启发

1970年,美国和日本的经济贸易出现了比较大的逆差,美国总统尼克松多次要求当时的日本首相佐藤主动限制向美国出口纺织品,佐藤在去美国访问之前,日本一些著名人士一再劝告他不要向美国屈服。在这场"日美纺织品战"中,尼克松步步紧逼。最后,佐藤回答说:"我一定妥善解决。"

"胜利了!"尼克松赶紧向新闻记者宣布,新闻界也为之振奋。可是过不了多久,美国报纸却又抱怨佐藤背信弃义,因为实际情况并没有什么改变。其实日本根本就没打算主动限制对美国的纺织品出口。佐藤最后说的那句话,应该说既是表示了否定态度,也是出于给美国总统"留下面子"。日本人的这种思考方式可以从日本著名社会学家林木明说过的话中得到证实:"日语中的双关词,是日本民族和睦相处的产物。要是我们说每一句话都开门见山,那势必会整天相互争论不休。"

思考:该案例对你有何启发?

(资料来源:王正挺. 中外谈判谋略掇趣. 上海:东方出版社,2003.)

商务谈判的终结阶段是商务谈判过程中非常重要的一个环节,如果不能很好地判定商务谈判的终结就有可能会无谓地延长谈判的时间,甚至使前面的谈判成果功亏一篑。谈判

的最终结果就是签订合同，把谈判双方达成的目标、条件和意见肯定下来，经双方签字后成为最有法律约束的书面文件，并能很好地去履行合同，最终圆满完成谈判。

8.1 商务谈判终结的判定

当谈判进行到尾声接近于双方的预期目标时，要见好就收。这是指要及时结束谈判以巩固前面的成果，否则再拖延下去，有可能前面所做的一切努力都会徒劳无功。谈判者必须正确判定谈判终结的时机，才能运用好结束阶段的策略。

8.1.1 根据谈判涉及的交易条件判定

交易条件是指谈判中有关商务、法律等与成交有关的条件。谈判的中心任务是交易条件的洽谈，在磋商阶段双方进行多轮的讨价还价，临近终结阶段要考察交易条件经过多轮谈判之后达成共识的情况如何，以此为基础判定谈判结束的标志有以下 3 个方面内容。

（1）分歧数。分歧数是指谈判双方针对谈判议题反复磋商后尚存的分歧数量。

首先，从数量上看，如果双方已达成一致的交易条件占绝大多数，所剩的分歧数量仅占极小部分，就可以判定谈判已进入终结阶段，谈判性质已经从磋商阶段转变为终结阶段。其次，从质量上看，如果交易条件中关键的问题已经达成共识，仅留有一些非实质性的无关大局的分歧点，就可以判定谈判已进入终结阶段。谈判中关键性问题常常会起决定性作用，如果关键性问题还存在很大差距，是不能判定谈判进入终结阶段的。

（2）成交线。成交线是指己方可以接受的最低交易条件，是达成协议的下限。如果对方认同的交易条件已经进入己方成交线范围之内，谈判自然进入终结阶段。当然作为谈判的双方都想争取更好一些的交易条件，但是已经看到了可以接受的成果，这无疑是值得珍惜的。如果恰当运用一些策略与技巧，能争取到更优惠的条件当然更好，但考虑各方面的因素，此时不可强求最佳成果而重新形成双方对立的局面，把有利的时机白白丢失，而应见好就收。因此，当谈判交易条件进入己方成交线时，就意味着谈判进入终结阶段。

（3）一致性。一致性是指交易条件在大体上、原则上已达成共识，对个别问题尚需做技术处理，这时也标志着谈判进入终结阶段。首先，双方就交易条件达成一致，不仅包括价格，而且还包括对其他相关问题所持的观点、态度、做法、原则都有了共识。其次，个别问题尚需做技术处理。

案例 8-1

学校新建机房

某学校为了提高学生的计算机应用能力,决定新增5个机房,可是学校资金有些紧张,最后决定采用谁投资谁受益的办法来解决资金问题。有5位老师愿意投资建机房,有关机房的配置、占用哪个教室、电费如何承担、学生上机时间如何安排等基本谈妥,只剩下有关学生上网的一些问题没有达成一致,这时完全可以判定谈判进入终结阶段。

8.1.2 根据谈判时间判定

谈判的时间包括所需、所限的时间。如果把洽谈交易条件的判定称作实体性终结的判定,那么谈判时间的判定就是过程性终结的判定。谈判必须在一定的时间内终结,不会无休止地拖延下去,当谈判时间即将结束,谈判自然就进入终结阶段。根据时间来判定谈判是否进入终结阶段,有以下3种情况应予以注意。

(1)双方约定的谈判时间。商务谈判中,不少谈判项目在开始之前,双方就确定了谈判所需要的时间。根据既定的时间,双方谈判人员按照协商的程序就有关事项进行磋商。当所规定的时间接近终了时,谈判也就自然进入了尾声。一般情况下,双方约定多长时间要看谈判规模大小、谈判内容多少、谈判所处的环境形势以及双方政治、经济、市场的需要和本企业利益。

如果双方实力差距不大,有较好的合作意愿,紧密配合,利益差异不是很悬殊,就容易在约定时间内达成协议,否则就比较困难。约定谈判结束时间使双方都有紧迫感,促使双方提高工作效率,避免双方长时间地在一些问题上纠缠而争辩不休。

如果在约定时间不能达成协议,一般也应遵守约定的时间将谈判告一段落,或者另约时间继续谈判,或者宣布谈判破裂,双方再重新寻找新的合作伙伴。

(2)单方限定的谈判时间。单方限定的谈判时间是指由一方限定谈判时间,随着时间的终结,谈判随之终结。谈判中单方限定时间的情况有以下几种:一种是在谈判中占有优势的一方,出于对本方利益的考虑需要在一定时间内结束谈判;另一种是谈判中的一方还有其他可供合作的伙伴,因此请求对方或通告对方在己方希望的时限内终结谈判;还有一种是谈判中的一方上司规定了谈判期限。前面两种规定时限的方法对时间的限定方很显然是有利的,因为他主动提出期限,可以灵活把握;而最后一种是被动接受上级提出的时限,会受到局限和约束,不利于对谈判过程的灵活把握。

单方限定谈判时间无疑会对对方施加某种压力,当然作为被限定方可以随从,也可以不随从，关键要看交易条件是否符合己方谈判目标。如果认为交易条件合适，可以随从，但要防止对方以时间限定向己方提出不合理的要求。另外，也可以利用对手对时间限定的重视，向对方争取更优惠的条件，让对方用优惠条件来换取己方在时间限定上的配合。

不过，如果以限定时间为手段向对方提出不合理的要求，会引起对方的抵触情绪，破坏平等合作的谈判气氛，从而造成谈判破裂。

（3）形势突变的谈判时间。本来双方已经约定好谈判时间，但是在谈判进行过程中形势突然发生变化，例如，市场行情突变、外汇行情大起大落、公司内部发生重大事件等，这会使谈判者突然改变原有计划，比如，要求提前终结谈判。由于谈判的外部环境是在不断发展变化，所以谈判进程不可能不受这些变化的影响。

8.1.3 根据谈判策略判定

谈判终结因为谈判策略的运用而临近，这种现象称为谈判过程结束的策略效应，也称之为技巧性谈判终结。终结策略对谈判终结有特殊的导向作用和影响力，它表现出一种最终的冲击力量，具有终结的信号作用。常见的终结策略有以下几种。

1. 最后立场策略

最后立场策略实际上是指以谈判破裂相威胁来迫使对方做出让步的策略。谈判者经过多次磋商之后仍无结果，一方阐明己方最后的立场，讲清只能让步到某种条件，如果对方不接受，谈判即宣布破裂；如果对方接受该条件，那么谈判成功。这种最后立场策略可以作为谈判终结的判定。当一方阐明自己的最后立场时，成败在此一举，如果对方不想使谈判破裂，只能让步接受该条件。

案例 8-2

最 后 立 场

美国一家航空公司要在纽约建立大的航空站，想要求爱迪生电力公司给予其优惠电价。这场谈判的主动权掌握在电力公司一方，因为航空公司有求于电力公司。因此，电力公司以公共服务委员会不批准为借口，不肯降低电价，谈判相持不下。

这时，航空公司突然改变态度，声称若电力公司不提供优惠电价，它就撤出这一谈判，自己建厂发电。

此言一出电力公司慌了神，立即请求公共服务委员会从中说情，表示愿意给予这类新用户优惠价格，因为若失去给这家大航空公司的供电合同，就意味着电力公司将损失一大笔钱，所以电力公司急忙改变原来傲慢的态度，表示愿意以优惠价格供电。

在这一案例中，谈判态势之所以发生如此大的变化，在于航空公司在要求对方让步的过程中，巧妙地使用了最后立场策略，如果对方不接受己方的交易条件，则己方就宣布谈判破裂而退出谈判。

（资料来源：窦然. 国际商务谈判. 上海：复旦大学出版社，2008.）

当然，谈判者要想成功地运用这一策略来迫使对手让步，必须具备以下条件，否则很难奏效。

（1）提出的时机令对方无法拒绝。发出的最后通牒，必须是在对方走投无路的情况下，对方想抽身，但却为时已晚，因为此时他已为谈判投入了许多金钱、时间和精力。而不能在谈判刚开始，对方有路可走时发出。

（2）提出的条件令对方无法反击。谈判者发出最后通牒后，必须有理由确信对方会按照自己所预期的那样做，不会进行有力的反击，否则，也就无所谓最后通牒了。

案例 8-3

最 后 通 牒

西方某国监狱的单间牢房里，一个犯人通过门上的小孔看到走廊上警卫正在那儿吞云吐雾，凭着他那敏锐的嗅觉，犯人立即断定那是他最爱抽的万宝路牌香烟。他想吸烟想疯了，于是用右手指轻轻地敲了一下门。

警卫慢悠悠地踱过来，鄙夷地粗声说道："干嘛？"

犯人答道："请给我抽一支烟吧……就是你抽的那种，万宝路牌的。"

警卫没有理会犯人的请求，转身要走。

犯人又用右手指关节敲门，这一次他是命令式的。

"你想干什么？"警卫从嘴里喷出一口浓烟，没好气地转过头来喊。

犯人答道："劳驾你给我一支香烟，我只等 30 秒钟，如果得不到，我就在水泥墙上撞脑袋，直到流血昏倒为止，当监狱的官员把我拉起来苏醒后，我就发誓说这是你干的。"

"当然他们绝不会相信我。但请你想一想吧，你得出席听证会，在听证会前，你得填写一式三份的报告，你要卷入一大堆审讯事务。你想一想吧，所有这一切就是为了不给我一支不名几文的万宝路香烟？只要一支。保证以再不打搅你了。"

结果不言而喻，警卫自然从小孔里塞给他一支香烟。

犯人的最后通牒生效了，它之所以生效，是因为犯人确信，警卫是不可能反击的。

（资料来源：刘刚. 谈判家. 北京：中国经济出版社，1995.）

（3）提出条件时言词不能太尖锐。谈判者必须尽可能委婉地发出最后通牒。最后通牒本身就具有很强的攻击性，如果谈判者再言辞激烈，极度伤害了对方的感情，对方可能由于一时的冲动，铤而走险，一下子退出谈判，对双方均不利。

如果双方没有经过充分的磋商还不具备进入终结阶段的条件，一方提出最后立场就含有恫吓的意味，让对方俯首听从，这样并不能达到预期目标，反而过早地暴露己方最低限度条件，使己方陷入被动局面，这是不可取的。

2. 折中进退策略

折中进退策略是指针对双方的立场差距，谈判一方作一半的让步，以显示自己立场的公平和诚意，从而使得对方让步另一半的策略。例如，谈判双方经过多次磋商互有让步，但还存在残余问题，而谈判时间已消耗很多，为了尽快达成一致实现合作，一方提出一个简单易行的方法，即双方都以同样的幅度妥协让步，如果对方接受此建议，即可判定谈判终结。

3. 一揽子交易策略

双方谈判临近预定谈判结束时间或阶段时，以各自的条件做整体一揽子的进退交换以求达成协议。双方谈判内容涉及许多项目，在每一分项目上已经进行了多次磋商和讨价还价。经过多个回合谈判后，双方可以将全部条件通盘考虑，做"一揽子交易"。例如，涉及多个内容的成套项目交易谈判、多项技术服务谈判，可以统筹全局，总体一次性进行条件交换。从总体上展开一场全局性磋商，使谈判进入终结阶段。

8.1.4 根据谈判方发出的信号判定

谈判收尾在很大程度上是一种掌握火候的艺术。在谈判实践中人们通常会发现，一场谈判旷日持久，却进展甚微，然而由于某种原因，很多原本很棘手的问题一下子却得到迅速解决。交易将要明确时，双方会处于一种准备完成时的激奋状态，这种状态往往是另一方发出成交信号所致。要想通过一方发出的信号，来准确地判断谈判即将结束或成交在即，应注意以下几个方面的内容。

1. 语言信号

（1）对方用简洁的言词阐明自己的立场具有承诺的意味。
（2）对方所提建议完整，没有遗漏和不明之处。
（3）对方回答的任何问题，都很简洁，通常只作肯定或否定答复，不解释理由。
（4）对方开始打听交货的时间或使用、保养问题，询问价格优惠条件，对小问题提出具体要求，用假定口吻谈及购买等。

以上这些语言信号的出现，均表示对方的最后态度或在考虑达成交易。

2. 动作信号

（1）对方从静静地听讲，转为动手操作产品、仔细触摸产品。
（2）对方多次翻看说明。
（3）对方身体由原来前倾转为后仰或由一个角度到多个角度观察产品。
（4）对方出现摸口袋等签字倾向的动作。

以上这些都是较明显的购买动作信号。

3. 表情信号

（1）对方在听的过程中，眼睛由慢向快转动，眼睛发光，神采奕奕。
（2）对方面部表情由紧张转为松弛，略带笑意。
（3）对方情感由冷漠、怀疑、深沉变为自然、大方、随和、亲切。
（4）对方下意识地点头、面带微笑。

以上这些微妙的表情变化，都预示着另一方已进入购买思考阶段。

4. 事态信号

（1）对方提出变换洽谈环境与地点。
（2）对方向我方介绍有关参与购买决策过程的其他人员。
（3）对方主动提出安排我方人员的食宿等。

以上这些举动足以证明对方已有了准备进一步深谈并以合适的条件实现成交的诚意。

总而言之，在谈判过程中一旦捕捉到成交的信号，就应当机立断，促成交易，不能一味拖延而错失良机。

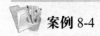
案例 8-4

错 失 良 机

一位顾客和他的两位朋友一道走进商店，他要给妻子买一台电冰箱作为结婚周年礼物送给她。刚好碰上一位年轻的售货员。售货员开始介绍他的电冰箱，刚介绍了没几分钟，一位朋友便对那位顾客讲："好极了，这台冰箱正适合你的需要。"另一位朋友也表示赞同，那位顾客也点点头。可是这个蹩脚的售货员并不理会如此的成交迹象，而是继续地介绍商品。后来，买主又表示出好几个强有力的成交迹象，而那个所谓的售货员还在不住地往下讲，直到那 3 个人离开商店他仍在夸夸其谈。

由此可见，谈判者必须密切注视对手发出的各种成交信号，对方的语言、面部表情和一举一动都能告诉你他在想什么，你应当学会理解这些信号，然后选定成交时机。此时，对方兴趣正处于高峰。

案例中的那个年轻的售货员过于炫耀自己掌握的商品知识，想充分展示自己的推荐技巧，结果错过了成交机会，丧失了一位潜在顾客。

(资料来源：李祖武. 商务谈判. 北京：中国财政经济出版社，2005.)

8.2 商务谈判签约过程

商务谈判的最终目的就是为了达成协议，签订合同，并很好地履行合同。谈判双方经过磋商阶段的艰苦较量，经过彼此的退让妥协，最终对各项交易条件达成了共识，于是谈判进入了终结阶段。为了确认谈判各方的权利义务，一般都要签订协议，或者说，要通过合同的形式来确立、变更和终止经济权利义务关系，这样才能取得法律的保护，这种结果才是巩固的、确实的。因此，协议的签订是整个商务谈判过程的关键组成部分，是谈判过程的落脚点。

当谈判到了尾声，各项条件接近双方的预期目标时，必须及时结束谈判，以巩固前面的成果。当然如果双方已完全达成一致，自然可以顺利签约，但谈判内容往往是复杂的，双方很可能在基本条件上已经谈妥，而在某些枝节问题上还有分歧；或者在各项条件上双方认识已基本一致，但还有微小差距。所以，在有签约意向之后，双方还需要对前阶段的谈判进行回顾和总结并做出最后的让步，这样才能最终达成协议并签订合同。

8.2.1 回顾总结前阶段的谈判

在有了签约意向之后，可能还有一部分工作需要完成。因此在签约之前，有必要对前阶段的谈判进行最后的回顾和总结。

1. 回顾和总结的主要内容

进行最后的回顾和总结，目的是明确所有议题协商的结果，哪些达成了共识，哪些还存在分歧。具体内容包括：明确是否所有内容都已谈妥，还有哪些悬而未决的问题，以及对这些问题的处理方法；明确所有的谈判成果是否已达到己方的目标，对于未达标者如何在最终报价中挽回；最后让步的项目和幅度；决定采取何种特殊的结尾技巧。

2. 回顾和总结的注意事项

在对谈判进行最后的回顾和总结时，一定要把握好下面几个问题：充分考虑己方的实力，避免做出无力实现的承诺而出现违约隐患；充分考虑经济环境的变动趋势，从长远观点考虑问题，在科学预测的基础上做出决策，尽量把市场风险降到最低，应该考虑把客观风险由谈判双方共同承担；充分考虑对方的实力及可能接受的条件，研究己方的最终报价和最后让步的可行性和策略技巧；争取在正式签约之前，在对方可承受的范围之内，最大限度地争取自己的利益。

回顾与总结的时间与形式取决于谈判的规模。比较正规的大型谈判，可以专门安排一次会议进行回顾和总结，比较简单的小型谈判也可以安排较短的时间进行。不过，不管回顾和总结的时间长短，形式如何，都应给予重视。因为，这个阶段正面临着是否成交的最后抉择，这种回顾和总结将直接影响成交的结果。

【阅读资料8-1】

被人用了激将法

一位年轻经理从纽约一家报纸上得知某处有地产代售。他打算用自己的积蓄买下来做为一项投资。当他去实地查看时，经纪人告诉他，州里的规划已将那儿划为住宅开发区，所以想买的人很多。他尽管不完全相信，但对那片土地的确很感兴趣。

当他和经纪人谈地价时，一位显然是房产开发商的人闯了进来也要求买地（连他想买的那块也包括在内）。经纪人请那人稍等片刻，因为眼下正在和客户（即这位经理）商谈，只能谈完一宗再谈一宗。

那人说，自己身后有银行支持，凡是没有卖出的地全要，而且马上可以签约。

年轻经理一听感觉机会来了，只要有人建房，买下的地岂不马上便有回报？于是将原来想买的地块面积又加了码。

他告诉后来的那人，凡事都有先来后到，自己拥有买地的优先权。当下便开出支票和经纪人签了购地合同。

那开发商悻悻地说，剩下的地块他全包了，便和经纪人认真地谈起来。

年轻经理满心欢喜地离开，认为发财指日可待。但是等了一年，在当地建房的事却毫无音讯。

年轻经理足足等了五年才把那块地卖出去，投资损失了五分之三。

签约前没有慎重考虑，结果造成那么大的损失，该怪谁呢？

（资料来源：马梁. 谈判精英88天特训. 哈尔滨：黑龙江人民出版社，2007.）

8.2.2 最后的让步

谈判既是一个反复交涉的过程,也是一个反复退让而使双方谈判目标达成一致的过程。在谈判双方将交易的内容、条件大致确定即将成交之际,精明的谈判人员往往会再给对方一些小利,用这最后的甜头使对方更为满足,使签约、履约更为顺利,并为长期合作奠定良好的基础。

为此,有经验的谈判人员都懂得要留一手,以便在签约前的关键时刻再放出一个"重磅炸弹",以最后的让步推动谈判对手签约。谈判人员可以在签约前补充说:"我刚刚想起来,还有一点没跟您谈,您这笔订货的运费将由我们承担。"他也可以说:"刚才我们董事长指示,这套机器设备将由我们免费安装。"

那么,如何才能更好地发挥最后让步的效果呢?这就需要把握好以下几个方面问题。

(1)严格把握最后让步的幅度。在让步的幅度上,如果让步幅度太大,对方反而不大相信这是本方的最后让步,还会向本方步步紧逼;如果让步幅度过小,对方又会认为微不足道,难以满足。

在许多情况下,到谈判的最后关头,往往对方的重要高级主管会出面,参加或主持谈判,这时我方的最后让步幅度就必须满足以下两项要求:幅度比较大,大到刚好能够满足该主管维持他的地位和尊严的需要,给他足够的面子;幅度不能过大,如果过大,会使主管指责他的部下前期谈判不力。

在本方作了最后的让步之后,必须态度坚定。因为对方会想方设法来验证本方立场的坚定性,判断本方的让步是不是终局性的。

(2)严格把握最后让步的时间。在最后让步的时间上,如果让步过早,对方会认为这是前一阶段讨价还价的结果,而不认为这是本方为达成协议而做出的终局性的最后让步。这样对方就会得寸进尺,继续步步紧逼;如果让步时间过晚,往往会削弱对对方的影响和刺激作用,并增加前面谈判的难度。

为了选择最佳的让步时间,使最后的让步达到最佳的效果,比较好的做法是将最后的让步分成两个部分。主要部分在最后期限之前做出,以便让对方有足够的时间来品味;次要部分则在最后时刻做出。这就好比一席丰盛的佳肴,最后让步中的主要部分恰似最后一道大菜,掀起最后的高潮;而次要部分的让步则好比大菜上完后的一碟水果,使人吃后感到十分舒心如意。

(3)始终坚持让步与要求并行。任何谈判中的让步都不能是单方面的,而是在己方做出让步的同时,亦向对方提出相应的要求。因此,除非己方的让步是全面接受对方现时的要求,否则必须让对方知道,不管己方做出最后让步之前或在做出让步的全过程中,都希望对方给予响应，也做出相应的让步。谈判者向对方发出信号的方法主要有：在准备做出让步时，可示意对方这是你本人的意思，这个让步很可能会受到上级的批评，所以要求对方予以相应的回报；不直接向对方做出让步，而是指出你愿意这样做，但要以对方的让步作为交换。

总而言之，当己方在判断这种最后的"甜头"时，必须清醒警觉，毅然决断。如果把对方逼得太紧，让对方利益损失太多，会使谈判告吹，大家都一事无成。

案例 8-5

谈判中的度

美国一个房地产主买下一大片土地，打算建一幢摩天大楼。在这一片土地上，还剩最后一户不肯迁走，仗着房子的租约还有两年才到期索要高价。房地产主急于动工，谈判中，住户从房地产主代表开价的 2.5 万美元，争取到 12.5 万美元，但是该住户还不成交。最后房地产主生气了，在这片土地上开始动工，动工的轰鸣声、空气里的尘土，使这位住户无法忍受，最后 3 万美元同意迁出。

从该案例中可以发现，恰当地判断对方的最后让步，不仅能顺利签约，而且也能使己方所获利益最大化，千万不能逼人太甚，最后无功而返。

（资料来源：李祖武. 商务谈判. 北京：中国财政经济出版社，2005.）

8.2.3　合同的签订与担保

双方经过认真谈判并达成一致意见后，都要签订合同，以明确双方的权利和义务。因此，签约是谈判中的一个重要环节。

1. 合同的概念

《合同法》中规定的合同是指平等主体的自然人、法人以及其他组织之间设立、变更、终止民事权利义务关系的协议。其中法人是指依法成立，能够独立享有民事权利和承担民事义务的组织，包括机关、团体、企业、事业单位、公司等。其他组织是指不具备法人资格的合伙组织以及分支机构等。民事权利义务关系是指财产关系。

2. 谈判合同的特点

谈判合同作为谈判各方之间的一种法定的契约关系，它具有以下几个特点。

（1）谈判合同是谈判各方的法律行为。谈判合同作为一种法律行为，至少有两个谈判

方参与，它是谈判双方和多方的法律行为。

（2）谈判合同是谈判各方基于平等地位达成的法律行为。在谈判合同关系中，谈判各方之间的法律地位是平等的；合同内容也是各方遵循自愿原则经过相互磋商而达成的。

（3）谈判合同是谈判各方确立、变更、终止权利义务关系的协议。谈判合同能确立权利义务关系，也可以变更权利义务关系。

（4）谈判合同是具有法律约束力的行为。谈判合同依法成立后，受到法律的保护。签约的各方必须全面履行各自承担的义务，否则会受到法律的制裁。

3. 谈判合同的总体构成

谈判合同一般由以下 4 个部分组成。

（1）首部。合同的开始部分包括合同的名称，签订合同各方的名称或姓名，订立合同的目的与合同性质类别，签订合同的日期与地点，合同的成立、生效以及合同中有关词语的定义与解释等。这一部分是正文的基础和前提，也是谈判合同的法律依据之一。

（2）正文。它是合同的主要部分、核心部分。它表述合同的实质性内容以及与之有关的重要文件，明确记载签约各方的权利和义务。由于正文是反映各方交易条件和规定各方权利和义务的部分，所以它是合同最重要的部分。内容通常包括合同目标和范围、数量与质量及其规定、价格与支付条款及相应条件，以及违约责任、不可抗力等规定。正文部分是合同的关键构成，书写时应准确、具体、严谨。

（3）尾部。它是合同的结束部分，内容包括合同文本的份数、合同的有效期限、通讯地址、合同的签署与批准等。若合同有附件，还应有关于附件的说明。若为涉外合同，还应包括合同使用的文字及其效力的说明和规定。

（4）附件。它是对合同的有关条款作进一步的解释与规范，对有关技术问题作详细阐释与规定，对有关标的的操作性细则做说明与安排的部分。附件是合同不可分割的重要组成部分，与合同正文具有同等的法律效力。

【阅读资料 8-2】

签订购房合同

买房先签《房屋认购书》并交纳定金是现在售楼过程中的习惯性做法，但签《房屋认购书》并不是正式签约的必要前提，因为我国相关法律和法规并未明确规定购房者在签订正式销售合同前，必须签订《认购书》。认购书约定购房者在限定时间内签订正式合同，否则视为购房者违约，定金将被扣除。因此签订认购书对于买房人来说是有一定风险的，必须全面考虑清楚之后才能签。签订正式购房合同时应注意以下问题。

（1）首先买房人应该带着签订合同所需的身份证、手章等资料在约定的时间到售楼处签合同。签订购房合同是购房过程中最重要的一个环节，合同是权利和义务的体现，一旦签订即受法律的制约。因此在签订合同之前，买房人应再三斟酌合同条款，熟知签订购房合同应注意的问题，并确信已经清楚了合同各条款的含义。

（2）合同备案。一般来说，双方自签订合同之日起30日内，开发商会持商品房销售许可证、合同(一式5份)，到房地产管理部门进行合同备案。如果买房人是国内公民、法人和其他组织，应到房屋所在区、县房地产管理局办理合同登记备案；如果买房人是外国公民、法人和其他团体，应到市房地产产权市场管理处办理合同登记备案。买房人需办理银行贷款购房的，合同备案后，还应到银行、房地产管理部门、保险及公证部门办理贷款手续。

（资料来源：全球华人房地产门户）

4. 谈判合同的主要条款

谈判合同的主要条款，就是谈判合同的基本内容。它确定签约各方具体的权利和义务，是签约各方履行合同和承担法律责任的依据。就谈判合同的内容而言，应该具备以下几个方面的基本条款。

（1）当事人的名称或者姓名和住所。这是每一个合同必须具备的条款，当事人是合同法律关系的主体，合同中如果不写明当事人，就无法确定权利的享受者和义务的承担者，发生纠纷也无法解决。因此订立合同时，要把各方当事人名称或者姓名和住所都记载准确、清楚。

（2）标的。所谓标的，是指签订谈判合同各方确定权利和义务共同所指向的对象。标的是订立谈判合同的前提和目的，没有标的和标的不明确的合同无法履行，也是不能成立的。标的可以是物和货币，也可以是某项工程、劳动活动或智力成果，也可以是非物质财富的权利等。如买卖合同中的商品，供应合同中的物质，借贷合同中的货币。在指明合同中的标的物时要注意以下几点：注意同一概念可以用不同词语来表达的情况，一定要用标准的双方都认同的词语去表达；注意不同的概念可用同一词语来表达的情况。在拟订合同条款时，如果不注意这一点，也可能引起纠纷。

案例 8-6

标的物名称的标准化

山东某地粮食购销公司与某省一家粮油议价公司签订了一份小麦购销合同。山东需方收到小麦后发现是红小麦，提出拒收，声称按山东标准，小麦是指白小麦。供方讲，他们那里生产的小麦是指红小麦,由此而发生纠纷。所以,双方当事人签订合同时,对标的物名称的表述应使用科学、标准化的名称或全国通用的名称,而不要使用地区性习惯性名称。

(资料来源:常桦. CEO 的谈判艺术. 天津:天津古籍出版社,2007.)

(3) 数量和质量。谈判合同有了标的,还必须有标的数量和质量,它们是衡量标的的指标,是确定权利和义务的尺度,是计算价格和酬金的依据,同时也是这一标的与另一标的相互区别的具体特征。

(4) 价款、酬金及其结算方式。价款是指标的物的价格,酬金是指为设计、施工、承揽等各项内容进行劳动服务应得到的报酬金额。合同中对价款、酬金的规定充分体现了等价交换、按质论价的原则。为了实现货币支付,各方在签订谈判合同时还应明确规定支付价款和酬金的结算方式。

在商品交易中,货款的支付是一个关系到双方利益的重要的谈判内容。在洽谈中应确定货款的结算方式及结算使用的货币、结算的时间、地点等事项。

货款结算方式可以分为现金结算和转账结算。转账结算又分为异地结算和同城结算两大类。异地结算又分为托收承付、汇兑、信用证 3 种方式。

(5) 合同履行的期限、地点和方式。合同履行的期限是指合同中规定的一方当事人向对方当事人履行义务的时间界限,如交付标的物、价款和报酬,履行劳务、完成工作的时间界限。它直接关系到合同义务完成的时间,是确定合同能否按时履行的依据。

合同履行的地点是指合同规定的当事人履行合同义务和对方当事人接受履行的地点。比如,在买卖合同中,买方提货的,履行地为提货地;卖方送货的,履行地为买方收货地。履行地点关系到履行合同的费用、风险由谁来承担,以及确定所有权是否转移、何时转移、发生纠纷后应由何地法院管辖的依据。

合同履行的方式是指合同当事人履行合同义务的具体做法。不同种类的合同,有着不同的履行方式。有的需要以转移一定财产的方式履行,如买卖合同;有的需要以某种劳务的方式履行,如承揽合同等。对合同履行方式的表达一定要明确具体,必须用准确的数字和文字来表达,以免出现不必要的麻烦。

(6) 违约责任。违约责任是指由于一方不履行或不完全履行合同所应承担的责任。违约责任是为了维护签约各方的合法权益,维护合同的法律严肃性,督促签约各方能够认真履行合同的惩罚,补偿被损害一方的经济损失而形成的法律规定,因此,违约责任是谈判合同的关键内容之一,一般都应在合同中加以明确规定,否则就无法保证合同的顺利执行。当事人为了保证合同义务严格按照约定履行,为了及时地解决合同纠纷,可以在合同中明确规定违约责任条款,例如,约定定金和违约金,约定赔偿金额以及赔偿金的计算方法等。

(7) 解决争议的方法。解决争议的方法是指合同当事人对合同履行发生争议时解决的途径和方法。可以选择的解决争议的方法主要有：当事人协商和解；第三人调解；仲裁；诉讼。

如果当事人愿意通过诉讼解决争议，可以不进行约定；如果想通过其他途径解决，则要经过事先或者事后约定。若当事人选择仲裁解决方式，则还要明确选择具体的仲裁机构。

除法律另有规定外，涉外合同的当事人可以选择解决他们的争议所适用的法律，可以选择中国法律、其他国家或地区的法律。当他们选择用仲裁方式解决纠纷时，可以选择中国的仲裁机构，也可以选择其他国家的仲裁机构。

5. 谈判合同的签约过程

谈判合同写好后，在正式签字前，还应当注意谈判合同签字前的审核、签约人的确认、签字仪式的安排等。

（1）签字前的审核。在谈判合同正式签订前，要认真审核谈判合同的各项内容，因为在最后敲定阶段，每一个疏漏都可能极大地影响谈判合同的执行，严重的会造成难以弥补的损失。例如，我国某地一家钢铁公司在与外商谈判引进某种设备时，由于一时疏忽，将填料也列入引进之列，协议签订之后，才发现填料就是黄沙，而黄沙在我国多的是，为何要用外汇去购买呢？但谈判合同已签，对方不肯更改，结果是花钱买教训。

签字前审核的内容包括：审核谈判合同条款是否完备、周到；内容是否合法、具体；责任是否明确。对谈判合同中规定的商品数量、品质规格，要审查货源是否落实；对有配额的商品要审查是否有分配额度。还要审核价格、金额、支付条件及包装运输等条款。此外，有的谈判合同忽略了双方的权利义务关系，特别是违约应承担的责任，这就无形中架空了谈判合同，或削弱了谈判合同的约束力。

审核谈判合同文字、概念的确切性，谈判合同文字切忌模棱两可、前后矛盾，以免给对方在履约时造成可乘之机。对谈判合同中的一些关键性词语，更要特别推敲，因为有时候虽只"失之毫厘"却会"谬之千里"。

（2）签约人的确认。谈判合同是具有法律效力的法律文件，因此签约双方都必须具有签约资格，否则，即使谈判合同签订也是无效的。谈判合同一般应由企业法人代表签字，主谈人不一定是签字人，签字人的选择主要出自对谈判合同履行的保证。在签订复杂的谈判合同时，由于其涉及面广，有时还会邀请上级政府部门参与，这样，执行中若出现问题容易解决，对谈判合同的顺利执行有保证。

目前在签订一般的交易谈判合同时，签字人的确认分为 4 种情况：成交金额不大，内容一般的谈判合同由业务员或部门经理签字；成交额较大，但内容一般的谈判合同由部门经理签字；成交金额大，且内容又很重要的谈判合同由公司经理签字；涉及政府政策，或涉及面较广的谈判合同，由政府代表、企业代表共同签字。

有的国家、地区的厂商习惯在签约前,请签约人出示授权书。授权书由其所属企业最高领导人签发。若签字人就是公司或企业的最高领导,可不出示授权书,但要以某种形式证实其身份。

【阅读资料8-3】

无用的合同

福建某企业在与外商谈判履约保证条款时,外商要求写上"在发生需方索取损失补偿时,要先取得供方认可"条款。双方为保留和取消"认可"两字,展开了辩论,僵持了两天,最后我方以理服人,使外商放弃了"认可"要求。因为,如果我方同意保留"认可"这一条,则供方银行的履约保证就失去了任何意义,如供方不认可,供方银行就可以不受理需方索赔的要求。履约保证条款只不过是一纸空文,成了骗取信任的一种形式。

(资料来源:新浪财经)

6. 签约态度

在紧张激烈的谈判磋商停止后,双方谈判人员都会有如释重负的轻松愉快感。但应注意,即使在这场谈判中己方获得了较大利益,而对方获利甚小,谈判人员也应以真诚、热烈的态度祝贺交易的成功,切不可得意忘形,更不可向对方提及自己在谈判过程中如何巧妙地运用某些策略技巧赢得谈判的胜利来显示自己卓越的谈判才能,伤害对方的感情和自尊心。若是这样,就可能给协议的正式签署、执行及今后的运作带来许多不利影响。

明智的谈判人员在签约阶段总是强调双方的共同收获,而且,还要适时地称赞一番对方谈判人员的才干。因此,谈判人员即便到了最后关头,仍要保持平和的情绪,以冷静的态度追求谈判最终目标的实现。

7. 签约仪式的步骤程序

当谈判合同审核通过之后,谈判双方的代表通常都会以庄重的仪表,全体出席正式签字仪式。

由于商务谈判目的不同、内容不同、其产生的影响也不同,相应的,合同的签约仪式也就有所区别。一般情况下,签约仪式具体的步骤有以下几个方面内容。

(1)仪式正式开始。各方人员进入签字厅,按既定的位次各就各位。双方合同的当事人同时入座,助签人在其外侧协助打开合同文本和笔。

(2)正式签署。各方主签人再次确认合同内容,若无异议,在规定的位置上签名,之后相互交换合同文本,再在第二份合同上签名。按惯例,各方签字人先签的是自己保存的合同文本,交换后再签的是对方保存的合同文本。

(3)交换己方已签好的合同文本。各方主谈人起身离座走至桌子中间,正式交换各自签好的合同文本,同时热烈握手拥抱,互致贺词,其他成员鼓掌祝贺。

(4)饮香槟酒庆祝。交换合同文本后,全体成员可合影留念,服务接待人员及时送上倒好的香槟酒。各方签字人员和成员相互碰杯祝贺,将气氛推向高潮。

8. 合同的担保

商务谈判的合同中,为保障双方当事人的合法权益,要加入合同担保条款,或者是单独订立书面的担保合同,作为主合同的从合同。因此,合同的担保是商务谈判合同中非常重要的一个环节,它能很好地维护合同当事人的权利,并能监督当事人更好地履行其义务。

(1)合同担保的概念

合同的担保是指依照法律的规定,或由当事人双方经过协商一致而约定的,为保障合同债权实现的法律措施。设定合同担保的根本目的,是保证合同的切实履行,这样既保证了合同债权人实现其债权,也促使合同债务人履行其债务。根据《担保法》的规定,在借贷、买卖、货物运输、加工承揽等经济活动中,债权人需要以担保方式保障其债权实现的,可以设定保证、抵押、质押、留置和定金五种方式的担保。

(2)合同担保的主要方式

① 保证。保证是指第三人为债务人的债务履行作担保,由保证人和债权人约定,当债务人不履行债务时,保证人按照约定履行债务或者承担责任的行为。

保证的内容由保证人与债权人在以书面形式订立的保证合同中加以确定,具体包括被保证的债权种类、数额;债务人履行债务的期限;保证的方式;保证担保的范围;保证的期限;以及双方认为需要约定的其他事项。

保证的方式有一般保证和连带责任保证两种,如当事人对保证方式没有约定,按照连带责任保证承担保证责任。

保证的作用:一是监督被保证人认真履行合同;二是在被保证人不履行合同时,由保证人连带承担赔偿损失的责任。

② 抵押。抵押也属于一种担保形式,是指债务人或第三人为履行合同向对方提供的财产保证,不过债务人或第三人并不将其财产移交债权人占有,只是将该财产作为债权的担保。提供抵押的一方当事人或第三人称抵押人,接受抵押财产的当事人称抵押权人。抵押人到期不履行合同,抵押权人有权依法变卖抵押物,从所得价款中优先得到清偿。但是,不能把国家法律、法令禁止流通和禁止强制执行的财产作抵押,例如,人、枪支等。

抵押人和抵押权人应当以书面形式订立抵押合同,作为主合同的从合同。

抵押人所担保的债权不得超出其抵押物的价值。财产抵押后，该财产的价值大于所担保的债权的余额部分，可以再次抵押，但不得超出其余额部分。

③ 质押。质押包括动产质押和权利质押。动产质押是指债务人或者第三人将其动产移交债权人占有，将该动产作为债权的担保。当债务人不履行债务时，债权人有权依照法律规定，以该动产折价或者以拍卖、变卖该动产的价款优先受偿。该债务人或者第三人为出质人，债权人为质权人，移交的动产为质物。权利质押是指以汇票、支票、本票、债券、存款单、仓单、提单，依法可以转让的股份、股票，依法可以转让的商标专用权、专利权、著作权中的财产权，依法可以质押的其他权利等作为质权标的的担保。

合同到期时，债务人履行债务的，或者出质人提前清偿所担保的债权的，质权人应当返还质物。合同到期时，质权人未受清偿的，可以与出质人协议以质物折价，也可以依法拍卖、变卖质物。

④ 留置。留置也是合同担保的一种法律手段，是指由于对方不履行合同，当事人一方对于对方的财产采取的一种扣留措施。这种担保形式常常用于来料加工、保管和工程项目的合同关系。例如，加工承揽合同中，定做方把一定的原料交给承揽方加工，如果定做方不按约定期限领取定做物，承揽方有权留置其定做物；如果超过领取的期限仍不领取，承揽方有权将定做物变卖，所得价款在扣除报酬、保管费用之后，用定做方的名义存入银行，承揽方的这种权力叫做留置权。

⑤ 定金。定金是指合同当事人约定一方向对方给付一定数额的货币作为债权的担保。债务人履行债务后，定金抵作价款或者收回。给付定金的一方不履行约定债务的，无权要求返还定金；收受定金的一方不履行约定债务的，应当双倍返还定金。定金应当以书面形式约定。当事人在定金合同中应当约定交付定金的期限。定金合同从实际交付定金之日起生效。定金的数额由当事人约定，但不得超过主合同标的额的20%。

8.3 谈 判 总 结

1. 谈判记录的汇总与归档

谈判进行到每一个阶段，必须做详细的谈判记录。谈判是一个漫长而复杂的过程，光凭记忆难以保证协议的高度准确性。从实际情况来看，谈判双方很难凭大脑记住全部的谈判内容，因而极容易引起达成协议的问题再度发生争执。过分相信自己的直觉和记忆而不重视记录是一个危险的谈判习惯。

谈判记录的汇总与归档应做好以下几个方面工作。

（1）双方通读记录条款。通读记录或条款以表明双方在各点上均一致同意，通常当谈判涉及商业条款时须使用这一方法。

（2）一方整理双方确认。为防止双方在签约时出现对谈判内容不认可，重新谈判的现象，每日的谈判记录应由一方在当时整理就绪，并经双方予以确认，尽量不要拖到第二天，如果该工作放在第二天进行，就必须作为议事日程的第一个项目，首先将谈判记录宣读后经双方确认通过。

（3）记录完整。如果只进行两三天或更短时间的谈判，作为多次记录的谈判，在整个谈判快结束时，须对谈判记录进行汇总，形成一个完整的记录——协议备忘录，它是一个非常重要的文件，是双方谈判观点的具体化，并作为签订正式合同和协议的基本文件。不过协议备忘录必须经双方同意并签字后才能有效。

（4）妥善保管。每次的记录和记录的汇总文件都必须妥善保管，并作为企业的业务档案归档，一方面作为双方签订合同和履行义务的原始参考依据，另一方面作为企业与其他经济组织曾发生过业务往来的历史档案，为以后进一步发展关系准备参考性文件。记录文件销毁的最早时间，必须在确认双方履行合同之后的3～5年。

2. 谈判总结的内容

对一个谈判过程进行全面、系统的总结是必要的和有意义的，因为总结可以把谈判前后主观估计预测的情况同实际发生的客观结果进行比较分析，清楚地看到两者间的差异所在，并进一步找到形成差异的原因，从而完善我们对整个谈判计划工作的指导，完善谈判过程中的技巧。

谈判总结的内容有以下几个方面。

（1）对谈判战略的总结。它包括总结谈判对手调查、谈判目标确定、谈判人员选择等方面的得失。

（2）对谈判方案及其实施的总结。它包括总结谈判准备工作、对谈判程序的安排，以及对程序的有效控制等方面的情况。

（3）对谈判小组工作的总结。它包括总结谈判小组内职权与职责的规定，谈判气氛的形成、训练状况、工作作风、通讯联络、互相配合情况，有利于在下次谈判时吸取经验教训。

（4）对谈判对手的总结。它包括总结谈判对手的有关情况、其工作风格、小组整体的工作效率、谈判人员的素质，以及他们在谈判中最为关心的问题，有利于指导下次谈判的顺利进行。

3. 谈判结束后的其他工作

在艰难的谈判结束之后，谈判人员常常会产生异常兴奋的心情，难以对付、缺乏人情味的谈判对手，瞬间会成为合作的伙伴。所以，谈判结束后谈判双方可利用一定的娱乐形式相互表示祝贺，庆祝交易成功，预祝业务上的顺利合作，并借此放松谈判人员紧张的精神和心理，巩固双方未来继续合作的气氛，使谈判善始善终。

能力形成考核

一、复习思考题

1. 从哪些方面可以判定谈判的终结？
2. 谈判合同的主要条款有哪些？查资料，写出一份完整的商务谈判合同，注意它的格式与内容。
3. 货款的结算方式有哪几种？分别予以说明。
4. 举例说明合同担保的几种主要方式。
5. 你开了一家从事快速服务的公司，可是就在繁忙的周末快来到时，你的一台车的大梁坏了。你有一位朋友正好有一辆空闲的货车，它答应将车租给你，可以一直用到你那辆车修好的时候。他要你出张字据，写上"一台车，500元，一周的租金"，这样写行吗？

二、实训题

1. 将学生分成两组，由其中一组准备正式的合同文本，双方按照标准程序举行签字仪式。
2. 请查找一些合同的样本和实例，依据合同内容，指出合同起草时谈判双方必须注意的事项。

三、案例分析

案例

东北某林区木材厂是一个中型木器加工厂。多年来因设备陈旧，产品质量一直上不去。为了改善落后的经营状况，企业决定从国外引进一套先进的生产设备。经过多方联系，该厂最终通过某国际经济技术合作公司代理与外国一家木工机械集团公司签订了引进设备的合同，合同金额为110万元。

合同签订成功本是一件值得庆贺的事情，但该厂万万没有料到，自合同签订之日起，就已经落入了对方精心设计的圈套。

某年4月，外方按照合同规定，将设备运抵该厂，外方人员来厂进行调试，指导安装。中方在验收中发现，该套设备部分零件磨损痕迹严重，开机率不足70%，这种状况根本不能投入生产。换言之，此套设备存在质量问题，为不合格产品。

在这种情况下，我方征询对方处理意见，对方言称派强有力的技术人员赴厂研究改进。两个月后，外方派来的技术小组到厂，更换了部分不合标准的零件，对设备再次进行了调试。但经过验收仍然不符合合同规定的技术标准。外方应允回去研究，但这一去杳无音讯，在代理人协调下，3个月后外方人员又来厂调试仍未通过。

当我方提出"只要能保证整体符合生产要求，技术指标可以降一些"的建议时，外方一反常态，积极响应，马上签署了设备验收备忘录。在这份备忘录中，将原定的6项技术指标减为4项，经中方同意，去掉了部分保证指标，并对一些原来规定的指标进行了一些宽松的调整。这次调整使得忙中出错的中方出现了一次严重的失误。忽视了技术指标的严谨性，使中方由主动变为被动，有苦难言。

按照备忘录商定的标准，外方进行第3次调试。但调试后只有1项达到指标，中方认为不能通过验收。而外方却一改耐心诚恳的态度，认为已达到规定标准，拒不承认产品质量不合格，双方遂起纠纷。

我方强烈要求，外方要按合同要求予以经济赔偿。殊不知，这再一次落入了对方最早设下的圈套。

在当初签订的合同中，精明的外方在索赔条款中写进了一个计算公式，由于这个公式相当复杂，中方人员在签约时根本没有仔细研究就接受了。现在我方提出索赔后，按这个索赔公式一步步计算，竟然出现了让我方目瞪口呆的局面。

原来按这个索赔公式计算，即使对方设备完全不合格，视同废铁，外方也仅赔设备引进总价的0.8%，何况中方还承认有1项指标合格。那么按此比例赔偿的话，110万美元总值，只赔偿1万美元，几近于零！我方被激怒了，对方却始终彬彬有礼地微笑着。

索赔不成，我方提出依法仲裁，这仍然是对方策划好的一个圈套。因为，根据合同条款规定"如果在执行合同时发生纠纷，均需实行仲裁，仲裁在被诉方所在国进行"。这意味着我方提出仲裁，将在对方国家进行。若在国外仲裁对中方是极为不利的首先要支付高昂的仲裁费和代理费，其次所派人员的开销也将是一笔不小的数目，尤其对国外的仲裁程序不熟悉，人际关系环境更是生疏。可想而知，要想取得胜诉，可能性是微乎其微的。

事已至此，本来对我方有利的局面完全扭转，真是进退两难。而对方却显得胸有成竹，完全掌握了主动权。

对方抓住我方矛盾的心理，乘胜追击，抛出所谓协商解决方案，并在谈判中做一些小小的让步，迫使索赔方就范。在无奈的情况下，我方接受了对方的最终方案：总赔偿额为12%，同时提供3%的零件。

谈判落下了帷幕，这家木材厂原来的设想像肥皂泡一样破灭了。那套用来提高工艺质量、提高经济效益的新设备半死不活地运转着，而且需要不停地修理、调整。

分析：结合本章内容，试对以上案例进行分析，我方为什么由有理变无理？

第 9 章 商务谈判合同执行

学习目标

- 掌握买卖双方履行合同的权利和义务
- 熟悉履约前、履约中、履约后涉及的相关谈判事宜
- 掌握索赔与理赔的谈判要点、注意事项
- 了解合同纠纷的处理过程

案例导入

仲裁调解法

我国某公司与英国某公司成交某种农产品 1 500 公吨，每公吨 CFR（成本加运费计价）伦敦 348 英镑，总金额为 522 000 英镑，交货期为当年 5 月至 9 月。签约后，由于我国发生自然灾害（水灾）导致无法正常交货，于是我方以不可抗力为由，要求免除交货责任，但对方回电表示拒绝，并称由于该商品市场价格上涨，我方未交货使其损失 15 万英镑，要求我方赔偿其损失。我方未同意，外商根据仲裁条款向中国仲裁机构提出仲裁。经仲裁机构调解，我方赔偿给英方 41 820 英镑结案。

（参考文献：王正挺. 中外谈判谋略撷趣. 上海：东方出版社，2004）

思考： 在什么条件下选择仲裁的处理方法？

谈判双方把谈判的结果以合同的形式确立下来，可以说谈判暂告一段落，但这并不表明谈判的终结，后面还有合同的履约过程以及出现问题的处理。只有谈判双方按照合同的规定完成了自己的履约责任，谈判才算真正地结束了。

9.1 合同的履行

谈判合同的履行是指在合同的实际执行阶段，签约各方必须全面地按合同规定承担并

完成各自的义务。

1. 卖方的履约责任

（1）交付货物。卖方必须全面地按合同的规定履行交付货物的责任。要求所交付货物的品质、包装和数量必须符合合同的规定；交付货物的方式、地点和时间也必须符合合同规定；不仅要符合合同的明文规定，而且还要符合法律的规定和公认的国际惯例以及双方在实践中形成的习惯做法。

（2）移交与货物有关的单据。向买方移交单据是卖方履约的一大责任。在交易活动中，货物单据往往是买方提取货物，办理有关检验手续，缴纳有关税费，向承运人或保险公司请求属于其责任范围内的损害赔偿所必不可少的文件。卖方移交单据的时间、地点和方式应按合同规定严格执行。

（3）转移货物所有权。卖方出售货物，收取货款，有责任把货物的所有权通过一定的程序转移给买方。转移所有权的前提是，卖方对出售货物本身拥有完全的所有权，并保证不侵犯他人的权利。至于货物所有权于何时转移，则取决于采用何种交货方式和贸易条件。

2. 买方的履约责任

（1）支付货款。支付货款是买方最主要的责任。买方必须按合同规定的时间、地点和方式支付货款。

（2）受领货物。根据合同的规定，当卖方交付货物时买方应及时受领货物，否则，如果因买方的疏忽或公然拒不受领货物而给卖方造成了经济损失，买方必须承担赔偿责任。

9.2 履约前的谈判

1. 履约前谈判的原因

（1）国家政策和宏观管理发生变化。例如，政府宣布某项商品实行专营，或不准外运，或提高价格等，双方由于成本价的直接、间接受影响而发生变动引起的争议是经常发生的。

就法律和惯例而言，市场价格变化不能成为变更合同的理由，否则，合同将成为一张废纸。但我国的现实情况是，经常会出现各级政府干预价格的因素，从而引起合同争议，导致重开谈判。

（2）国际市场的变化。在对外贸易中，由于国际市场情况发生变化，从而引起如下因素发生相应变化，往往导致不能履约，如对外贸易管理变化、进出口配额改变、价格变化以及计价货币、币值波动等，引起争议从而导致履约前谈判。

（3）技术背景发生变化。在合同签订之后，出现了新技术，导致用原有技术生产的产品不符合市场的需求，从而致使合同无法履行，引发新一轮的谈判。

（4）不可抗力事故发生。履约前，由于不可抗力事故的发生，如重大自然灾害（地震、水灾）等，使合同的履行发生困难，从而引起争议，导致履约前的谈判。

2．履约前谈判的方法

（1）变更部分合同内容。依据导致重新谈判的原因，有针对性地变更部分合同内容。例如，某公司与国外企业签订的合同以日元计价结算，合同执行前国际外汇市场变动，美元暴跌，日元升值。如果双方就此提出重开谈判，就存在着谈判出发点的问题：是维护合同还是取消合同？一般在这种性质的谈判中双方均愿维护合同，只是有针对性地变更和汇率相关的部分内容。

谈判中，坚持"利益原则"，即所得利益大的一方做出让步共渡难关。坚持"互谅互帮"的原则，双方都做出努力。按此原则，采取的方式有卖方降价；提供相当于降价额的设备或备件、材料；改善付款条件；改变部分合同内容，但不影响原合同目标。买方同意减少一定量的进货、服务，允许更改部分合同内容。这些手段虽不是平分价差，但也是共同努力挽救合同。

（2）撤销合同。当上述挽救或部分变更合同的努力失败后，双方可能就要撤销合同或协议进行谈判。如一方坚持，另一方反对，则形成合同纠纷。在这种情况下，谈判的目的变为如何划分责任，如何赔偿，如这方面也达不成协议，便只有申请仲裁或诉诸法律。

9.3 履约期间的谈判

9.3.1 履约期间争议的原因

1．卖方的原因

（1）货物短缺。指货物装箱完整，装箱单也已列入，在开箱检验时却发现短少。

（2）品质规格不符。品质不符是指所交货物的全部或部分，经检验后发现品质低劣或品质差异与合同不符，例如，药品变质。规格不符是指货物本身的性质或原有的缺陷，例如，货物因蒸发、短缩而与合同规格不符。

（3）破损。货物在运输途中发生破损可由人为、意外及自然等多种因素造成。判断破损责任的依据在于包装。如包装良好因运输操作不当而导致损坏属承运人责任，如因包装不良而导致损坏属卖方责任。

（4）延迟交货。由于卖方延迟交货因此影响了买方生产或由于卖方延迟交货遭遇市场价格下跌而导致买方损失。

2. 买方的原因

买方原因主要有货款支付方面的问题，买方违约，不按时开出信用证或汇款；买方无理拒收货物；合同条款不明确，双方理解不一，产生争议等。

3. 运输方原因

由于承运人的责任而导致的索赔叫做运输索赔。它主要包括以下几个方面内容。

（1）短卸误卸。指卸船交货数量少于提单所列数量，其原因可能是没有把全部货物卸完或误卸他港。

（2）途中短损。承运人承担货物自装船起至离船前期间发生的整件缺失或装卸破损的责任。

（3）延迟交货。它是指由于运输方的原因而导致的延迟交货。

【阅读资料9-1】

售 楼 纠 纷

南京华海置业有限公司于2008年11月2～8日陆续致电北城嘉园1-5栋业主，并去函附上《入住通知书》和《收楼须知》，要求业主于11月8～9日分批赶至楼盘处准备收房。业主在收房过程中发现了许多问题。

（1）合同附件6第10条约定全民健身器材应于2008年11月8日前达到正常使用，但在收房过程中，2008年11月8日收房现场未见设施摆放到位，不符合交付标准。

（2）开发商未能提供用于房屋权属登记的《房屋测绘成果》，业主被告知此《房屋测绘成果》未从房产局取得，不符合交付标准。

（3）业主在售楼处见到的沙盘和宣传资料上，全为封闭阳台，交付现场阳台没有封闭，不符合交付标准。开发商代表在与业主沟通过程中对于实际交付房屋与沙盘的全封闭阳台不符，给出的解释是部分业主要求不做封闭阳台。

（4）现场有4栋楼前面的围墙没有封闭；小区的保安值班室没人值班，小区的安全隐患很大，不符合交付标准。

（5）合同约定为天然气，现场与合同约定不符。

特此，北城嘉园业主要求开发商（南京华海置业有限公司）给予业主合理证据，明确违约事项及承担相应违约责任。

这是一个非常明显的开发商（卖方）违约的案例。

（资料来源：南京房产在线）

9.3.2 影响履约期间谈判的因素

（1）影响履约期间谈判的因素主要包括以下两个方面的内容。履约期间产生的争端对谈判双方的经济影响不同。比如，卖方交货延误，对最终用户与对中间转售人的经济影响是不同的。做为最终用户，例如，购买原料、配件的工厂，当卖方延迟交货时，根据目前交易惯例，延迟交货超过 6 个月买方可以撤销合同并要求赔偿损失；也可在逾期 3 个月时买卖双方研究补救措施；逾期不超过 3 个月可对卖方按延迟交货进行罚款处理。

但做为中间转售人的买方，即商业批发商，他对延迟交货的反应会更强烈。同样延迟交货 3 个月，批发商可能由于市场变化而蒙受巨大损失；他对罚款不感兴趣，只重视商品、时机、资金流动；因而，对于不按时交货，哪怕一个月，他都可能取消该批订货。例如，某款式的服装目前正流行，如果因卖方延迟交货使时装错过了流行的季节，他转售给零售商时产品已滞销了。此时，他宁肯撤销合同，也不愿意接受违约金而积压货物，损失更多的资金。

（2）履约期间重开谈判还取决于违约的范围、程度及性质。如果只是交货数量短缺并在合同容许的范围之内，合同便不应全部解除，只是针对短缺部分，卖方是退款或是补货。但如果违约性质为商品规格、型号与合同不符时，对买方的影响是多方面的，甚至是致命的，问题就不同了。重开谈判便面临着是修补合同、更改条件继续执行或是取消合同。

9.4　履约后的谈判

1. 履约后争议的原因

单项或成套项目买卖，带有保证目标的工程设计或技术服务，最后验收其质量，未能达到指标的合同；商品不符合要求，最终条款未能执行或原条款有疑义的合同；售后服务保修等条件未能执行的合同；原有条件有异议的合同都会导致该合同履约后的争议。

2. 履约后谈判的方法

履约后谈判取决于提议一方的目的和意图，是在接受事实的基础上谈判赔偿、弥补损失；还是推翻前议、判明责任后解除合同。比如，想获得技术的工业买主，当收到不满意或制造技术不过关的设备时，宁可修理不合格的设备，以求得到所购装备的技术，因而购方将更多地把目标置于谈判如何实现技术的获得，而不会马上去谈判如何退货和索赔。而一个商业买主，在收到不符合要求的货物时，可能首先想到是其利润的损失，因而重开谈判的目标将直指"责任"与"赔偿"问题。

履约后谈判是以摆事实、查依据、对比合同条件来讨价还价。如果买方拒收或索赔，应有商检证明、验收报告，足以做为客观依据的材料，这样才能使人信服。而供货方的谈判亦应有证据，如测试报告、旁证等。应该注意的是，买方若决定撤销合同、全部退货，要充分考虑资金追回的可能性。在分歧状况下强行退货，常常形成长期合同纠纷。

9.5 索赔与理赔谈判

1. 索赔与理赔的概念

买卖合同是确定买卖双方权利、义务的法律依据，无论是买方还是卖方违反合同义务，在法律上都构成违约的行为，都须向受损方赔偿因其违约而遭受的损失。索赔是指遭受损害的一方向违约的一方提出赔偿的要求。理赔就是指违约的一方受理遭受损害的一方所提出的赔偿要求。因此，索赔和理赔其实是一个问题的两个方面。

2. 索赔与理赔谈判与合同谈判的区别

（1）谈判双方的心情和态度不同。合同谈判是为达到共同目的或目标而进行的，双方都从合作的愿望出发，本着积极合作的态度，努力寻找一致点。而索（理）赔谈判，是在合同执行中引起的，双方为了维护自己的利益，尽量把违约责任推给对方。一方提出索赔要求，另一方总企图全部或部分拒绝赔偿。

（2）谈判的内容和要求不同。合同谈判主要是解决怎样统一思想、寻求合作目标达成协议的问题。而索赔、理赔谈判的重点是解决分清责任和索赔、理赔数量问题。最后，谈判的方法也不同，合同谈判可以开门见山，一开始就接触实质性的目标和条件；索赔谈判则要先弄清事实，分清责任和原因，然后才能谈判具体的赔偿问题。

3. 索赔与理赔谈判的准备工作

索赔与理赔谈判比合同谈判更艰巨、更复杂，谈判前需要有充分的思想准备和细致的沟通工作。

（1）要按规定期限取得索赔证据。索赔必须在合同规定的期限内，提出有力的证据。因此，必须在货物到达后，立即进行检验和鉴定，要在规定期限内向对方提出索赔要求。

（2）要分清责任。要进行索赔就要先查明造成损害的情况，分清责任。一般来说，与索赔争议有关的责任人有：卖方、买方、承运部门、保险公司及其他责任人。若事故原因不明，无法确定责任归属人或确定责任对象，不仅解决不了索赔问题，而且还会误时误事。

（3）认真准备谈判证据和资料。索赔谈判涉及许多技术问题，需要大量的资料，除需要商品检验机构出具的货损或质量检验证明外，必要的索赔证件一般还包括：提单、发票、保险单、装箱单、磅码单正本或副本以及索赔清单。

（4）认真研究索赔方案。认真研究、制订谈判方案。在索赔方案中除列明案情和附以必要的证件外，还要定好谈判的策略。一般索赔方案要由企业主管业务的领导审核，涉外的重大案件，要由上级领导机构审核。

对于理赔方而言，如果没有违约，必须找出充分的证据；如果确实违约，相对来说比较被动，在谈判前，也应该认真研究对方的索赔方案，找出对己方有利的证据，争取把损失降到最低。

4. 索赔与理赔谈判的原则

索赔与理赔谈判，一般应遵循以下几条原则。

（1）实事求是。严格按照合同规定的条款，是什么问题就解决什么问题，应该索赔或理赔多少，就索赔或理赔多少，不要任意扩大或缩小的问题。

（2）友好协商。尽可能通过友好协商，解决双方的争议。索赔在正常交易中会经常发生，不能因为索赔把关系搞得很紧张，而影响今后的贸易往来。当然，如果买卖双方通过友好协商不能解决问题，也应区别情况，采取调解或仲裁的方式解决，尽量不要诉诸法律。

（3）公平合理。不要借机给对方出难题，不要借机"敲竹杠"，提出过分要求。那种"索赔金额宁多勿少，理赔金额宁少勿多"的想法是难以实现的。

（4）有理有节。索赔与理赔谈判的依据，是商务合同中规定的有关损害赔偿的条款。赔偿条款分为以下两种。

① 罚金条款。它是指规定在一方违反合同规定的义务情况下，应向对方支付约定的金额，作为对方遭受损失的赔偿。一般适用于不按期交货或延期接受货物而遭到的损失。但在支付罚金后，并不意味着免除应尽的合同义务，合同的条款仍须继续执行。

② 异议索赔条款。它是指规定在一方违反合同所商定的义务时，另一方提出有关索赔办法和索赔时间。这种索赔条款适用于品种、质量、数量方面的索赔。

只有严格按照合同条款进行索赔谈判，并且在谈判中注意言辞的表达，尽量避免矛盾激化，才能做到有理、有利、有节，双方才能心服口服，索赔才能顺利进行。

5. 索赔依据

判明索赔事故的性质是索赔的前提，而能否提出索赔的依据则是索赔的关键。受害方向违约方行使索赔权必须提供索赔依据。

（1）向卖方索赔。一般应提供：商品检验报告，以证明事故性质、内容及数量；索赔报告，阐明损失的货物名称、数量、索赔金额及计算公式。

（2）向承运人索赔。一般应提供：商品检验报告；索赔报告；事故证明文件。一般由承运人或港务管理机构出具的破损事故证明书或短卸证明书；提货单的正本或副本；商品发票的副本；品质证明文件或装箱单等；承运人要求的其他文件。

（3）向保险公司索赔。一般应提供：商品检验报告；海难证明书或事故证明书；索赔报告；保险单正本或副本；提货单；商品发票；商品品质、重要证明文件、装箱单；商品检验报告。

6. 索赔的一般程序

收货人在货物到目的地后迅速提货，并根据提单、装箱单等验货。如发现货物破损、短缺、规格不符时，应请商检机构或合同承运人、港务部门进行检验，取得货物破损、短失的证明文件，判明事故性质，向有关责任人索赔。由于向卖方、承运人索赔的期限较短，在有些责任可能在卖方和保险公司，或承运人与保险公司二者之间时，应先向卖方、承运人提出索赔，在保险公司保留索赔权，以免经保险公司中间周折而超过索赔期限。

9.6　合同纠纷的处理方式

如果谈判的双方能严格按照合同的规定去执行，那么这会是一个非常完美的谈判终结。不过在日常的合同执行过程中，难免会出现一些意想不到的问题，比如合同条款的问题、不可抗力、当事人故意不履行等原因，引发合同条款的争议，出现索赔和理赔的问题。

【阅读资料9-2】

一句话的损失

某加工厂与一家原料供应企业签订了一份供应合同，标的是化工原料。订货数量及交货期条款只写了"全年度12吨"。结果供应方在年初就把12吨原料全部运来，而购方的需要是每月1吨。年初一次性收货，不但占压资金，仓库容量也不足，于是购方拒付货款，理由是：不是要对方一下子发送12吨，而是每月送1吨。但供方却表示，这是按合同办事"全年度12吨。合同上并无每月送1吨的条款"。双方争执不下，诉诸法院。经法院审理，认为合同是有效的，加工厂不能拒收。造成这起经济纠纷的原因就是在签合同时，没能把分期交货明确、具体地表达出来。

1. 协商处理

协商是解决合同纠纷的一种有效方式。协商处理是指争议发生后,由争议双方自行磋商,各方都做出一定的让步,在各方都认为可以接受的基础上达成谅解,以求得问题的圆满解决。协商处理的优点是不用第三者介入,气氛比较友好。争议如能得到解决,可以不经仲裁和司法诉讼,省时、省钱、省力,所以协商处理的办法被普遍采用。

案例 9-1

退一步海阔天空

上海某鞋厂与日本 A 株式会社做成了一笔布鞋生意。但是因为鞋厂预测失误、加上运期太长,布鞋运到后已错过销售旺季,大量积压。日方提出退货,按照惯例中方完全有理由拒绝。可是经过双方协商,中方竟然接受了这批退货。这是为什么呢?以下是日方的退货理由。

(1)日方表示,如果不退货,它们就会破产,中方就少了一个合作伙伴。

(2)这批货虽然退回,但是可以用一批同等价值的畅销货替代。

(3)所有退货运杂费由日方支付。

(4)这批货退回后还可出口转内销,可能并不赔钱。

(5)日方表示,以后购同样货物时,首先考虑该厂。

(6)若日方破产,将会在日方同行业中产生不良的影响,在某些方面也会损害中方的声誉。

中方接受退货后,又保质保量地发了一批替代货,事情见报后,马上又有几家客户来函要求与该鞋厂合作。该厂产品从此供不应求。

此次事件之后,A 株式会社,要求成为我方在国外销售的总代理,产品全部包销,合同一订就是好几年。他们还积极向我方提供国际市场的有关情报,双方合作良好。

可见,合同执行过程中的一些纠纷,如果处理得当,对双方都有利。

(资料来源:张丽芳,宋桂华. 实用商务谈判. 北京:北京交通大学出版社,2007.)

2. 调解处理

调解处理是指当纠纷发生后,由第三者从中调停,促进双方当事人和解,化解矛盾求得合同纠纷的解决。调解作为一种由第三者来说服双方的调停工作,目的是希望双方互谅互让，平息争端，自愿让步而达成协议。这种化解矛盾的方式也常被人们运用于各种纠纷的处理中。

案例 9-2

调解处理纠纷

有一年，美国一小男孩因燃放中国进出口公司出口的带响"空中旅行"烟花而受伤。原告根据产品责任法向当地法院控告中方，要求损害赔偿 600 万美元。中方采取了正确态度和灵活做法，通过美国友好律师从中调解，原告撤回上诉，并与律师达成协议，接受由中国贸促会征募的 95 000 美元，从而通过调解方式解决了纠纷。

（资料来源：李祖武. 商务谈判. 北京：中国财政经济出版社，2005.）

3. 仲裁处理

仲裁指争议双方在争议发生前或争议发生后达成协议，自愿将争议交给第三者做出裁决，双方有义务执行仲裁决定的一种解决争议的方法。仲裁具有行政和司法的双重性质。仲裁条款的谈判，主要包括以下几个方面的内容。

（1）确定仲裁机构。国内贸易纠纷的仲裁机构是我国国家工商行政管理局和地方各级工商行政管理局设立的经济合同仲裁委员会。国际贸易的仲裁机构有三种选择：一是我国对外贸易仲裁委员会；二是对方的国家仲裁机构；三是第三国的仲裁机构。一般应争取在本国仲裁，也可选择在友好国家仲裁。最后确定的仲裁机构必须是双方一致同意的。

（2）明确仲裁决定是否终局。一般要在协议中明确规定仲裁决定是终局的，这样对双方都有约束力，一旦形成仲裁决定不可向法院和其他机关提出变更的要求。如果双方没有规定仲裁决定是终局的，那么一方或者双方对仲裁决定不服时，都可以在收到仲裁决定书之日起的 15 天内向法院起诉，原仲裁决定就丧失了法律效力。

（3）仲裁费用。一般规定败诉一方负担。

案例 9-3

仲 裁 赔 付

我国一家进出口公司与英国一家公司签订了一项合同，该合同项下的货物共计 3 000 吨，规定分 3 批装运。其中第一批 1 000 吨货物由于中方公司未能按期装运，英国这家公司要求赔偿由此引起的损失。随后，该公司向中国对外贸易仲裁委员会正式提出仲裁申请，要求中方做出赔偿。中国对外贸易委员会对该案进行了审理，最后裁决由中方公司向英方公司赔偿 11 530 元人民币结案。

（资料来源：林逸仙．商务谈判．上海：上海财经出版社，2004．）

4．诉讼处理

当出现合同纠纷时，当事人中的任何一方都可向有管辖权的法院起诉，通过司法手段解决争端。诉讼必须通过严格的司法程序，需要耗费较多的时间，承担相当的费用。诉讼的结果在一般情况下能强制性地解决争议，但往往也会导致双方关系的最终破裂。企业经营者在一般情况下都不愿以诉讼方式解决双方之间的纠纷。

能力形成考核

一、复习思考题

1．履约期间争议的原因有哪些？
2．索赔与理赔谈判需要做一些什么样的准备工作？
3．处理合同纠纷有哪几种方式？分别加以说明。
4．在尽可能的情况下，不要选择诉讼处理。这句话对吗？

二、实训题

A 住户付给装修公司 8 万元，要求装修公司按其要求完成装修，并与装修公司签了一份详细的合同。在具体施工时，由于施工不慎，造成楼下住户房顶裂缝，楼下住户要求赔偿。A 住户认为是装修公司的责任，而装修公司却以合同没有写这样的条款为由拒绝赔偿。如果你是 A 住户，该如何处理这件事情？如何与楼下住户以及装修公司谈判？

三、案例分析

案例

我国从日本 S 汽车公司进口了大批 FP-148 货车，使用时普遍发生严重质量问题，致使我国蒙受巨大经济损失。为此，我国向日方提出索赔。

谈判一开始，中方简明扼要地介绍了 FP-148 货车在中国各地的损坏情况以及用户对此的反应。日方不动声色地说："是的，有的车子轮胎炸裂，挡风玻璃炸碎，电路有故障，铆钉震断，有的车架偶有裂纹。"中方觉察到对方的用意，便反驳道："贵公司代表都到现场看过，经商检和专家小组鉴定，铆钉不是震断，而是剪断，车架出现的不仅仅是裂纹，而是裂缝、断裂！而车架断裂不能用'有的'或'偶有'，最好还是用比例数据表达，更科学、更准确"。日方淡然一笑说："请原谅，比例数据尚未准确统计。""那么，对货车质量问题贵公司能否取得一致意见？"中方对这一关键问题紧追不舍。"中国的道路是有问题的。"日方转移了话题，答非所问。中方立即反驳："诸位已去过现场，这种说法是缺乏事实根据的。"日方说："当然，我们对贵国实际情况考虑不够……""不，在设计时就应该考虑到中国的实际情况，因为这批车是专门为中国生产的。"中方步步紧逼，日方步步为营，谈判气氛渐趋紧张。在我方步步紧逼下，日方一位部长不得不承认，这属于设计和制作上的质量问题所致。初战告捷，但是我方代表意识到更艰巨的较量还在后头，索赔金额的谈判才是根本性的。

随即，双方谈判的问题升级到索赔的具体金额上——报价，还价，提价，压价，比价，一场毅力和技巧较量的谈判竞争展开了。中方主谈代表擅长经济管理和统计，他在大大小小的索赔项目旁，写满了密密麻麻的阿拉伯数字。因为这是技术业务谈判，不能凭大概，只能依靠科学准确的计算。根据多年的经验，他不紧不慢地提出："贵公司对每辆车支付的加工费是多少？这项总额又是多少？"日方回答道："每辆车10万日元，计4.84亿日元。"日方接着反问道："贵国报价是多少？"中方立即回答："每辆16万日元，此项共计9.4亿日元。"精明强干的日方主谈人淡然一笑，与其副手耳语了一阵，问道："贵国报价的依据是什么？"中方主谈人将车辆损坏后各部件需要如何修理、加固、花费多少工时等逐一报价，以证明中方提出的这笔加工费并不高。接着中方代表又用了欲擒故纵的一招："如果贵公司感到不合算，派员维修也可以。但这样一来，贵公司的耗费恐怕是这个数的好几倍。"这一招很奏效，顿时把对方将住了。日方被中方如此精确的计算所折服，自知理亏，转而以恳切的态度征询："贵国能否将价格再压低一点。"中方答道："为了表示我们的诚意，可以考虑贵方的要求，那么，贵公司每辆出价多少呢？"日方回答："12万日元。""13.4万日元怎么样？"中方问。日方回答："可以接受。"日方深知，中方在这一问题上已做出了让步。于是双方很快就此项索赔达成了协议。日方在此项目费用上共支付7.76亿日元。

然而，中日双方争论索赔的最大数额项目却不在此，而在于高达几十亿日元的间接经济损失赔偿金。

在谈判桌上，我方报完每个项目的金额后，都会讲明这个数字测算的依据，每个数字都有理有据。最后我方提出间接经济损失费70亿日元！

日方代表听了这个数字后，惊得目瞪口呆，老半天说不出话来，连连说："差额太大，差额太大！"于是，双方开始进行无休止的报价、压价。

"贵国提的索赔额过高，若不压半，我们会被解雇的。我们是有妻儿老小的……"日方代表哀求着。老谋深算的日方主谈人使用了哀兵必胜的谈判策略。

"贵公司生产如此低劣的产品，给我国造成多么大的经济损失啊！"中方主谈人接过日方的话头，顺水推舟地使用了欲擒故纵的一招："我们不愿为难诸位代表，如果你们做不了主，请贵方决策人来与我们谈判。"双方各不相让，只好暂时休会。

随后，日方代表紧急用电话与日本 S 公司的决策人密谈了数小时。接着谈判重新开始了，此轮谈判一开始就进入了高潮，双方舌战了几个回合，又沉默下来。此时，中方意识到，己方毕竟是实际经济损失的承受者，如果谈判破裂，就会使己方获得的前期谈判成果付诸东流；而要诉诸法律，麻烦就更大。为了使谈判已获得的成果得到巩固，并争取有新的突破，适当的让步是打开成功大门的钥匙。中方主谈人与助手们交换了一下眼色，率先打破沉默说："如果贵公司真有诚意的话，彼此均可适当让步。"中方主谈为了防止由于己方率先让步所带来的不利局面，建议双方采用"计分法"，即双方等量让步。日方代表示："我公司愿意付 40 亿日元。这是我们能出的最高价了。""我们希望贵公司最低限度必须支付 60 亿日元。"中方坚持说。

这样一来，中日双方各自从己方的立场上退让了 10 万日元，谈判又出现了转机。双方仍有 20 亿日元的差距。几经周折，双方共同接受了由双方最后报价金额相加除以 2，即 40 亿日元的最终谈判方案。

除此之外，日方愿意承担下列 3 项责任。

（1）确认出售给中国的全部 FP-148 型货车为不合格品，同意全部退货，更换新车。

（2）新车必须重新设计试验，精工细作，并请中方专家检查验收。

（3）在新车未到之前，对旧车进行应急加固后继续使用，日方提供加固件和加固工具等。

一起特大索赔案终于公正的交涉成功了！

分析： 在谈判的过程中双方运用了什么样的策略技巧，使这场索赔案最终获得了成功？

第三篇 实训篇

实训项目 1　谈判方案的制订

1. 实训项目背景资料

"精英团队"的谈判方案

小张 2006 年从浙江某学院毕业后，进入了全国知名的杭州日昌不动产公司工作。由于工作努力，销售业绩非常出色，使他所工作的门店，平均每月销售业绩比原来翻了几倍。随着业绩的增加，小张大学的 5 个同学也纷纷加入到他所在的门店工作，形成了一个"学院团队"。在小张的带领下，大家齐心协力，使该门店的业绩持续增长，实现了"学院团队"向"精英团队"的转变。

近来，政府针对房地产过热连续进行了宏观调控，调控的效果在 2008 年开始显现。一手房的实际成交价格开始下降，交易量也出现了下滑，同时宏观调控对二手房的交易也产生了非常明显的影响。随后，美国爆发的金融危机波及全球，房地产业受到重创，出现了多年来从未遇见的市场下滑局面，尤其是市场上二手房交易量大幅度萎缩，在一些城市甚至出现了房产中介大面积歇业关门的局面，房地产业的发展出现了政策性的拐点。

面对市场的风云突变，为了生存和发展，"精英团队"开始谋划拓展新的业务，不仅做二手房的中介服务，还准备把业务重点转移到一手房的代理和销售上来。因为他们感到目前的形势下二手房的交易将进入一个较长的低谷期，而一手房的市场还存在着不同层次的需求。于是"精英团队"进行了全面的市场调查和分析，最后准备把一手房的代理和销售的合作伙伴锁定在浙江新兴上。

锁定浙江新兴为合作对象，"精英团队"的理由和思路有以下几点。

（1）浙江新兴连续开发的几个大楼盘，以商业配套用房为主，选址考究，自然环境得天独厚，前期销售情况非常好，今后还要开发周边地区，很有市场前景。

（2）新兴是中国房地产的后起之秀，不仅有很高的品牌知名度，而且有较好的口碑和良好的企业形象，新兴开发的房产，市场认同度高。

（3）新兴的房地产销售一般是委托专业的代理或销售公司代理销售。随着房地产业受宏观调控的影响，新兴新开发的中高档楼盘必须加大市场推广力度，目标市场的覆盖区域也要走出浙江。目前这种"守株待兔"式的销售方法将不能适应市场环境的变化，这是"精英团队"的切入点。

（4）日昌不动产是全国知名的房产中介公司，其连锁店、加盟店遍布华东和全国各大城市，不仅能给全国市场提供直接的销售服务，而且还能实现全国门店信息的共享和最直接的沟通，借助日昌的全国业务网络和本土化营销人员，可将新兴新开发的楼盘全面推向市场。

（5）日昌和浙江新兴的合作是优势互补，是分工也是合作，更是强强联手推广市场，是双赢的合作。

2008年10月，"精英团队"把想法上报公司领导，公司领导给予了大力支持。通过熟人介绍，"精英团队"与浙江新兴的一个部门经理进行了接触，把合作的愿望与思路交换了意见，并上报给浙江新兴的有关负责人。两天后新兴反馈消息：对合作一事非常感兴趣，希望双方尽快细谈合作之事！

理由充分了，思路清晰了，对方伸出了合作之手。现在，关键的问题是如何抓住机会，而要抓住机会就必须与浙江新兴进行合作谈判。"精英团队"打算在今年12月与浙江新兴进行合作谈判，他们开始为这次谈判做精心的准备……

（资料来源：浙江金融职业学院课程实验）

2. 实训目的与形式

实训目的：通过本次实训，检验学生运用商务谈判调查与策划原理知识，围绕核心利益进行谈判，对双方的优劣势进行分析的能力。检验学生确定谈判主题与目标、明确谈判程序与谈判时间、制订完整具体的谈判方案的能力。

实训形式：以小组为单位，把本班学生分成4组，分别代表4个精英团队。

3. 实训任务与要求

（1）实训任务：根据背景资料调查搜集情报并撰写浙江新兴公司商务调研报告（1 500字以上）。

　　实训要求：商务调研报告的撰写要全面、完整、清晰。

（2）实训任务：根据背景资料制定谈判议程，安排谈判时间、地点。

　　实训要求：把谈判的议程、时间、地点的安排内容用表格的形式画出来；要求谈判议程制订与时间安排合理、有序。

（3）实训任务：比较日昌与新兴两家公司的优劣势，并撰写比较分析报告（1 000字左右）。

　　实训要求：报告中对谈判双方优劣势比较分析要准确、全面。

（4）实训任务：制定日昌公司计划采用的谈判策略，用文字的形式表达出来。

　　实训要求：谈判策略的制定具体、灵活并有一定针对性，应急预案措施得当。

（5）实训任务：安排小组成员的谈判任务与谈判分工。

　　实训要求：谈判任务与分工要求用书面形式表达出来；要求谈判人员的安排合理，分工明确。

（6）实训任务：依据上面完成的各项任务撰写谈判方案策划书（日昌不动产公司）。

　　实训要求：谈判策划书的撰写要全面、具体、可操作性强。

4. 实训重点与难点

实训重点：撰写商务谈判调研报告。

实训难点：撰写商务谈判策划书。

5. 考核说明

根据以上实训内容进行逐项考核，团队考核分值90分以上为优秀，80~90分为良好，70~80分为中，60~70分为及格，60分以下为不及格。成绩按优、良、中、及格和不及格5级记分。

实训项目 2　谈判前的准备

1. 实训项目背景资料

谈判未到，准备先行

老郭是宝鸡的一家经销商，近期他准备经销一款休闲食品，鉴于市场操作难度较大，老郭想向厂家多争取一些优惠政策。以前宝鸡也有几家经销商经销过这款产品，但是厂家没有给任何一家经销商额外的优惠政策，所以争取更多的优惠对老郭来说难度很大，但他决定尝试一下。老郭与厂家经理约好7月初谈判，从6月中旬开始，老郭就专门抽出两个业务员进行市场调查（包括该休闲食品的市场容量、城市消费水平、价位空间等）。老郭向业务员交代，要重点关注同类竞争对手的情况，看看市场上有多少同类产品在竞争，都是什么品牌，其代理商在宝鸡是如何销售的等内容。到月底的时候，老郭将业务员调查出来的材料进行了汇总，并根据自己走访了解的情况做了一份报告，报告中将厂家产品与竞争对手的产品做了详细对比，最后还给出了市场操作建议，内容详细到产品进超市的货架摆放、促销方式、价位，以及厂家的配送细则、利润空间等。老郭准备在谈判时拿给厂家经理看。

接着老郭开始安排销售终端的任务，他对自己的货架进行了认真的安排，要求商品的摆放整洁漂亮、有层次，增加促销方式，并增派促销员负责促销引导。在老郭看来，厂家考察一个经销商不能全凭嘴说，还得看实际的，这个实际不仅包括你开发市场的策略和思路，还包括现有产品的销售情况。让厂家了解这个情况最好的办法就是带他们到市场来看看，这是厂家了解经销商销售能力的最直接途径。

眼看谈判的期限就要到了，老郭还在为这次谈判马不停蹄地做着准备，他深知只有准备工作做的扎实有效，才能在谈判中争取主动，才能做最大的赢家。

（资料来源：中国起重机机械网）

2. 实训目的与形式

实训目的：无论在何种谈判中，准备是否充分决定了你在谈判中的状态，影响着谈判的过程和结果。谈判高手能在谈判中游刃有余，大多是在谈判前做了充分的准备工作，哪些问题是关键所在，哪些问题要有意避开都要做到心中有数。本次实训的目的就是让学生认识到谈判前准备工作的重要性，明确准备工作的内容，从而树立信心，争取谈判中的主动。

实训形式：根据所提供的资料，将学生分为几个小组，同时扮演食品代理商（老郭一方）角色，彼此不沟通。最后从几个小组中选出该项目做得最好的一个团队，与大家进行交流。

3. 实训任务与要求

（1）实训任务：根据背景资料进行休闲小食品的市场调查并帮助老郭撰写经销该食品的可行性分析报告（1 500字以上）。

　　实训要求：调查全面，可行性分析报告详尽、具体。

（2）实训任务：依据背景资料写出谈判前期准备工作的内容提要（500字左右）。

　　实训要求：注意谈判前期准备工作内容提要必须翔实、必要。

（3）实训任务：根据背景资料拟定谈判计划书（1 500字以上）。

　　实训要求：谈判计划书内容要完整，可操作性强。

（4）实训任务：把谈判中计划运用的谈判策略用书面形式表达出来（形成假设性解决方案1 000字）。

　　实训要求：谈判策略的制定具体而灵活，针对性较强。

4. 实训的重点与难点

实训重点：休闲小食品及小型食品便利店的市场调研及报告的撰写。
实训难点：谈判计划书的拟订。

5. 考核说明

根据以上实训内容进行逐项考核，团队考核分值90分以上为优秀，80～90分为良好，70～80分为中，60～70为及格，60分以下为不及格。成绩按优、良、中、及格和不及格5级记分。

实训项目 3　讨价还价过程

1. 实训项目背景资料

1000X 计算机的报价

托玛·津默曼，美国多极电子管有限公司欧洲销售部经理，他正在考虑向德国科涅格公司出售 1000X 电子计算机。科涅格公司是德国最大的化学公司之一，也是多极电子管公司最重要的客户之一，因此津默曼特别重视这次合同。按照多极电子管公司以往的规定，报价应该在工厂成本的基础上加价 40%（利润、研究和发展费用、销售费用、运费），再加 2% 的安装费，14% 的进口关税，这样 1000X 的报价就达 20.3 万马克。津默曼深知这次报价的重要性，他觉得这一报价偏高，使他没有足够把握为公司赢得这次合同，现在离报价的最后期限只有两周了。

科涅格公司还邀请了另外 4 家计算机公司参加这次报价，津默曼已经得到可靠消息，据说那 4 家公司中至少有一家的报价比多极电子管公司的通常报价要低出 30%。津默曼与科涅格公司负责采购业务的副总裁进行了会谈，他被暗示，如果多极电子管公司的报价不高于竞争对手中最低报价的 10%，他将有可能赢得这单合同。

（1）公司背景

多极电子管公司是一家美国企业，几年前在巴黎设立了欧洲销售部，由津默曼出任经理。该公司的主要产品是一种叫 1000X 的中型计算机。1000X 计算机是一种多功能的电子计算机，价格适中。它最初主要是为了解决科学和工程问题而设计的，因此并不能处理一些通常的业务问题，如工资计算、存货控制、生产调度等。确切地说，该计算机的基本运用是在化学和飞机制造公司、公用事业部门和原子能工程方面，在这些领域，它擅长处理和解决化学反应控制、飞机和导弹设计、控制原子能反应堆和发电厂等问题。除了 1000X 计算机，多级电子管公司还制造一些小型附件设备，这些附件设备的销售占公司全部销售额的相当比例。多极电子管公司在欧洲的销售量只占该公司在全世界销量的 1/10，在德国的销量又占欧洲销售量的 1/4。

由于该公司售给欧洲用户的计算机是在美国生产和组装的，所以要交纳进口关税，关税税率视不同的国家而不同。德国进口多级电子管公司计算机的关税税率是 16%，因此多级电子管公司正在德国的法兰克福建造一家工厂，以减少关税和促进欧洲销售额的增长。这家工厂在 2004 年 3 月中旬投产，主要用来装配 1000X 计算机，为所有欧共体成员服务。这样，关税将从 16% 降至 14%。公司的最终计划是让这家工厂在欧洲大陆制造计算机，以避免所有的进出口关税。

多极电子管公司在法兰克福的工厂占地仅有 1 000 平方米，年管理费大约为 100 万马克。而到 2005 年 1 月为止，欧洲销售部签下的合同只有工厂装配能力的 1/4。尽管预计接收的培训和指导安装业务够工厂在开业后忙上 1~3 个月，津默曼仍感到压力很大，要尽快为工厂找到装配业务。

（2）价格政策

在计算机行业，多极电子管公司的产品有很高的声誉，该公司也为其计算机的精确性、可靠性、适应性和易操作性而感到自豪。因此，尽管该公司的标价往往比竞争对手高出很多，但它在北美和欧洲却十分畅销。

1000X 计算机在欧洲的价格通常按案例开头所述的方法计算：

工厂成本	125 000 德国马克
40%成本加成	50 000 德国马克
美国的价目表价格	175 000 德国马克
安装费（2%）	3 500 德国马克
进口关税（14%）	24 500 德国马克
正常价格合计	20 3000 德国马克

（3）用户简介

科涅格公司是德国最大的基础化学原料和化工产品的加工制造商之一。它管理着遍布德国的大量化工厂。至今为止，它已经购买了 3 台多极电子管公司的计算机和 1 台竞争对手的产品，去年它是多极电子管公司最大的客户。

津默曼认为，过去科涅格公司购买多极电子管公司的计算机主要是因为该产品在适应性、精确性和整体质量方面的名声。科涅格公司的职员大都乐于操作多极电子管公司的计算机。展望未来，津默曼觉得与科涅格公司仍然有许多潜在的贸易业务，而不像与其他的德国用户只做一次性买卖。他估计在今后的一二年内，科涅格公司将需要再购买两台计算机。

科涅格公司近期要购买的计算机，是为一家新化工厂做培训用的。培训期约 4~5 年，在培训结束时，该计算机将被拆除或转作他用。因此科涅格公司只要求在一定限定范围进行计算，并拥有一定的机器适应性。在科涅格公司发给报价者的说明中已经表明，该公司购买这台计算机，主要感兴趣的是工作的可靠性和合理的价格。而对机器的适应性和精度的要求仅在公司说明中做为不太重要的部分被提到，因为该机器主要用于培训而不用于设计工作。

（4）竞争对手分析

在德国，生产用于科学和工程计算的中等价格的计算机厂家，大约有 9 家，其中有 4 家公司（包括多极电子管公司），占据了市场份额的 80%。津默曼认为在准备向科涅格公司报价的竞争对手中，多数公司还够不成威胁，所以他主要关心以下 3 家公司的情况。

① 鲁布公司。这是一家想方设法扩大市场占有率的德国公司。去年鲁布公司在德国的市场占有率已排到第二位。该公司出售一种中型多功能计算机，价格是多极电子管公司 1000X 的 95%。但是鲁布公司的机器是完全在德国制造的，没有进口关税，而 1000X 计算机有进口关税，所以实际上鲁布公司的计算机价格只及 1000X 价格的 79%。虽然鲁布公司只销售多功能计算机，但是有可靠商情表明该公司为了赢得合同正在研制一种专门适合科涅格公司的计算机，据说这种专门计算机的价格约为 14.2 万马克。

② E.D 公司。这是一家近来研制出一种多功能计算机的新公司。该公司的产品质量可以与 1000X 计算机相媲美。据此，津默曼认为该公司有一套行之有效的管理措施。该公司为了在计算机行业中取得一席之地，销售的第一台计算机几乎是以成本价出售的。从那以后，只有当多极电子管公司的计算机必须交纳进口关税时，它的价格才低于多极电子管公司。

③ 迪吉里斯公司。这是一家美国公司的子公司。该公司的计算机产品十分丰富，并且完全在德国制造，和 1000X 计算机相比，该公司的计算机的质量只能算尚可，但是该公司的产品价格便宜，它的报价还不到 1000X 计算机的一半。不过尽管差价如此之大，但由于 1000X 计算机技术上的优越性，多极电子管公司在和它的产品竞争中常常取得胜利。

（5）津默曼的处境

根据多极电子管公司的估计其在德国市场上今后若干年的销售量每年将增长 8%~10%。考虑到这些因素以及公司在欧洲市场上的长远打算，津默曼对科涅格公司这桩买卖的报价非常谨慎，他知道离最后的期限只有两周了，他必须在今后几天内做出决定。

（资料来源：刘文广，张晓明. 商务谈判. 北京：高等教育出版社，2005.）

2. 实训的目的与形式

实训的目的：通过本次实训，要求学生运用所掌握的有关报价依据、价格解释说明、报价策略等理论知识及谈判中讨价还价和让步的方法、技巧，解决谈判中最核心的问题——价格问题。

实训的形式：将学生分成两个大组，分别模拟美国多级电子管有限公司与科涅格公司成员，围绕公司背景以及市场竞争状况做出 1000X 计算机合理的销价与购价。并在两组中选派优秀代表按照各自的谈判方案对 1000X 计算机的价格进行实质性的谈判。

3. 实训的任务与要求

（1）实训任务：撰写鲁布公司、E.D 公司、迪吉里斯公司产品与美国多级电子管有限公司产品价格的竞争优劣势分析报告（1 000 字）。

实训要求：模拟科涅格公司的大组来完成该项任务，对以上几家公司的优劣势分析要明显、具体、全面。

（2）实训任务：分析科涅格公司可能接受的价格，结合产品成本、用户要求、市场竞争状态确定自己的报价，并写出报价的依据。

实训要求：模拟美国多级电子管有限公司的大组完成该项任务，要求报价的依据合情合理，说服力强。

（3）实训任务：多角度分析评价多极电子管公司的价格政策，用书面的形式表达出来。

实训要求：模拟科涅格公司的大组来完成该项任务，要求价格政策的分析有据可循，能够结合市场情况。

（4）实训任务：拟定科涅格公司的还价策略，并用书面的形式来表达。

实训要求：模拟科涅格公司的大组来完成该项任务，制定的还价策略能够结合实际情况，具有可操作性。

（5）实训任务：模拟多级电子管公司和科涅格公司代表，针对 1000X 计算机的交易进行讨价还价。

实训要求：两组同学要配合默契，灵活运用谈判策略，能够体现出团队的合作意识。

4. 实训的重点与难点

实训重点：报价依据的把握。
实训难点：模拟谈判过程。

5. 考核说明

根据以上实训内容和要求进行逐项考核，团队参与人数齐全，能够熟练运用所学知识，利用各种媒介进行市场调研，形成的报告详实具体，实施的策略积极有效，可操作性强。谈判过程完整，重点议题突出，谈判方式灵活，有操纵驾驭整个谈判的能力，能够为本方积极地争取谈判中的主动，该团队考核为优秀（90 分以上），次之的团队考核为良（80～90 分），以此类推考核为中（70～80 分）、及格（60～70 分）和不及格（60 分以下）。

实训项目4 商务谈判的签约

1. 实训项目背景资料

合 同 谈 判

谈判双方代表朱先生和何先生进入谈判室,朱先生是一家微型机械公司代表,何先生是美国某制造公司的代表。下面是双方合同谈判的内容。

朱先生:"您好,非常高兴与您相识。"

何先生:"啊!很高兴认识您。"

朱先生:"何先生在海外已经很多年了吧?"

何先生:"是的,海外发展很不容易!这次想到国内来加工一批零件。"

朱先生:"什么零件?有没有图纸?"

何先生:"是汽车用的小型空气压缩泵,没有图纸,我带来了一个实样。"说着,何先生将实样递过去,实样很小,只有 130 mm×150 mm×50 mm 大小。

朱先生:"这是 6V 直流电机启动的空压泵,国内没有同类产品,一般汽车用的空气压缩机是与汽车引擎连在一起的,比这个大很多。"

何先生:"那么你们能生产吗?"

朱先生:"这要先让我们测试一下它的性能,然后分解开来再看一看。"

何先生:"这两份文件一份是性能要求,另一份是测试操作程序,请你们看一下。"

朱先生:"能否让我与技术部门研究一下再给你答复?"

何先生:"好吧,只是时间要抓紧。"

第二天两人重新开始谈判。

朱先生:"早上好!"

何先生:"好!产品怎么样?能生产吗?"

朱先生:"能!技术上能生产。你那个产品由两部分组成:一部分是直流电机,另一部分是与气缸关联的机械。"

何先生:"那你们开个价吧!"

朱先生:"虽然我们技术上能生产,但这个产品的技术含量比较高,直流电机的电压为 6V,电流是 10A,容易算出功率是 60W,比较大,是小电机大功率。另外,气缸的结构也非常的巧妙、精密、有一定的难度。"

朱先生大谈技术问题，而不愿率先报价，昨天朱先生已与技术和业务人员进行了测算：直流电机成本 40 元，一般价格 70 元，与汽缸关联机械的成本 50 元，一般价格 80 元。因此最低目标价人民币 150 元，约合 18.3 美元，最高报价在这个基础上加 50%，是人民币 225 元，约合 27.4 美元。

何先生沉默着，这个产品是他们公司产品的一个部件，原本由德国制造，到岸价是 30 美元。考虑到国内劳动力价格低廉，到国内加工可以降低他们公司的成本，他期望的最佳目标是 20 美元。因此他想把价格尽量地压低。但他对国内市场不大了解，也不愿率先报价。

何先生："我是因为国内生产价格比国际市场低才想到国内来生产的，你们既然能制造，就应该有一个价格，如果价格高，我就没有办法在国内生产了。"

朱先生："是的，我们很欢迎何先生与我们合作！确实，我们的价格是比较低的，根据我方的测算，制造单个产品的价格是 27 美元，还要看每次的批量有多大？"

何先生："这个价格太高了，对我来说没办法考虑，至于批量是不会少的。"

朱先生："那么何先生出个价吧！"

何先生："我认为价格在 20 美元左右比较合适，批量可以提高到上万只。"

朱先生："我们之间的差距太大了，时至中午，不如先吃饭，饭后再谈好吗？"

何先生："好的，价格问题务必考虑。"

朱先生："好的，一起用餐去。"

当天下午谈判双方又坐到一起。

朱先生："你好！饭后休息过了吗？"

何先生："谢谢，已经休息过了，价格怎么样？"

朱先生："考虑到何先生要的批量比较大，我们就让 1 美元如何？但何先生一定要保证批量在万件以上。"

何先生："这个产品原是德国制造，你们的价格与他们相当，基本上无利可图，这样我们老板是不会同意将产品从德国生产转向中国生产的，你们的价格最高不能超过 22 美元。"

22 美元的价格已经超过中方底价的 20%，为了抓住这笔交易，中方当机立断，决定让步。

朱先生："我们知道何先生十分诚心把这件产品的制造放到国内来，我们也诚心想做好这件产品，既然双方都有诚意，那么我们取一个折中的方案，以 26 美元与 22 美元的中间价 24 美元成交好吗？"

何先生盘算了一下，24 美元已比德国的价格便宜了 20%，他想再争取一下。

何先生："你们知道要说服我们老板是很不容易的，微小的差价很难打动他，能否再降一些，以利于我们做成这笔生意！如果这一次能打动老板，也可能会促使他考虑把其他部件也拿到国内来生产。"

朱先生："好吧，为了我们之间的友谊和中美双方的长远合作，就再让 0.5 美元，这可是最后的让步了！"

何先生："这个价格应该是到岸价，即每件 23.5 美元 CIF 旧金山。"

朱先生："没问题，但是、这个产品对我们来说是新的，试制时要投入一笔经费，如何处理？"

何先生："要多少试制费？"

朱先生："大约人民币 3 万元。"

何先生："这样吧，我们两家各承担一半如何？"

朱先生："好！合作愉快！何先生，这是会谈记录，请过目。"

何先生："好，我马上与老板联系一下，明天一早是否能准备好合同？"

朱先生："我们马上根据记录草拟合同，用中英文两种文本怎样？"

何先生："好！就这样，明天早晨见。"

第三天早晨，朱先生与何先生根据拟好的合同草案，审议、讨论了余下的一些细节问题，最后全部达成了协议，下午双方即签署了合同。

（资料来源：石宝明，王宝山. 商务谈判. 大连：大连理工大学出版社，2007.）

2. 实训目的与形式

实训的目的：通过本次实训，让学生理解并掌握商务谈判销售合同文本撰写的基本内容与要求，学会熟练布置签约会场，掌握签约程序。

实训的形式：认真分析所给资料，把学生分成 6 组，其中 3 组代表中方的微型机械公司，另外 3 组代表美国制造公司，由中方布置安排与美国公司的签字。

3. 实训任务与要求

（1）实训任务：分析背景资料，从文中找出双方迫切签约的迹象与信号，回答双方为达成协议均作了哪些积极的努力。

实训要求：每组的同学都必须完成以上任务，以小组为单位选派一位代表回答问题；问题的回答要全面准确。

（2）实训任务：根据背景拟定销售合同内容提要（300 字左右）。

实训要求：每个小组都必须完成以上任务，销售协议的内容要完整、准确。

（3）实训任务：以表格形式设计安排签约仪式（写明内容、步骤）。

实训要求：每组同学都要求完成以上任务，签字仪式的安排简表内容完整，步骤条理清晰。

（4）实训任务：根据背景资料设计签字桌摆放与座次图。

　　实训要求：代表中方的微型机械公司的 3 个小组完成该任务，签字桌摆放与人员座次布局要合理。

（5）实训任务：现场模拟签约仪式。

　　实训要求：6 个小组两两相对，分 3 次完成以上签字仪式；现场签字仪式模拟逼真、准确。

4. 实训重点与难点

实训重点：销售合同的内容提要。

实训难点：设计谈判签约桌与座次图。

5. 考核说明

根据以上实训内容进行逐项考核，团队考核分值 90 分以上为优秀，80～90 分为良好，70～80 分为中，60～70 为及格，60 分以下为不及格。成绩按优、良、中、及格和不及格 5 级记分。

实训项目 5　模 拟 谈 判

1. 实训项目背景资料

逐鹿谈判桌——收购快餐店

刘吉先生拥有一家经营比萨饼的快餐外卖店。该店去年营业额 1 937 500 元，税后利润 367 500 元。这家店已经开业数年，地理位置极佳，对面是一家生意兴隆的大商场，周围也没有竞争对手，离得最近的同业是家"麦当劳"，距离在 800 米以外，位于商场的另一头。

刘吉打算趁生意还算红火的时候，及早把它盘出去，他刊出广告标价 1 750 000 出售该店面，这个价格包括存货值 50 000 元；厨房设备估价 250 000 元（购进时花了 350 000 元）；餐厅设备在三年前新置时花费 190 000 元；其余部分为店堂不动产和商业信誉及无形资产的估价。

贾先生已在本市其他地方拥有两处经营比萨饼的快餐店，他为了扩充营业打算只要价钱公道、位置适中就再购进一家新店。贾先生原有的两处店面营业状况都相当不错，他信心十足，认为凭借自己严格的管理，再加上产品适销对路，如果购进新店肯定也能获得不错的营业额。

贾先生为此曾和多家快餐店有过接触，但均因价钱谈不拢而作罢。现在贾先生看中了刘吉的店和另外一家快餐店，他认为这两个店面条件都不错，符合自己的要求，但资金不足是现在的主要问题。即使贾先生能从银行获得贷款，但还不足以支付刘吉的要价，就算先付一半，余款分两年付清，贾先生现在也无法做到，他希望能分四年付清。

（资料来源：盖温·肯尼迪. 谈判要点. 香港：宇航出版社，1998.）

2. 实训目的与形式

实训目的： 模拟谈判，也称正式谈判前的"彩排"，就是按照所给背景资料将学生分为两个或多个谈判小组，分别代表不同的利益主体，用自己的立场、观点和风格就交易的商品或服务与合作方展开谈判。通过谈判过程的模拟可以帮助同学们从中发现问题，对既定谈判方案进行修改或完善，丰富己方在消除双方分歧方面的建设性思路，从而提高实战中的谈判能力。

实训形式： 结合所给实训资料将班内同学分成谈判实力相当的 4 个谈判小组，一对一模拟谈判，分两次进行，分别模拟刘吉快餐店的谈判代表、贾先生快餐店的谈判代表，就快餐店的转让展开谈判。谈判小组4～5人为宜，其他同学分组作为各方智囊团。以小组为单位进行市场调查分析，在共同协商的基础上制定出己方的谈判计划和谈判方案，按照商务谈判的流程进行谈判，直至最后双方达成相对满意的协议，签订合同。

3. 实训任务与要求

（1）实训任务：各组根据资料搜集信息，撰写调查报告并形成各自的谈判方案（调查报告的内容和结论主要是为双方的合作谈判服务，要具有参考价值）。
　　　实训要求：谈判方案的内容全面、细致，具有可操作性。
（2）实训任务：在谈判现场进行谈判室内设计及谈判桌椅座次安排（主场谈判确定圆桌、方桌的使用、明确主谈与辅谈人员座次）。
　　　实训要求：谈判室的设计要简洁、大方，座次安排要合理。
（3）实训任务：现场模拟双边谈判（注意双方动、静态沟通过程）。
　　　实训要求：谈判过程中各小组成员具有团队合作意识，相互配合默契，谈判策略运用得当，语言表达能力强。
（4）实训任务：现场模拟商务谈判的签约过程。
　　　实训要求：熟练掌握签约程序，把握谈判签约的礼仪规范。

4. 实训重点与难点

实训重点：撰写调查报告，形成各自的谈判方案。
实训难点：商务谈判过程。

5. 考核说明

根据以上实训内容和要求进行逐项考核。团队参与人数齐全，协作能力较强，能够围绕各项任务展开谈判，谈判过程清晰，每个谈判阶段的目的明确，并能熟练运用一些谈判策略及技巧，沟通顺畅，能较好代表利益主体，出色完成任务，该团队考核为优秀（90分以上），次之的团队考核为良（80～90分），以此类推考核为中（70～80分）、及格（60～70分）和不及格（60分以下）。

参 考 文 献

[1] 朱凤仙. 商务谈判与实务[M]. 北京：清华大学出版社，2007.
[2] 郭芳芳. 商务谈判教程[M]. 上海：上海财经大学出版社，2005.
[3] 李祖武. 商务谈判[M]. 北京：中国财政经济出版社，2005.
[4] 刘刚. 谈判家[M]. 北京：中国经济出版社，1995.
[5] 樊建廷. 商务谈判[M]. 大连：东北财经大学出版社，2007.
[6] 杰勒德. 哈佛谈判学[M]. 成都：西南财经大学出版社，2000.
[7] 关彤. 商务礼仪手册[M]. 北京：中国社会出版社，1999.
[8] 孙学琴，梁军. 物流中心运作与管理[M]. 北京：清华大学出版社，2004.
[9] 盖温·肯尼迪. 谈判要点[M]. 香港：宇航出版社，1998.
[10] 王正挺. 中外谈判谋略掇趣[M]. 上海:东方出版社，2004.
[11] 杨群祥. 商务谈判[M]. 大连：东北财经大学出版社，2005.
[12] 韩玉珍. 国际商务谈判实务[M]. 北京：北京大学出版社，2006.
[13] 石宝明，王宝山. 商务谈判[M]. 大连：大连理工大学出版社，2007.
[14] 刘文广，张晓明. 商务谈判[M]. 北京：高等教育出版社，2005.
[15] 林逸仙. 商务谈判[M]. 上海：上海财经出版社，2004.
[16] 田缨. 谈判谋略与技巧[M]. 成都：四川大学出版社，1997.
[17] 张丽芳，宋桂华. 实用商务谈判[M]. 北京：北京交通大学出版社，2007.
[18] 韩玉珍. 国际商务谈判实务[M]. 北京：北京大学出版社，2006.
[19] 何元茂，王军，旗叶莽. 商务谈判技巧[M]. 西安：陕西旅游出版社，2005.
[20] 姜利军，彭江. 商务谈判[M]. 北京：中国物资出版社，2005.
[21] 谷敏. 社交礼仪[M]. 北京：中国农业出版社，2003.
[22] 赵景卓. 现代礼仪[M]. 北京：中国物资出版社，2005.
[23] 谢逊. 商务礼仪[M]. 北京：对外经济贸易大学出版社，2005.
[24] 任廉清. 贸易谈判[M]. 大连：东北财经大学出版社，2005.
[25] 孙绍年. 商务谈判理论与实务[M]. 北京：清华大学出版社，2007.
[26] 王重鸣. 管理心理学[M]. 北京：人民教育出版社，2006.
[27] 徐春林. 商务谈判[M]. 重庆：重庆大学出版社，2007.
[28] 蒋三庚. 商务谈判[M]. 北京：首都经济贸易大学出版社，2006.
[29] 明智. 谈判22天规[M]. 北京：中国戏剧出版社，2007.
[30] 窦然. 国际商务谈判[M]. 上海：复旦大学出版社，2008.